北京市哲学社会科学重点规划项目（项目编号：13JDJGD005）
北京市教育委员会专项资助

中国都市经济研究报告2015

北京市房地产行业发展研究

北京市哲学社会科学规划办公室　　刘　伟／主　编
北京市教育委员会　　　　　　　　黄桂田／副主编
中国都市经济研究基地　　　　　　张　辉／等　著

图书在版编目(CIP)数据

北京市房地产行业发展研究/张辉等著.—北京:北京大学出版社,2016.10
(中国都市经济研究报告.2015)
ISBN 978-7-301-27368-5

Ⅰ.①中… Ⅱ.①张… Ⅲ.①房地产业—经济发展—研究报告—北京市—2015　Ⅳ.①F299.271

中国版本图书馆 CIP 数据核字(2016)第 180308 号

书　　　名	北京市房地产行业发展研究	
	——中国都市经济研究报告 2015	
	Beijing Shi Fangdichan Hangye Fazhan Yanjiu	
著作责任者	张　辉　杨耀淇　等著	
责 任 编 辑	赵学秀	
标 准 书 号	ISBN 978-7-301-27368-5	
出 版 发 行	北京大学出版社	
地　　　址	北京市海淀区成府路 205 号　100871	
网　　　址	http://www.pup.cn	
电 子 信 箱	em@pup.cn　　QQ:552063295	
新 浪 微 博	@北京大学出版社　@北京大学出版社经管图书	
电　　　话	邮购部 62752015　发行部 62750672　编辑部 62752926	
印 刷 者	北京大学印刷厂	
经 销 者	新华书店	
	965 毫米×1300 毫米　16 开本　20 印张　327 千字	
	2016 年 10 月第 1 版　2016 年 10 月第 1 次印刷	
定　　　价	55.00 元	

未经许可,不得以任何方式复制或抄袭本书之部分或全部内容。
版权所有,侵权必究
举报电话:010-62752024　电子信箱:fd@pup.pku.edu.cn
图书如有印装质量问题,请与出版部联系,电话:010-62756370

课题组主要成员

（按姓氏笔画为序）

丁匡达	马启文	王耀东	石　琳
朱　成	朱津函	华晓辰	刘　航
闫晓靖	闫强明	苏晓璇	李明初
杨耀淇	易　天	房　誉	赵伟嘉
柳亚会	黄　昊	黄泽华	

序 言

　　2004年,为贯彻《中共中央关于进一步繁荣发展哲学社会科学的意见》,北京大学承担了北京市哲学社会科学规划办公室和北京市教委关于设立中国都市经济研究基地的任务。在北京大学哲学社会科学部的推荐和支持下,北京大学经济学院依托当时已有的十个研究所、中心和六个系的科研力量建成了中国都市经济研究基地。中国都市经济研究基地是一个开放型的研究机构,不仅包括经济学院和北京大学其他院系所和中心的科研力量,而且还广泛邀请北京市和全国乃至世界各地的相关科研机构、政府部门加入研究。目前,中国都市经济研究基地首席专家为刘伟教授,负责人为张辉教授。从2004年基地设立以来,基地有力地带动了科研课题的增加,对课题研究起到了孵化作用;有力地推进了学科建设和人才队伍建设;促进了科研基础条件和支撑条件的改善;产生了一批有影响的成果;有力地融入到北京市社会经济发展之中。

　　中国都市经济研究基地自成立以来,积极开展中国都市特别是北京市都市经济发展方面的研究。目前,基地已经完成的典型科研项目包括:(1)北京在中国及世界都市经济中的今天与未来定位;(2)北京地区水资源短缺对策研究;(3)北京2008奥运融资研究;(4)北京地方产业集群发展研究;(5)中国都市房地产宏观调控研究;(6)全球价值链下北京地方产业升级研究;(7)北京市政债券问题研究;(8)北京市产业空间结构研究;(9)北京市"去工业化"的都市金融中心构建;(10)中小企业集群融资理论与创新设计研究;(11)北京市产业结构优化调整路径研究。基地当前在研的典型项目有:(1)中小企业集群融资理论与创新设计研究;(2)中关村自生创新示范区深化发展路径研究;(3)北京市统筹城乡医疗保障制度对财政体系的影响研究;(4)北京城市公用事业价格规制及政府补贴管理研究;(5)北京市金融产业竞争力发展研究;(6)北京农产品价格形成机制研究;(7)京津冀一体化研究;(8)京津冀产业疏解—承接问题研究;(9)北京市社会资本现状及对经济增长的影响渠道分析;

(10)北京市农产品批发市场提档升级创新研究;(11)北京都市圈与新型城镇化的投融资研究;(12)京津冀一体化背景下生态环境保护合作机制研究。根据相关研究,2005年以来,出版了中国都市经济系列年度研究,本研究是中国都市经济系列研究中2015年的主要研究成果。

本书是刘伟教授作为负责人所承担的北京市哲学社会科学特别委托项目"北京市房地产行业发展研究"(课题号:13JDJGD005)的阶段性研究成果。该研究从2013年9月起进行,严格按照研究任务书要求完成各阶段各项任务。

本阶段性成果主要由张辉教授负责统筹策划,确定研究框架和研究思路。课题组主要成员有:中国民生银行地产金融部黄泽华博士;北京大学经济学院博士后杨耀淇,博士研究生黄昊、易天、王耀东,硕士研究生丁匡达、房誉,本科生石琳、赵伟嘉;北京大学软件与微电子学院硕士研究生朱成、刘航、朱津函、闫强明、闫晓靖、李明初、马启文、华晓辰、苏晓璇、柳亚会和刘航。具体章节分工为:第一章主要执笔人为柳亚会;第二章主要执笔人为华晓辰;第三章主要执笔人为苏晓璇;第四章主要执笔人为易天;第五章主要执笔人为马启文;第六章主要执笔人为李明初;第七章主要执笔人为赵伟嘉;第八章主要执笔人为王耀东;第九章主要执笔人为丁匡达;第十章主要执笔人为朱津函;第十一章主要执笔人为杨耀淇。参与全文统稿和修订补充的为张辉、黄泽华、黄昊、闫强明、闫晓靖、房誉、朱成、刘航和石琳。

自1998年住房制度改革以来,我国房地产业进入飞速发展阶段,房地产销售面积在1998—2010年年均增长22%,自2011年后增速开始回落,2014年甚至出现了负增长,直至2015年才重新恢复正值,增速为6.5%。速度的变化反映了房地产行业发展的实质性改变:一是房地产由普遍的供不应求发展到供求基本平衡、局部供大于求的阶段;二是房地产由满足住房的基本刚性需求向满足住房的改善、提升性需求转变;三是房地产企业发展由土地、资本等资源要素推动向注重服务内涵、提升服务品质的内生发展模式转变;四是房地产市场空间分化趋势明显,人口和资源特别是资金流入地区市场稳中有升。

房地产之所以受到老百姓的持续重点关注,除了其居住功能之外,房地产保值增值的功能或者通货膨胀的狙击手功能也受到普遍认可。任何一项产品要想保值增值,必须满足三方面前提条件:首先,不易腐败变质,能够长期保存,作为恒产的土地是具备该特性的;其次,随着社会经济发展不易被替代,例如石油虽然重要也易保存,但随着新能源的出现则会在不远的将来有被替代的可能,目前来看无论作为生产还是生活资料的土地特别是特定区位的地产还没有哪种资源能够替代之;最后也是比较关键的一点,就是随着社会经济发展,该类产品的收入价格弹性一般要大于1,也就是随着老百姓收入的提高,对该类产品的需求上升幅度要比收入改善幅度大,地产无疑一般又具备了该项条件。例如,备受大家关注的北京、上海、深圳和广州的房地产市场,从1998年以来,城市居民收入与房价(平均价格,未考虑城市土地供给区位变化因素)之间的弹性系数一般都大于1,其中深圳平均的房价收入弹性最高为2.03,广州其次为1.11,上海为1.1,北京为1.01。由于深圳的面积小,区位的影响因素相对最小,因此其房价收入弹性更具代表性,从2000—2015年的数据来看,我们发现深圳市有9年的房价收入的点弹性大于1,其中2006年、2007年和2015年的房价收入弹性都大于4,分别为4.76、4.87和4.14。

房地产市场从需求角度来看,一般认为我国房价是一种货币现象,1998年7月3日国务院发出《关于进一步深化城镇住房制度改革加快住房建设的通知》,简称住房货币化即停止住房实物分配,逐步实行住房分配货币化,发展住房金融体系,培育和规范住房交易市场。住房货币化起始之年即1998年,我国货币和准货币(M2)为10.44985万亿元,2015年我国货币资金总量增长到139.2278万亿元,17年时间内,本外币储蓄余额增长了13.3倍,期间房价的货币平均弹性为0.51,即对房价的上升具有显著的推动作用。2015年北京、上海、深圳三市的储蓄存款余额累计和为19.62万亿元,占全国货币和准货币(M2)的14.09%,这也基本解释了新一轮房地产市场价格波动中,为什么一线城市房价上涨速度如此之快。与此对应,对1958—2001年日本房地产周期波动的形态分析中,也可以发现引发私人住宅投资变动的关键在于就业和居民储蓄余额两个主要因素,而且两个关键因素与私人住宅投资变动成正相关关系。

从供给角度来看,2004年3月,国土资源部、监察部联合下发了《关于继续开展经营性土地使用权招标拍卖挂牌出让情况执法监察工作的通知》(即"71号令"),要求从2004年8月31日起,所有经营性的土地一律都要公开竞价出让。该文件的出台表明,2004年8月31日之后,供地规则的改变使得存量住宅用地释放不活跃,在短期内住宅用地供应量下降;"8·31"之后经营性项目用地全部招拍挂的政策对地价上涨影响明显,且大于"熟地"供应政策的影响。地价变化引起房价变化的作用在短期内并不明显,在长期看来作用的趋势表现为增强,房价对地价的影响在短期内十分明显,但是长期看来作用逐渐变弱;供地规则的改变使得增量土地的供给受到用地指标的严格约束,盘活存量用地成为土地供给主流,而盘活存量用地难度明显大于增量土地供给手段,从而使得土地供给受到一定约束,住宅用地供应量不断下降。

本研究认为房价过高不仅影响社会稳定,而且会快速推高工业化的成本,使得产业结构调整的矛盾更加突出。在工业化加速阶段,我国存在由低价工业化向高价城市化转变的现象,房价虽然不直接影响物价,但可以间接影响物价。房价上涨直接导致工资上涨,使得我国的通货膨胀既有输入型,又有成本推动型。如果任由房价持续上涨,我国工业化的进程很可能被阻断。按照在岗员工生产效率来测算,1978—1998年,我国工业化指数的提升速度每年为0.6个百分点,按照这个速度,我国需要170年完成工业化;而从1998年工业化指数完成10%开始,我国进入工业化加速时期,截至2014年,我国工业化指数已完成89.3%,这16年工业化指数年均提升4.96个百分点,如此计算我国只需要20.2年即可完成工业化。从整体进程来看,我国有望在2020年前后基本完成工业化。这是近150年以来,我国无数仁人志士梦寐以求的结果。换言之,我国有望只用40—50年的时间走完西方发达国家近200年的工业化历程。但是,过高的房价或者房地产泡沫的累积与爆发,有可能打乱我国工业化整体进程,出现工业化进程大规模倒退现象,最终导致我国重蹈拉美覆辙而陷入中等收入发展中国家的发展陷阱之中。可以判断,当前我国经济建设的重心仍然在"工业化",因此,所有要素和资源应当重点配置,并且围绕我国工业化加速进程而展开。但是,由于我国的技术创新缓慢,全球金融危机所导致的国际市场萎缩,在国内需求不振的情况下,我国制造业产能过剩问题突出。近年,我国更多的资本和资源从第二产业特别是工业部门挤出,投入到房地产领域,客观上对缓解国际金融危机所带来的矛盾有所贡献,但这种短期刺激应及早退出,回归到实实在在、持续推动工业化的路径上来。

为什么说房地产对市场的调控只能是一种短期刺激政策,而抑制房价过快上涨应当成为一个长期坚持的国家政策呢?这就需要从房地产业的特殊行业地位来诠释。

第一,在国民经济42个行业中,房地产业是涉及面最广的一个行业,与它前后向关联的产业数量庞大。国民经济42个行业中与其有关联的行业数为40个,仅"公共管理与社会组织"和"废品废料产业"与其没有产业关联性。正是因为房地产业庞大的产业关联面,以致人们常说,房地产市场不能垮。

第二,房地产业是保增长、扩内需、调结构的先锋。从投入角度来看,第二产业占房地产业的主要份额;而从分配角度来看,第三产业又占主要份额。所以,它有助于平衡第二产业与第三产业之间的发展关系。而平衡了第二和第三产业之间的投入产出关系,也就平衡了投资与消费之间的关系,也就最终解决了消费对经济增长拉动不足的问题。在我国当前经济发展阶段,国民经济42个行业中能够平衡投资和消费关系的行业的确不多,除房地产业比较典型外,汽车和电子信息行业这种产业特性也十分突出。而很多第二产业,比如石化行业,投入和分配基本都在第二产业内部进行,这就容易使我国整体经济陷入第二产业自循环,这种第二产业的自循环不但十分不利于扩大国内消费需求,而且使得国民经济对外需依赖程度加深。从这个角度来讲,房地产业对我国社会经济发展具有十分特殊的战略意义。

第三,房地产业对国民经济的整体拉动力比较低,在42个行业中基本排倒数几位。以最近更新的2012年我国国民经济投入产出表计算来看,各行业对国民经济的平均带动系数是2,房地产业只有不到0.8。因此我们说,房地产业对国民经济具有很强的需求拉动型特征,其主要通过需求扩张来刺激和拉动经济增长,或者说,主要通过消耗财富来引致财富的创造过程。从宏观经济学基本原理来看,这就决定了房地产业一般只能用于对国民经济的短期需求调控,而不能作为中长期的供给调控政策。一旦将房地产业这种短期扩张效应,变为中长期刺激政策,后果不堪设想。

例如,在20世纪80年代由于日元对美元汇率大幅提升,日本迫于需要从外向型经济向内需型经济转变,为此日本政府采取了一系列政策刺激国内需求。特别是1987—1991年通过刺激房地产市场来增加国内需求,其中对房地产市场的优惠政策带来了全岛地价飞涨,土地作为一个重要的生产要素,其价格的持续疯涨必然使得各类生产成本急速攀升;当产业特别是出口部门最终无法应对快速改变的土地成本的时候,产业的转移就接踵而来;当新兴产业成长速度落后于产业转移速度的时候,产业空心化就显露了出来;产业的空心化最终又加重了虚高地价的泡沫化,最终带来经济的持续衰退。从日本近五十年地价演化轨迹来看,即使虚高的房地产市场回归到正常水平,产业的空心化也几乎无法逆转。此外,美国2000年网络经济泡沫破灭后,通过房利美、房地美来刺激本国房地产市场,以达到增加内需促进经济持续增长的目的,结果2007年美国爆发次贷危机,2008年演变为全球金融危机,时至今日,美国都没能真正走出危机。

这些深刻教训都是忽视了房地产政策的短期性,而将政策长期化,以致陷入了深重灾难之中。1991年日本房地产泡沫破灭的前一年即1990年,日本GDP占全球经济总量的13.8%,是中国1990年经济总量的8.5倍,而泡沫破灭二十多年后,日本2015年GDP占全球经济总量则下降为5.6%(相较1990年,整整丢掉了8.2个百分点,2009年中国占全球经济总量为8.47%,2015年德国和法国占全球经济总量之和也就7.87%),是中国2015年经济总量的三分之一强(38.0%);美国2000年GDP占全球经济为30.5%,是中国2000年经济总量的8.1倍,而次贷危机8年后,美国2015年GDP占全球经济总量则下降为24.4%(相较2000年,丢掉了6.1个百分点),是中国2015年经济总量的1.65倍。

由此可以看出房地产业在短期刺激经济增长、平衡国民经济投资与消费之间关系是十分有效的宏观调控政策,但一旦将这种短期调控手段长期化,后果会很严重。所以,我国未来一定要把抑制房价过快上涨作为一个国家的战略抉择来看待,一点都含糊不得。

2014年开始,我国房地产市场步入调整期,房地产库存高企,市场预期转变,新开工节奏放缓,房地产开发投资增速明显下滑。在此背景下,房地产调控政策主基调发生了质的变化。在中央地方两级均以"市场化"为主导的决策思路下,房地产行业逐渐回归市场调节,行政调控色彩趋于弱化。而十八届三中全会以来,中央政府关于户籍制度改革、土地制度改革、不动产统一登记、房地产税等长效机制建设稳步推进,并同步推动新型城镇化有序发展。各地政府更注重支持合理住房消费,不断激发房地产的活力:限购、限贷手段逐步退出,并通过信贷、公积金、财政补贴等多轮支持政策刺激住房需求、加快去库存化。

面对新的行业形势,房地产行业和企业的长远发展需要坚实研究支撑下的战略引领,政策制定需要准确、及时、高效的预警机制,北京作为首善之地,房地产行业健康可持续发展对于经济发展和社会稳定意义重大,迫切需要更深入、更专业的研究。

任何地区的房地产市场发展必然符合一般的市场规律和地理规律,

但也和政府政策密不可分。在中国城镇化发展的初期,人口涌入城市,特别是大型城市和特大型城市,城镇化水平快速提高,在较短的时期内出现房地产供不应求的局面,房地产价格较快增长,这背后有着供求规律的必然作用。但为了避免非理性的房地产泡沫,也应密切关注货币政策、金融政策、土地政策和人口政策对房地产市场的作用。本研究估计了我国房地产市场的整体泡沫状况,然后从理论上总结了美国、日本房地产泡沫产生和破灭的共性因素,特别是货币金融政策对房地产泡沫的影响,同时也分析了德国房地产市场健康发展的内在缘由,为北京市房地产行业的发展提供了正反两方面的案例经验。

与此同时,也需关注到北京房地产市场的特殊性。在房地产行业与其他行业的关联性,房地产行业的周期性,经济金融指标、土地供应结构对房地产市场的影响等方面,北京均表现出一定的特殊性。本课题通过实证分析发现,北京市房地产行业属于金融推动和金融依赖型,金融发展对于北京市房地产行业发展具有特别重要的意义。另外,时间序列的研究表明,宏观经济金融指标、土地供应结构对北京房地产市场有着显著作用,宏观政策、土地政策对于调控北京房地产市场尤为重要,这些为北京市房地产行业政策的制定提供了理论指导。

站在"十三五"的起点,房地产行业又处在了转型和发展的风口。希望能通过本课题的研究进一步理清思路,研究对策,为北京市房地产行业发展开拓思路,为北京市房地产行业政策的制度建言献策。本研究过程中,我们得到了北京市哲学社会科学规划办公室和北京大学社会科学部等单位的大力支持。在此,对所有关心和帮助过本研究完成的机构和人员表示衷心的感谢。最后,由于时间、精力和水平有限,书中难免存在不少缺陷甚至错误,敬请读者不吝批评指正。

张 辉

2016 年 5 月

摘　　要

房地产业作为国民经济的重要组成部分,对于经济增长、社会稳定、城市发展等都具有非常重要的作用。20世纪90年代末以来,伴随改革开放步伐加快以及住房制度改革推出,中国房地产业也开始令人瞩目地快速发展。2013年年末以前,房地产投资与消费持续火爆,房地产价格较快上涨,社会各界关于房地产的争议日渐增多。2014年年初以来,多数城市房地产行业开始调整,引发了关于房地产市场崩盘的担忧,北京市房地产市场成交量下降明显,但价格在小幅调整后又出现了上涨。这些现象和问题都对行业从业者、政策制定者提出了挑战,也凸显了加强行业驱动因素研究、建立房地产行业预警系统的必要性。

本课题研究分为实证分析篇和理论分析篇,主要内容如下。

一是实证分析篇:在全面梳理已有文献的基础上,使用投入产出表、HP滤波法、VAR模型等实证分析方法,对北京房地产行业的关联性、周期性、宏观经济金融影响因素、土地供应结构、人口结构、市场预期等方面做了深入研究。实证结论表明:其一,北京市房地产业发展类型为金融推动型和自身推动型。房地产发展不仅对金融保险业等非物质性"软要素"的需求较高,同时对第三产业的直接和间接投入也较高。此外,房地产业内部的专业化和精细化分工也使得其自身的产业链较为丰富完整。其二,根据HP滤波法的测算,1998—2015年,北京房地产行业大致经历了10个周期,平均历时约21.75个月,且周期的时长波动不大。其三,政策是直接影响当地房地产业发展的最主要因素。就宏观经济与北京房地产周期波动的关系来看,两者在总体发展趋势上存在同步,但房地产投资的波动幅度远大于宏观经济发展的波动。这与北京市地方的房地产政策安排相关,除了受到国家各年度房地产政策的影响,北京市也出台了严于国家政策的地方执行准则。其四,无论从全国还是北京市来看,房价变动都是造成地价变动的原因。就统计意义而言,北京市房价每上升1%,地价将上升0.6084%。其五,我国房地产价格短期主要是资金面的影响,而长期主要是人口因素以及城市化进程的影响,人口因素对北京房地产业的长期发展具有重要意义。其六,从全国层面来看,中国房地产市场价格中大约有30%源于市场价格的自适应预期,同时人均收入水平较高的东部及沿海地区的泡沫化程度要明显高于居民人均收入水平较低的中西部及内陆地区。

二是理论分析篇:其一,梳理发达国家房地产市场发展经验,在已有研究基础上,重点分析国外房地产行业发展案例对北京市的启示,为北京市发展房地产行业以及预防房地产行业泡沫提供建设性意见。其二,建立北京市房地产行业预警机制。充分收集和整理历史数据,建立和优化北京市房地产行业发展的预警指标体系,严密论证北京市房地产市场运行的监测和预警机制。其三,从京津冀土地改革的角度对北京市的房地产未来发展思路进行了探讨,分析了京津冀地区土地供给与房地产发展的关系。并从房地产区域发展历程、土地与房地产发展逻辑和土地规划最新举措三个方面来考虑京津冀地区的房地产市场发展。

Abstract

As an important component of national economy, real estate industry has promoted economic growth, social stability and urban development. Along with China's Reform and Opening-up Policy and the launch of urban housing system reform in the late 1990s, real estate industry in China has developed rapidly. The investment and demand in the industry kept a strong momentum before the end of 2013. The price of real estate soared as a result and the market aroused growing debate. However, since the beginning of 2014, real estate markets in most of the major cities underwent a period of adjustment, causing wide concern about the potential collapse of the housing market. Real estate transactions in Beijing firstly decreased, and then increased with the adjustment of housing price. These phenomena put forward new challenge to relevant professions and policymakers, strengthening the necessity of research on the driving factors and warning system of real estate industry.

This research consists of two parts: empirical analysis and theoretical analysis, and the main contents are as follows.

Part I is an empirical analysis. Based on the existing research, this part mainly studies industrial relevance and cycle fluctuations of real estate industry, the impact of macro-economy situation, land supply structure and population structure on real estate industry, and typical real estate enterprises by using input-output Label, HP filter, VAR model and other empirical analysis methods. We came up with these main conclusions. Firstly, the development of real estate industry in Beijing is driven by finance and real estate itself. On one hand, the development of real estate industry relies on not only nonmaterial soft input factors such as finance and insurance industry, but also direct and indirect input from the third industry. On the other hand, a complete industry chain has been formed in Beijing's real estate industry thanks to its specialized division of labor. Secondly, according to the measurement results, Beijing real estate industry has gone through 10 circles. Each cycles lasted approximately 21.75 months. Thirdly, policies are the most important factors affecting local real estate development. Specifically, the development trends of macro-economy and the cyclical fluctuation of Beijing real estate industry are synchronous, while the fluctuation of real estate investment is larger than that of macro-economy. The possible reason is local real estate policies as Beijing market is restricted by annual national real estate policies and much stricter local regulations. Fourthly, the effect of housing price on land price in Beijing, with a standardized cointegration coefficient of 0.6084. It indicates that the housing price in Beijing will rise 0.6084% for every one percent. Fifthly, housing price is mainly affected by finance in the short term and by population and urbanization in the long term. Thus, demography factor will be of great significance in the long-term development of Beijing real estate industry. Finally, from a national perspective, about 30% of China's real estate market price were derived from the adaptive expectations, and there was a significant positive correlation between the per capita income level and the degree of bubble. Thus, the degree of bubble in the eastern region is higher than that in the western region.

Part II provides theoretical analysis, and several conclusions are attained. Firstly, we analyze the development experience of real estate industry in developed countries and provide constructive suggestions on how to develop Beijing real estate industry and how to avert a property bubble. Secondly, we build up a warning system of Beijing real estate industry. By collecting historical data, we constructed an index system and demonstrated a monitory and forewarn system. Thirdly, we discussed the future of the Beijing estate market from a perspective of land reform in Jing-jin-ji region, and made an analysis of the relationship between land supply and the real estate development. At last, we discuss the development of the real estate market in Jing-jin-ji region in three aspects which includes the real estate development process, the logic of land and real estate development and land planning.

目 录

第一部分 实证分析篇

第一章 房地产行业发展演进的历史 …………………………… 3
 第一节 房地产行业发展的理论综述 ………………………… 3
 第二节 房地产宏观调控综述 ………………………………… 7
 第三节 北京市房地产调控政策发展 ………………………… 10
 第四节 京津冀一体化与北京市房地产发展 ………………… 17
 第五节 本章总结 ……………………………………………… 27

第二章 房地产行业关联性的实证分析 ………………………… 28
 第一节 文献综述 ……………………………………………… 28
 第二节 中国房地产行业关联性 ……………………………… 34
 第三节 北京市房地产行业关联性 …………………………… 58
 第四节 房地产行业关联性的地区差异 ……………………… 75
 第五节 本章总结 ……………………………………………… 101

第三章 房地产行业周期性考察 ………………………………… 102
 第一节 房地产周期概述 ……………………………………… 102
 第二节 房地产周期的影响因素 ……………………………… 109
 第三节 房地产周期波动 ……………………………………… 113
 第四节 基于HP滤波法的中国房地产周期测算 …………… 116
 第五节 基于HP滤波法的北京房地产周期测算 …………… 124
 第六节 本章总结 ……………………………………………… 129

第四章	宏观经济对房地产价格运行的影响	130
第一节	相关文献综述	130
第二节	宏观经济基本面与房地产价格关系的定量分析	138
第三节	影响房价的宏观经济因素分析：房价、利率、房地产开发投资额和国内生产总值之间的VAR模型	142
第四节	房地产调控政策对房价的影响	147
第五节	本章总结	151

第五章	土地供给与房地产行业发展	152
第一节	国内外研究现状	152
第二节	地价、房价的定义及形成机制	153
第三节	地价与房价因果关系分析	154
第四节	房价与地价关系实证检验	157
第五节	本章总结	169

第六章	人口结构与房地产价格波动	170
第一节	文献综述	170
第二节	房地产价格供求理论分析	171
第三节	人口结构与房价现状概述	174
第四节	VAR模型的实证分析	176
第五节	本章总结	187

第七章	理性预期、投资与中国房地产价格	188
第一节	文献综述	188
第二节	中国房地产行业的基本情况	192
第三节	理论预期、投资与房地产价格实证关系检验	196
第四节	本章结论	201

第二部分 理论研究篇

第八章 国内外房地产行业发展的对比及其对北京市的启示 ………… 205
  第一节 美国 ……………………………………………… 206
  第二节 日本 ……………………………………………… 212
  第三节 德国 ……………………………………………… 222
  第四节 中国房地产价格合理性研究 ……………………… 228
  第五节 本章总结 ………………………………………… 239

第九章 关于房利美的案例分析 …………………………………… 240
  第一节 房利美的相关历史 ……………………………… 240
  第二节 房利美的主要业务 ……………………………… 242
  第三节 2001—2007年房利美运行状况的分析 ………… 244
  第四节 本章总结 ………………………………………… 259

第十章 北京市房地产行业预警机制的建立 ……………………… 260
  第一节 房地产行业预警相关理论 ……………………… 260
  第二节 房地产行业预警指标体系 ……………………… 264
  第三节 北京市房地产行业预警体系构建 ……………… 268
  第四节 本章总结 ………………………………………… 278

参考文献 ……………………………………………………………… 279

CONTENTS

Part I Empirical Analysis

Chapter I **History of the Development of Real Estate Industry** ······ 3
1 Review on the Development of Real Estate Industry ·· 3
2 Review on Real Estate Macro-control ··················· 7
3 Development of Real Estate Macro-control Policies in Beijing ··· 10
4 Analysis of the Effect of Beijing-Tianjin-Hebei Regional Integration on Beijing Real Estate Industry ········ 17
5 Summary of the Chapter ······························· 27

Chapter II **Empirical Analysis of Industrial Relevance of Real Estate Industry** ··· 28
1 Literature Review ······································ 28
2 Industrial Relevance of China's Real Estate Industry ·· 34
3 Industrial Relevance of Beijing Real Estate Industry ·· 58
4 Regional Differences of Industrial Relevance of Real Estate Industry ······································ 75
5 Summary of the Chapter ······························ 101

Chapter III **Research on Real Estate Cycle** ·················· 102
1 Overview of Real Estate Cycle ······················· 102

	2	Factors Affecting Real Estate Cycle	109
	3	Cyclical Fluctuation of Real Estate	113
	4	Measurement of Real Estate Cycle in China Based on HP Filter	116
	5	Measurement of Real Estate Cycle in Beijing Based on HP Filter	124
	6	Summary of the Chapter	129
Chapter IV		Effect of Macro-economy on Housing Price	130
	1	Literature Review	130
	2	Quantitative Analysis of the Relationship Between Macro-economy and Housing Price	138
	3	Analysis of Factors Affecting Housing Price based on VAR Model Concerned with Housing Price, Interest Rate, Real Estate Investment and GDP	142
	4	Effect of Real Estate Policies on Housing Price	147
	5	Summary of the Chapter	151
Chapter V		Land Supply Structure and Development of Real Estate Industry	152
	1	Research at Home and Abroad	152
	2	Content and Formation Mechanism of Land Price and Housing Price	153
	3	Relationship Between Land Price and Housing Price	154
	4	Empirical Test	157
	5	Summary of the Chapter	169
Chapter VI		Population Structure and Fluctuation of Real Estate Price	170
	1	Literature Review	170

	2	Theory of Supply and Demand of Real Estate Price ································ 171
	3	Overview of Population Structure and Housing Price ································ 174
	4	Empirical Analysis Based on VAR Model ········ 176
	5	Summary of the Chapter ························ 187
Chapter VII	\multicolumn{2}{l	}{**Rational Expectations, Investment and Real Estate Prices in China** ································ 188}
	1	Literature Review ································ 188
	2	The Basic Situation of China's Real Estate Industry ································ 192
	3	An Empirical Study on the Relationship Between Theoretical Expectation, Investment and Real Estate Price ································ 196
	4	Summary of the Chapter ························ 201

Part II Theoretical Analysis

Chapter VIII	\multicolumn{2}{l	}{**Comparative Analysis of International Real Estate Industry** ································ 205}
	1	The US ································ 206
	2	Japan ································ 212
	3	Germany ································ 222
	4	Study on the Rationality of Real Estate Price in China ································ 228
	5	Summary of the Chapter ························ 239
Chapter IX	\multicolumn{2}{l	}{**Case Study of Fannie Mae** ································ 240}
	1	History of Fannie Mae ························ 240
	2	Main Businesses of Fannie Mae ················ 242

	3	Running State of Fannie from 2001 to 2007 ······ 244
	4	Summary of the Chapter ································· 259

Chapter X	Warning System of Beijing Real Estate Industry ······ 260
	1 Theory of Monitory and Forewarn of Real Estate Industry ··· 260
	2 Index System of Monitory and Forewarn of Real Estate industry ·· 264
	3 Construction of Warning System of Beijing Real Estate Industry ·· 268
	4 Summary of the Chapter ································· 278

References	·· 279

第一部分

实证分析篇

第一章 房地产行业发展演进的历史

在全球范围内,房地产行业已经经历了比较长时间的发展,形成了相对稳定的市场体系,政府宏观调控政策也日趋成熟。随着改革开放的深入进行,我国房地产业近几十年来飞速发展,成为国民经济的重要组成部分。学术界围绕房地产业、房地产市场,从多种理论、多种视角对房地产行业的发展展开了丰富的研究;政府在对房地产业进行宏观调控的过程中,就房地产所处的不同环境采取何种相应的宏观调控政策积累了丰富的经验。因此在对北京房地产进行综合分析前,有必要以房地产行业发展演进的历史为切入点,对房地产行业的一般理论、政府的宏观调控政策进行梳理,并在此基础上对北京市的房地产宏观调控政策发展进程进行梳理,结合京津冀一体化的历史契机,展望北京房地产行业的发展前景。

第一节 房地产行业发展的理论综述

房地产业作为国民经济的重要组成部分,无论是对于经济增长,还是对人口就业、福利支持、城市发展等都具有非常重要的作用。20 世纪 90 年代以来,伴随着中国改革开放步伐的进一步加速,中国房地产业也开始了令人瞩目的发展变迁。尤其是最近几年,房地产业的发展已经越来越深刻地影响到人们的日常生活。在房地产投资与消费持续火爆,房地产价格快速上涨的环境下,全社会关于房地产的争论与质疑也日渐增长。

参考发达国家、地区的产业发展经验对促进我国房地产业的发展大有裨益。欧美房地产市场的发展是在现代资本主义的工业化和城市化背景下出现的,因而西方学术界很早就开展了对房地产业、房地产市场的研究。早在 17 世纪末古典经济学诞生之时,一些重要的经济学家就曾围绕着房地产问题进行理论阐释。梁运斌(1994)将西方房地产业发展的研究归纳为五个大的理论流派,即土地经济学派、城市学派、地理学派、社会学派和行为学派。这五大学派分别从经济学、地理学、社会学、行为学及心理学等角度展开分析研究,为我们具体研究中国房地产业的发展变迁问题提供了研究框架。Ely 和 Morehouse(1924)通过分析城市土地的供需状况,重点探讨了土地市场均衡模型和不动产的市场结构之间的关系。Alonso(1964)从新古典城市经济学的角度对城市居住的区位模式、住宅选址、城市土地利用、土地与住宅市场均衡等问题进行了研究。Friedman 等(1967)则重点从社会经济问题的角度关注了城市土地利用、城市改造、房地产产业发展等问题。Springer(1997)的研究考察了企业搬迁中是否对员工进行住房补贴与员工家庭售房价格的影响。Akerlof 和 Shiller(2009)在房地产市场的研究中发现,房地产市场主体易受各种行为因素的影响,除实体经济的各种因素外,货币幻觉、过度信心、片面信息、腐败和欺诈等行为因素在房地产市场中也发挥着核心作用。

夏沁芳等(2011)综观纽约、东京、伦敦、香港、新加坡等国际大都市以及美国、英国、法国等发达国家房地产发展的历程,以理清房地产与经济、房地产与社会、房地产市场内部、政府与房地产市场四大关系为切入点,总结归纳了国际大都市及发达国家房地产发展的一般规律及主要特点,其中包括:保持住房存量与人口规模基本适应是房地产市场健康稳定发展的基础;房价与适龄购房人口数的波动情况密切相关;注重对存量房维护,新建房比例很低;保有适量的自有住房,运用租赁方式解决住房问题;房价收入比基本处于合理区间,且房价收入比与住房自有率成正相关;政府对房地产市场的调控政策应与监管并重;兴建保障性住房以应对房屋供不应求等。张宇祥等(2007)研究国外房地产市场体系的建设经验,总结出美、英、中国香港等典型国家和地区的房地产市场体系的特点:美国房地产市场体系最为发达,一方面得益于其房地产金融市场高度发达,一、二级市场互动发展,拥有多家专业化房地产金融机构,房地产投资信托(REITs)业务非常成熟;另一方面,美国政府也很注重房地产市场的宏观调控,强化区域规划管理、注重财税手段调节、依靠法律手段调节、注重信息整合。英国是欧洲最活跃的房地产消费市场,一方面,其房地产租赁市场十分发达,市场中信息非常公开,中介公司的服务非常规范全面;另一方面,英国房地产租赁市场中的物业管理非常成熟,实行社会化的物业管理模式且物业管理服务实行完全市场化。香港房地产市场高度发达,在整个经济社会领域中扮演了重要角色,被称为香港经济的寒暑表。房地产市场有着很高的开放水平,对正常投资和消费行为不设任何门槛,房地产市场交易手续简便。政府进行积极的市场干预,在实施高度垄断的土地供应制度的同时也保障了中低收入家庭的住房需求。

从产业周期角度切入是研究房地产业发展变迁的重要途径。对任何一个国家或地区而言,房地产业都应是包含繁荣、危机、衰退、萧条等不同发展阶段的波动过程。因而,在产业周期视角下,关于房地产发展变迁的研究一定程度上就被转换成了关于房地产周期性演化的研究。

国内的研究者在考察中国房地产业发展变迁以及房地产发展的具体问题时也运用了产业周期分析方法。薛敬孝(2009)从建筑周期的角度讨论了中国房地产业的发展周期,并对周期的时间长短进行了测量和判断。谭刚(2001)具体比较了美国、日本以及中国香港和台湾等地的房地产业发展过程,独立地提出了房地产业周期的概念,并建立了一个包含扩张和收缩两大阶段、四个环节的房地产周期模式的指标体系。梁桂(1996)利用加法模型,采用年商品房销售面积指标根据1986—1995年中国住宅年销售量波动率与增长率,分析了中国不动产经济的周期波动及其特性,同时还简要分析了不动产周期与通货膨胀周期、经济周期之间的相互关系。何国钊等(1996)选取了商品房价格、新建住宅面积、住宅竣工面积、实有房屋建筑面积、从业人员数量、买卖成交面积等八项指标,分析各项指标的环比增长率,运用扩散指数法,分析了1981—1994年的中国房地产周期波动现象,得到了中国房地产周期图。

同样,从产业周期角度还可以对重点城市的房地产业发展进行分析。顾建发(2009)对上海房地产业的周期性发展进行了历史的分析,研究具体分析了完全计划体制、市场经济体制等五个阶段上海房地产业的周期波动现象。研究发现房地产市场本身的调节作用是上海房地产中周期的主要影响因素,而政策影响因素能够对房地产业波动产生影响,但从影响度来看,并不能超过经济社会环境和房地产市场本身调节的作用。邹文玉(2008)对广州房地产周期波动的存在性,形成机制及其内、外生因素和周期划分进行了描述及实证研究。研究发现,广州市房地产周期与宏观经济政策紧密相关,但政策对产业造成实质性影响存在时滞。其采用自回归与分布滞后模型分析各宏观经济、金融变量与广州市房地产合成指数之间的关系,由实证分析的结果来看,广州市房地产景气循环与广州市通货膨胀率及居民家庭收入相关关系比较明显,房地产景气循环与广州市存贷款总量增长率、存贷款真实利率都具有较为明显的解释关系。

一些学者对不同城市的房地产周期性发展进行了对比分析。胡芬

(2007)分析比较了1996—2005年广州和上海的房地产周期波动情况。研究发现,在波动过程上,广州和上海的房地产业都经历了基本相同的发展周期;在投资对房地产发展的影响上,上海的房地产投资额对房地产业的贡献率比广州更高,上海的房地产业更容易受投资波动的影响;而引起两地房地产周期发展不同特征的最重要因素则主要是两地的政策差异。竹隰生和章琛(2011)利用同样的分析模型,对1990—2009年中国4个直辖市的房地产周期发展进行了比较研究,得出了类似的结论。沈悦等(2004)采用1995—2002年我国14个城市的面板数据对房价与整体经济的关系进行了实证研究,研究显示,城市经济发展整体情况可以部分解释当地住宅价格水平的变化,且对不同城市的解释力有所不同。周京奎(2005)研究了北京、天津、上海、重庆等4个直辖市的房价与货币政策间的关系。研究显示,房价上涨受宽松型货币政策的显著影响,当房价大幅偏离长期均值时,政府和产业部门应该给予充分的重视。梁云芳等(2007)研究了住宅价格的区域性波动差异及其形成原因,结果显示,信贷规模对我国东部和西部地区的短期和长期房屋价格都有着显著影响,信贷政策对东部和西部地区的房价调控显著有效,对中部地区的信贷调控则没有显著效果;实际利率对各地房价影响较小;人均GDP对我国中部地区的短期和长期房价走势有着较大影响,而房价预期则对东部地区的短期价格波动有较大影响。

从经济社会学的新制度主义理论衍生出的制度变迁视角研究房地产业发展也成为当前一大研究方向。在这一理论框架下,中国房地产业的发展可以看作一系列宏、微观制度变迁的产物。丁健(2006)从历史演进的脉络回顾了中国房地产业的崛起和发展,认为中国房地产业大致经历了三个重要的发展阶段,每个阶段的产业发展都与经济转型和改革开放进程密切联系。罗鹏(2008)运用经济史的方法分析了1978—2007年中国城市的历史变迁,认为中国城市住房制度的改革其实与中国的经济体制改革、市场经济的转型的过程具有一致性;大致经历了五个具体的阶段;自上而下推动的渐进式制度变迁极大地推动了中国房地产业的发展。张永岳(2008)考察了改革开放与上海房地产业发展变迁的关系,研究指出上海房地产业的发展是改革开放的产物,它直接受益于改革开放以来的经济、政策环境,如改革开放以来形成的社会主义市场经济体制、国民经济的快速发展和城镇生活水平的不断提高。中国房地产业的发展在特定时刻也会受制于外部的市场、经济社会、制度环境。倪鹏飞(2009)深入分析了2008年金融危机对中国房地产业发展产生的冲击效应,指出金融危机打乱了中国房地产调整的进程,从经济发展的本身加重了市场自发调整的深度,加快了市场自发调整的速度,全球金融危机加速了房地产市场的下行趋势,而并不宽松的产业调控政策加剧了市场衰退。

中国的房地产业发展与国家宏观调控政策密切相关。杨薇薇(2004)分析了中国房地产业发展与政策调控间的关系,认为中国房地产市场尚未形成一套受市场经济约束、适合国情、完整而规范的运作机制,因而房地产业调控具有必要性。研究回顾了1978年以来中国房地产业政府调控政策的演变,并对历次调控政策的有效性和缺陷进行了分析,指出政府宏观调控对于促进产业发展起到了一定作用,但由于政策目标不够明确,政策落实相对不足,政策效果难以达到预期。严锐(2011)从新制度主义的分析范式出发深入考察了1978—2011年中国房地产政策的变迁,并深刻分析了一系列政策变迁中的基本逻辑:政府宏观制度变迁的路径依赖、中观层面的自然物质条件、共同体的属性以及房地产市场中的参与者互动规则,以及微观层面的房地产市场内部利益相关者的利益博弈等都直接影响了中国房地产政策的变迁路径与模式。

一些研究分别从单一政策维度,如土地、财政、货币、税收等政策来分析国家的政策与制度建构对于中国房地产业发展的影响。这些具体政策对于房地产业的发展,会通过影响房地产市场的土地资源供应、住房消费需求、住房市场的供给、住房结构等,进而实质性地影响房地产业的发展。

第二节 房地产宏观调控综述

由于房地产业与宏观经济联系密切,房地产业的波动可能会对经济波动产生较大影响,因此,保证房地产业的平稳健康发展具有重要意义。但是房地产本身具有资产和生产生活资料的双重属性,不能单纯以市场手段对房地产市场进行调节,必须由政府介入对房地产业进行宏观调控。目前,国内外房地产宏观调控政策主要可以划分为土地、金融和税收政策三大类。

一、土地政策

欧美等发达国家或地区基本上都实行土地私有制,房地产市场的运行机制也较为成熟。在土地政策方面,政府一般通过城市规划和土地利用管制的方式对房地产发展趋势进行调控。Mayer(2000)采用美国1985—1996年44个城市的面板数据研究了土地管制政策对新增建筑面积的影响,研究表明,保持其他因素不变,在土地管制越严格的城市,新增建筑面积越少。Galke和Clark(2005)研究美国政府对房地产的管理和政策时指出,联邦政府会通过对土地利用的控制来影响房地产业,其主要方式是由各级政府颁布和实施各种与土地利用相关的管理法规和城市规划。

我国实行土地公有制及土地有偿使用制度,在利用土地政策调控房地产市场方面具有自己独特的优势。蔡育天等(2000)梳理了我国土地调控政策,研究了其对于房地产价格的影响情况,研究表明,作为宏观调控的工具,国家土地政策要兼顾整体经济运行及房地产市场土地需求。张勇(2008)认为通过土地调控国民经济和房地产业需要从土地供应总量、方式和结构三方面展开。郑娟尔(2009)以1999—2006年31个省份的面板数据进行研究,发现增减土地供应量对调控房价有一定作用,但必须同时有其他工具的辅助,否则其效果会不显著。王岳龙和武鹏(2009)使用省际月度面板数据检验了房地产价格与土地出让价格的关系,结果表明土地招拍挂制度的实施使全国房价平均上涨13.2%。吴焕军(2011)通过考察2003年以来我国房地产宏观调控目标及土地政策手段运用情况,发现土地政策具有滞后性,其对房价的影响不大,但对房地产开发投资的影响较为显著,政府应将土地政策与其他调控政策综合加以运用。

二、金融政策

作为资本密集型产业,房地产价格受到以货币政策为主的金融政策的较大影响。Kwon(1998)研究表明货币政策可以通过货币紧缩引发房地产价格波动,以实现政策效果的传导。McCarthy(2002)定量研究了美国的货币政策与房地产价格变动的关系,研究表明,20世纪80年代以后,美国房地产价格受到了紧缩型货币政策的较大影响。Lacoviello(2003)研究了英国、芬兰等国的货币供给与房价的关系,研究表明,货币供给增长正相关于房地产价格。Galke和Clark(2005)发现,联邦政府的财政和货币政策会对房地产业的投资产生影响,这是一种间接管理的方法。

相对于土地政策而言,国内学者对金融政策的研究较晚。丰雷等(2002)研究发现房地产价格与货币供给显著正相关。王维安等(2005)研究发现货币供给增长与房价上涨显著正相关。孙超(2008)从房地产供给和需求两个方面分析了金融政策对房地产市场的影响,认为金融政策对房价有一定的抑制作用。而屠佳华等(2005)研究上海房产市场发现,贷款利率下调对上海房地产价格的影响并不显著。黄鹏飞(2011)认为,由于经济体系中流动性过剩,金融政策本身在传导过程中存在变异和时滞,以及忽视了地区差异等原因,我国金融政策对房地产业的影响有限。

三、税收政策

国外对税收调控政策的研究可以分为两方面。一方面是对公共支出和税收资本化的研究。Tiebout(1956)提出消费者会根据区域公共服务的提供情况和房价水平,权衡收支偏好决定居住地点。Oates(1969)研究公共支出和财产税对房价的影响,研究发现公共支出水平与房价正相关,而财产税与房价负相关;此外,如果所在区域的公共服务水平足够高,则居民对高税负的反应并不敏感。另一方面研究是针对房地产转让税与房价的相关关系。Kim(1993)研究了韩国房地产价格与房地产转让税的关系,研究表明,较高的转让税会加重房屋所有者的负担,房屋的置换频率明显降低。Benjamin(1993)研究美国费城房地产转让数据,研究发现,在供求基本平衡的情况下,由于房地产供给缺乏弹性,房地产转让税负基本上由卖方承担。

国内对房地产税收调控政策的研究从两方面展开。一是从公共支出方面入手,祁明(2005)将公共支出的变化视为房价变动的重要原因。高凌江(2008)研究了我国35个大中城市的房价与财政支出关系,研究表明,地方财政支出对房价有着显著的推升作用。胡洪曙(2007)研究地产价值与公共服务资本化和房地产税收资本化的关系,研究表明,房地产价值与前者呈正向相关,与后者呈负向相关。在房地产税方面,杨绍媛和徐晓波(2007)从住房成本和资产收益两个角度分析了税收政策对房价的影响,结果表明房地产方面的税收都在一定程度上提高了住房价格。岳树民(2010)指出在将商品房定位在满足自住需求而非投资需求的前提下,可以运用税收政策手段配合其他调控政策抑制不合理的住房需求。孙莹和陈龙(2011)认为,在短期内,政府可以运用税收政策来降低房价;但长期内税收政策抑制房价的作用渐微,甚至有可能抬高房价水平。

第三节 北京市房地产调控政策发展

从2005年开始,北京市逐步加强对于房地产市场的调控力度。从土地改革、金融政策、税收政策、行政规划等多个层面,深化宏观调控政策,以期取得有效的调控效果。本节开始对北京市2005—2012年的房地产调控政策进行梳理。

一、2005—2006年调控政策

2005年3月,央行首次取消个人住房贷款优惠利率,开始对商业银行的个人住房贷款业务进行调控。在个别房价上涨过快的区域,甚至将最低个人住房贷款首付比例由20%调整至30%。与此同时,房地产税的深入改革也得到了进一步推进。

2005年3月,国务院出台"国八条"稳定房价,具体内容包括以下几个方面:一是高度重视稳定住房价格;二是实施政府负责制稳定房价;三是对住房、用地供应结构进行大幅调整,加大普通商品房和经济适用房的土地供应量;四是加强对被动性住房,特别是拆迁数量的控制;五是引导合理的居民消费需求形成;六是对我国房地产市场实施全面监控;七是监督各项调控政策实施;八是加强督促稳定房价的各项工作。

2005年5月,七部委继"国八条"之后进一步加强房地产市场调控,提出了《关于做好稳定住房价格工作的意见》细则,即"新国八条",新规定明确要求各地重视解决地产投资过度、价格上涨过快等问题。中国银监会、国税总局颁布政策,收紧房地产信托业务,明确重申了个人买卖二手房的个税缴纳政策,正式发布《关于实施房地产税收一体化管理若干具体问题的通知》。

2006年4月,央行全面上调各档次贷款利率0.27个百分点以进一步抑制房地产投资需求,稳定房地产价格,将银行5年期以上房贷基准利率上调0.27个百分点至6.39%。

2006年5月,国务院公布了楼市调控政策6条内容,被称为"国六条",具体包括如下几个方面(见表1-1):

表 1-1　2006 年"国六条"

1	切实调整住房供应结构：重点开发中小型、中低价位水平商品房，加大供应经济适用房、廉租房的建设规模
2	加强信贷、土地、税收政策的调控作用。落实住房建设、销售政策，完善房产转让税收政策，适度、有区别地调整信贷政策，调节住房需求；科学供应开发土地规模，加大对土地运用的监管，杜绝土地囤积
3	调控房屋拆迁的进度及规模，防止被动性住房增长过快
4	规范当前房地产行业的市场秩序；对房地产开发建设进行全程监督，严禁项目的擅自变更、防范违规交易以及哄抬房价等行为的出现
5	加速规范廉租房、经济适用住房建设，加快二级市场与租赁市场建设，满足低收入群体的住房需求
6	完善房地产市场的信息披露，增强信息透明度，力争及时、全面地反映市场供求信息，把握正确的市场舆论导向

"国六条"的政策目标短期应该是解决房价上涨过快，消除日益上升的社会不稳定情绪；长期应该是我国住房制度改革的一项重要内容，是我国自 1998 年货币化分房改革或自 2000 年真正实行货币化分房这一政策以来，住房制度改革完整体系的重要组成部分，致力于探索一条系统解决住房问题的改革之路。"国六条"之所以区别于以往政策，核心在于其不但考虑到调控的系统性、可操作性，而且兼顾了实施的灵活性。

系统性。首先，从市场和政府两方面入手。市场调控，增加住房有效供给：调整市场结构，强调中低价位房、中小户型房，利用限价商品房、限价地的双限政策实施此政策；封死别墅用地的审批，限制大户型房的开发量。政府调控主要通过行政手段强化监督和政策的落实，强化土地督察制度，强调政令畅通，加强执行力度。其次，从供给和需求两方面下手。供给调控：土地供给方面，严格土地获取和开发等的手续和程序；资金供给调控方面，在调高内部各项投资进入门槛的情况下，限制外资、规避外资对国内地产市场的冲击；销售调控，打击开发商囤房、利用销控手段哄抬房价，构建网上签约等信息披露机制等。需求调控：二套住房抬高按揭成数，抬高炒房门槛、打击炒房；对于持有不满五年的二手房征收营业税等手段控制炒房现象；控制大拆大建等人为造成的住房需求；加大新股上市力度，吸引投资资金进入股市，分流社会闲散资本。最后，根据实际情况的变化，继续出台相应的政策和不断细化条文。

可操作性。"国六条"政策本身对许多要求已细化到数字层面，这是不多见的。此外，各地纷纷出台的相关配套细则，也进一步加强了政策的可执行性。

灵活性。除了出台正式的政策条文,充分利用媒体、舆论的力量,通过舆论导向来发挥调控的影响之外,政策的执行不搞"一刀切",根据地方情况因地制宜地出台对应的执行细则,给地方制定因地制宜的细则留下一定的弹性空间。

虽然"国六条"考虑比较周全,但我国当前的中央与地方分权制使得地方政府在执行方面缺乏足够的积极性。由于土地出让金是地方政府的"第二财政",这样地方政府更有动力去推高房价,从而在政绩、地方建设上更多地"出彩"。加之我国金融体制自身的缺陷,银行往往被地方政府裹挟,使得"国六条"的执行不但大打折扣,而且放大了地方政府对房地产市场的影响力度。最后"国六条"政策中制定的一个重要假设前提是"中小户型住房有市场需求",考虑我国当前十分巨大的财富占有差距,那么极有可能出现"中小户型住房大量供应,大量积压空置"的局面。如此,现在"国六条"在执行中出现这样那样的问题,效果未达到理想预期,也就不足为奇了。

综上所述,"国六条"的出台表明我国在住房制度改革方面已经从过去那种"头痛医头脚痛医脚"阶段,过渡到了全面而系统解决问题的阶段。因此"国六条"对于整个房地产市场并不是一剂治标的猛药,而是一剂治本的长效药。这样期望"国六条"在短期内将过快增长的房价打压下来显然不是很现实,其最大的功效在于探索一条平衡国民经济和房地产市场之间和谐发展的改革之路。从"国六条"政策执行以来三个多月"国民经济景气指数"基本还处于上升通道,6月为102.93点,比5月上升1.06点,7月比6月上升1.54点,8月比7月下降0.20点(与上年同期相比上升1.55点)。为了使"国六条"真正能够得以落实至少还需要配合下列四个方面的改革。

一是必须抓紧深化金融体制改革,使金融体系能够真正独立于政府之外按市场规则行事,防范政府与银行绑定后所形成的投资放大效应,规避外资导入性的金融风险,防范泡沫经济;二是继续深化财税制度、政治体制改革,构建地方和中央协调一致的制度体系,以期改变目前地方政府对房地产市场介入过深的形势,最大限度地提升地方政府对国家政策的执行力度;三是要引导和转变国民传统的房地产投资的观念,将购房与居住统一起来,杜绝炒房现象,同时拓宽投资渠道,分流社会闲散资本和外来游资;四是积极推进国内产业升级和结构调整,推进创新型国家的建设进程,从而对第三产业的发展形成真正强有力的基础支撑。

2006年5月,国务院出台《关于调整住房供应结构稳定住房价格的意见》,即九部委"十五条",进一步细化了"国六条"规定,提出90平方米、双70%的标准。

此后,国税总局进一步地明确了"国六条"中二手房营业税新政策的具体执行。建设部等多部委下发171号文件《关于规范房地产市场外资准入和管理的意见》,进一步规范房地产交易秩序,加强对外商投资和境外购房的管理。

二、2007—2008年调控政策

在2005—2006年频繁的政策调整之下,北京市房地产市场过快上涨势头得到了一定程度上的缓解。从总体上来看,北京市房地产价格处于涨幅较大的状态,房地产市场发展水平与整体经济发展水平仍不相称。在此阶段,调控政策更为密集,调控力度也与之前相比有所加强,一定程度上遏制了我国房地产市场过热的问题。直至2008年美国次贷危机的爆发,为了防止经济形势进一步恶化,政府相关部门推出了一系列救市举措。

2007年1月,国税总局出台《关于房地产开发企业土地增值税清算管理有关问题的通知》,进一步明确了土地增值税清算式缴纳的适用范围,提升了房地产开发成本。

2007年1月,国土资源部下发《关于调整报国务院批准城市建设用地审批方式有关问题的通知》,对我国城市建设用地审批方式做出了重要的调整,提高了建设用地审批"门槛",强化土地调控与管理。

2007年7月,国税总局颁布《关于取消部分地方税行政审批项目的通知》,取消了地方对房地产土地使用税减免的行政审批权。

由于2007年7月房地产价格上浮高达7.5%,再创年内涨幅新高。除市场需求、土地供应等因素之外,廉租房、经济适用房的比例较低也是房价上升的重要原因。因此,2007年8月,国务院颁布《关于解决城市低收入家庭住房困难的若干意见》,拉开强化住房保障体系建设的大幕。

2007年,我国商务部进一步颁布政策,严格限制外商投资房地产,中国人民银行则多次上调存款准备金率、存贷款利率以及公积金存贷款利率。

2008年1月,国务院颁布《关于促进节约集约用地的通知》,要求努力提升建设、住宅用地利用率,优化住宅结构,保证70%以上住宅用地用于建设廉租房、经济适用房以及9种小户型商品房。

2008年8月,国家颁布《关于金融促进节约集约用地的通知》,旨在进一步落实国务院1月7日颁布的《关于促进节约集约用地的通知》,延续适度紧缩的货币政策,充分发挥金融货币政策对节约集约用地的促进作用。

总体来说,房地产市场调控目标遵从年初中央经济工作会议确定的"两防"目标,即防止经济增长过热和通货膨胀,整体上实施稳健的财政政策与适度从紧的货币政策。通过限制开发、按揭贷款等措施来进行市场调控,加大监管力度,提升廉租房供应质量。截至2008年5月,银行信贷明显收紧,央行连续7次上调存款准备金率。而随着美国次贷危机恶化,为实现保持经济增长、扩大内需、调整经济结构的发展目标,从2008年9月起,央行连续四次下调存款准备金率。采取适度宽松的货币政策为北京市房地产市场带来了转机。

2007—2008年,除上述政策之外,北京市政府也在基于市场的变化不断进行着调控。具体内容如下:

次贷危机带来经济形势低迷,受其影响,北京市建委、发改委、财政局等11个部门联手于2008年11月推出《关于促进北京市房地产市场稳定发展的若干意见》等救市政策,救市措施主要包括下调住房交易税、扩大住房消费信贷(特别是公积金贷款)支持力度、调整住房优惠价格标准、提升市场活跃度、鼓励居民合理住房消费。与此同时,多部门发布《北京市享受优惠政策住房平均交易价格的通知》配套上述救市政策的实施。本次新政核心为对普通商品住房标准进行了调整,受惠范围大幅增加。调整后,可享受优惠政策的住房包括三环内215万元/套、三到四环175万元/套、四到五环165万元/套、五环外100万元/套等。此后出台的《关于促进北京市房地产市场稳定发展的若干意见》(以下简称《意见》)旨在稳定北京房价、促成商品房成交,同时表明了北京市政府希望经历了深幅调整的首都房地产市场能够尽快稳定下来。同时,《意见》中规定加速推进保障性住房和限价房建设,落实年度建设任务,并提出新一年开工850万平方米政策性住房的建设目标,关于扩大保障性住房供应量的计划需要较大的资金支持,短期内较难实现。

三、2009—2012年调控政策评述

经过2007—2008年我国房地产由过热调控到金融危机之后的逐渐复苏的大幅波动之后,我国房地产市场迎来了相对平稳的发展时期。2009年年初,调控政策依旧延续了2008年年末的宽松的货币、财政、税收政策,在较强的经济刺激计划和较为宽松的货币政策背景之下,房地产市场行情迅速上扬。房地产成交量逐渐走高,为了遏制房价的过快增长,我国政府有关部门出台了一系列的调控政策。

2009年上半年调控政策依旧延续着2008年年末的宽松态势,四大国有银行纷纷给出房贷优惠利率政策。2009年5月,国务院下调了商品房项目资金比例,为13年来首次。将其中的普通商品房项目投资资金比例由最低35%降低至最低20%。同时,为了进一步规范房地产市场的秩序,我国政府有关部门对房地产增值税、房地产按揭贷款、用地审批等相关政策进行了进一步完善。具体包括:2009年5月,国税总局制定《土地增值税清算管理规程》,进一步规定了房地产开发经营中有关税收法律、行政法规;2009年6月,中国银监会下发《关于进一步加强按揭贷款风险管理的通知》,进一步明确二套房贷相关政策;2009年9月1日发布的《关于严格建设用地管理促进批而未用土地利用的通知》则明确提出了地方政府要加强建设用地批后监管,预防批地、用地乱象,严厉打击囤地行为。

此外,住建部等部门于2009年6月2日颁布了《2009—2011年廉租住房保障规划》,推进保障房、经济适用房建设,解决刚性需求购房者的供求不匹配问题,规划中计划2009年新增177万套廉租住房供应,新增83万户租赁补贴发放;计划2010年廉租住房新增180万套,租赁补贴新增65万户;2011年将这两项数据分别计划至161万套和43万户,并于2009年10月16日联合发出《关于利用住房公积金贷款支持保障性住房建设试点工作的实施意见》,实现了"公积金"和"保障房"的对接。

在上述宽松政策的滋养下,2009年10月中旬以来国内一线城市房地产成交量逐渐走高,为抑制房价快速上扬问题,自2009年年末,我国政府相关部门出台了一系列的调控政策对此进行控制。

金融政策方面:2009年上旬全国金融机构提供个人住房贷款新增4 661.76亿元,同比增长150%以上,个人住房按揭贷款以及房地产销售面积也快速上涨。为了防止房地产市场过热,中国银监会加强监管二套

住房的信贷发放。随后颁布"国四条",对房地产信贷进行收紧,对房地产投机进行了严格限制。2010 年 4 月 11 日,中国银监会要求各金融机构加强风险意识,抑制投机性购房贷款发放,通过大幅提高首付款比例及利率水平,加大差别化信贷政策执行力度。同年 8 月,北京市政府再一次进行政策调控,此次政策调控后,北京将预售资金监管措施遵循天津模式,众多房地产企业增加商业地产投资;为稳定市场,央行于 2010 年 10 月开始连续 3 个月上调存款准备金率。避免信贷规模过快增长,而关于公积金贷款,也取消了首套 7 折的利率,将其上调到 8.5 折。2010 年 11 月,住建部、财政部、中国人民银行和中国银监会等四部委 3 日宣布再次叫停三套房的公积金贷款发放,将二套房的个人公积金贷款首付提高到 50%。2012 年 4 月,中国银监会要求重点防范房地产贷款风险。

房屋交易及保障房政策方面:2010 年 4 月,国务院常务会议规定,二套住房贷款家庭的首付比例必须高于 50%,贷款利率高于基准利率的 110%。首套住房面积超过 90 平方米以上家庭,贷款的首付款比例高于 30%。2011 年 1 月,新"国八条"将二套房的首付比例和贷款利率双双提高,首付比例为 60%,贷款利率为基准利率的 110%。而商业贷款的首套房首付比例调整为 30%并停发三套及以上的住房商业贷款。2012 年,工、农、中、建四大行在内部座谈会上研究讨论全面落实中央关于差别化房贷的政策要求,保障居民家庭的首套自有住房贷款需求,保证在基准利率的基础水平上,按照风险定价原则,确定首套住房的贷款利率水平,首付比例则执行规定的 30%首付要求。

土地政策方面:2009 年 12 月,国土资源部等五部委联合出台《进一步加强土地出让收支管理的通知》,进一步加强了对房地产开发商的限制,明确要求开发商除特殊项目可两年外,在分期缴纳全部土地出让价款的原则上,拿地期限不能长于一年,且特殊项目的首次缴款比例应占全额的一半以上。2010 年 3 月,国土资源部又出台《关于加强房地产用地供应和监管有关问题的通知》,规定 19 条新政调控土地供应,要求开发商竞买保证金要达到 20%以上、房屋开发商需在 1 个月内付清一半的购地款、严禁开发商囤地等。2010 年 9 月,国土资源部又联合住建部下发《关于进一步加强房地产用地和建设管理调控的通知》,对落实"国 10 号文"的工作任务、积极推进房地产市场发展作出安排。

第四节　京津冀一体化与北京市房地产发展

北京作为中国的政治、文化和国际交往、科技创新中心，同时又兼具了经济、金融、教育、医疗中心等的功能。当前，北京面临的突出难题是城市拥挤、资源紧缺，环境容量顶到了"天花板"，"特大城市病"的各种症状日益凸显。2014年2月，习近平主席主持召开京津冀三地协同发展座谈会，首次将京津冀协同发展提升到了国家发展的战略层面。2015年4月，中共中央政治局会议审议通过了《京津冀协同发展规划纲要》（以下简称《纲要》）。明确了疏解北京非首都功能、推进京津冀协同发展的目标和方法，即调整区域的经济和空间结构，探索新型优化开发模式，协调区域发展，催生增长极产生，走内涵集约发展的新道路。同年12月，中央经济会议将京津冀协同发展、长江经济带、"一带一路"列为国家区域发展三大战略（见图1-1）。

图1-1　京津冀协同发展示意图

一、京津冀一体化发展情况

（一）人口增长

改革开放以来，京津冀地区的总人口数一直呈增加态势，从1978年的6 653万人增至2014年的1.105亿人，京津冀地区总人口占全国总人口的比重在进入2000年后迅速增加，2014年京津冀地区总人口占全国总人口的8.08%（见图1-2）。

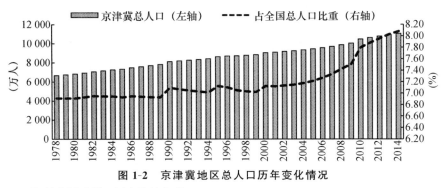

图1-2 京津冀地区总人口历年变化情况

资料来源：历年《国家统计年鉴》。

（二）北京市人口更加聚集

京津冀地区的人口分布呈"南高北低"的态势，北京以北的张家口市和承德市人口密度较低，仅有100人/平方公里左右，北京是区域内人口密度最高的城市。在人口密度的增长速度方面，区域内北京、天津和廊坊三市的人口密度增长速度最快，同时这三个城市的人口密度也是区域内人口密度最高的三市，北京具有较高的人口吸引力（见表1-2）。

表1-2 1990年、2000年、2010年京津唐地区人口密度

单位：人/平方公里

	1990年	2000年	2010年
北京	659.30	842.14	1 195.11
天津	737.23	839.99	1 085.71
唐山	489.21	522.61	562.45
廊坊	526.99	596.27	678.00
秦皇岛	316.51	352.98	382.93

(续表)

	1990	2000	2010
保定	437.23	471.99	504.59
沧州	431.08	472.46	507.65
张家口	113.67	113.66	117.85
承德	85.22	84.05	87.82
石家庄	508.29	583.11	641.33
邯郸	626.86	695.14	760.44
邢台	480.73	534.53	571.39
衡水	433.19	470.40	491.20
京津冀地区	373.52	419.01	483.31

资料来源：北京、天津、河北各省统计年鉴。

（三）北京市第三产业就业人口比例增加

北京已形成第三产业为主导的从业人口结构，2013年第三产业从业人口所占比例已达76.66%，第一、第二产业比重较小（见图1-3）。

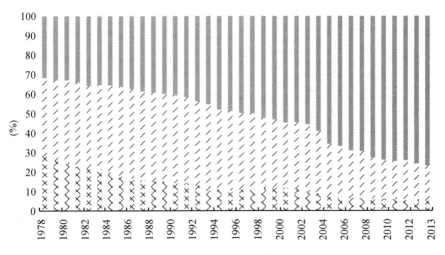

图1-3　1978—2013年北京市三大产业从业人口占比

资料来源：国家统计局网站。

（四）以北京为核心的交通网络逐渐铺开

高速公路是现代公路的重要组成部分,高速公路行车速度高、交通量大、有较高的运输经济效益及社会效益,其建设水平直接显示了当地的交通输运甚至经济发展水平。京津冀地区高速公路建设情况较好,其高速公路网络以北京为枢纽向外扩散。京津冀地区主要高速公路干线如表 1-3 所示。

表 1-3　京津冀地区主要高速公路干线

名称	字母标识	起点—终点	总里程数（公里）	京津冀地区通过城市
京哈高速	G1	北京—哈尔滨	1 280	北京、唐山、秦皇岛
京沪高速	G2	北京—上海	1 245	北京、天津、沧州
京台高速	G3	北京—台北	2 030	北京、天津、沧州
京港澳高速	G4	北京—港、澳	2 285	北京、保定、石家庄
京昆高速	G5	北京—昆明	2 865	北京、保定、石家庄
京藏高速	G6	北京—拉萨	3 710	北京、张家口
京新高速	G7	北京—乌鲁木齐	2 540	北京、张家口
荣乌高速	G18	荣成—乌海	1 820	天津、沧州、石家庄
长深高速	G25	长春—深圳	3 580	承德、唐山、天津
天津绕城高速	G2501	天津	254	天津
青银高速	G20	青岛—银川	1 600	石家庄
唐港高速		唐山—京唐港	80.2	唐山
沿海高速（河北段）		秦皇岛—天津	200	秦皇岛、唐山、天津

二、京津冀一体化与城镇化

无论从长期还是短期来看,新常态下我国经济形势处于下行阶段,外需方面波动较大,总体并不乐观。预期大规模刺激政策不会出台的条件下,经济和就业的增长极则需要依赖内需保障。以京津冀一体化为主的新型城镇化的推出正是迎合了这一需求,从而上升至国家战略,为稳定经济增长和就业水平提供保障。我国的新型城镇拟计划解决三个"1亿人"

的问题;引导约 1 亿中国农村人口迁移至城镇;对满足约 1 亿人居住需求的城镇棚户区及城中村进行改造;引导约 1 亿中西部地区人口就近城镇化。

为实现上述目标,我国的城镇化提出以建设成为世界级城市群为目标,进一步强化东部(特别是京津冀地区、长三角、珠三角城市群)为我国经济发展水平、对外开放程度、创新活力最高,且外来人口众多的地区,继续发挥东部城市群引领、支撑全国经济社会发展的作用,明确城市群内各城市的功能定位,并提升城市群内各中小城市的人口、资源聚拢能力,引导人口、产业由中心城市疏散与转移至周边中小城市(见图 1-4)。

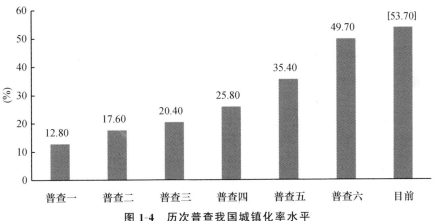

图 1-4 历次普查我国城镇化率水平

注:图中目前是指 2013 年。
资料来源:国家统计局网站。

近十年来,我国的城镇化率水平实现了快速的发展,截至 2013 年已达 53.7%,高于世界平均城市化水平 1 个百分点,但距离发达国家 75%—80%的城镇化水平依然存在较大差距。因此,未来我国的城镇化发展还存在着很大的空间。

京津冀地区内部的城镇化水平存在较大差异。其中,北京市和天津市城市化水平高达 80%以上,处于城镇化发展成熟减速阶段。而河北省城镇化水平却低于全国平均水平 7 个百分点,仅为 46.8%,处于发展加速阶段。因此,河北省的城镇化发展在全国整体城镇化进程中存在较大发展空间和机遇(见图 1-5)。

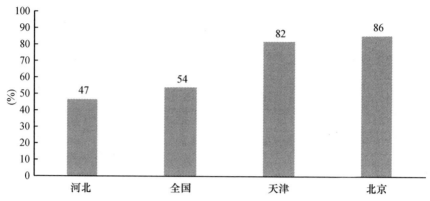

图 1-5　京津冀地区城镇化差异图（2013）

资料来源：国家统计局网站。

三、京津冀一体化与非首都功能疏解

《京津冀协同发展规划纲要》指出北京、天津与河北省的定位将会重新确定以实现错位发展。

京津冀区域整体和各省市的功能定位各具特色，各区域定位服从、服务于区域的整体定位，迎合了国家推进协同发展、加强融合的目标，符合京津冀整体协同发展的战略需要。其中，京津冀被整体定位为以首都为核心的世界级城市群，旨在引领区域整体协同发展改革、创新驱动全国经济增长、生态修复环境改善示范区。该整体定位突出了各城市功能互补、错位发展的目标，相辅相成体现出各省市的"一盘棋"思想：北京市被定位为全国的政治、文化、国际交往和科技创新中心；天津市被定位为全国先进的制造研发基地、北方地区的国际航运核心区、金融创新运营的示范区、改革开放的先行区；河北省则被定位为全国重要的商贸物流基地、产业转型升级试验区、新型城镇化与城乡统筹示范区、京津冀生态环境支撑区。

京津冀的"一核、双城、三轴、四区、多节点"式协同发展布局，以重点城市为支撑，搭载战略性功能区平台，串联交通干线、生态廊道等形成立体网络。其中，"一核"强调北京协同发展的首要任务为去非首都功能、优化提升首都核心功能、解决北京大城市病。"双城"是指促进京津冀协同发展的主要引擎京和津，旨在积极发挥京津对周边地区的高端引领和辐射带动，通过双城的联动展开全方位的合作，推进同城化发展，由双城联动带动多城联动,壮大、发展河北省保定、唐山和石家庄等的城市规模。"三轴"是指京津发展轴、京保石发展轴和京唐秦发展轴。京津发展轴辐射河北承德和张家口,旨在加快推动北京、天津、河北廊坊等重要城市的发展。京保石发展轴辐射河北邢台、邯郸等市,旨在推动北京、河北保定等沿线重要城镇加速发展。京唐秦发展轴辐射河北沧州,旨在推动北京、天津宝坻、河北秦皇岛和唐山等沿线重点城镇的快速发展。"四区"是指东、南、西北、中部的滨海发展区、功能拓展区、生态涵养区和核心功能区(见图1-6)。

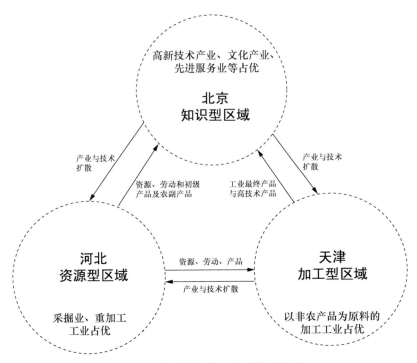

图1-6 京津冀一省二市功能定位图

其中,作为知识型区域,再考虑到目前的资源和环境问题,未来北京应重点发展高技术产业(如以中关村为代表的信息技术)、新能源及节能环保产业等,一般制造业规模不应继续扩大;天津应强化现代服务业集聚,已有的制造、信息技术产业乃至现代农业需继续发展壮大;而作为北京市非首都功能和产业转移的对象,河北的承接工作已经开始,具体包括河北张家口联合北京申办冬奥会、将河北廊坊的区号并入北京等举措。

作为资源型区域,河北省过去多是承接一般制造产业,在新型城镇化政策的指导下,河北省的产业承接应同时兼顾产业结构升级。

(1) 加速淘汰落后产能:目前河北已拆除了唐山、邯郸、承德等地的多家钢铁企业10座高炉、16座转炉,合并减少炼铁、炼钢产能分别有456万、680万吨,并已淘汰落后产能6 000万吨。

(2) 产业承接和产业升级:河北省以廊坊和张家口为主,承接发展高技术产业如信息技术产业、高端设备制造、新能源产业、节能环保事业以及新兴生物医药产业等;以承德、保定等为主,承接发展金融服务、休闲旅游、现代物流业等;以港口与临港工业区如沧州、秦皇岛、唐山等城市为主,承接产业高端设备制造、现代物流业等的转移,努力形成产业集聚。

受益于京津冀一体化、疏解北京首都功能的机遇,北京市巨大的人口压力也将借此得以释放,预计周边房地产需求空间将会被打开。北京市近年来房地产价格大幅攀升,房价过高抑制了需求的增长。随着京津冀一体化的推进,北京的高房价溢出效应将会更加明显,北京未来周边地区的人数容量也将增加。

表1-4　河北省新增住房数量测算表　　　　　单位:万套

测算比例	城市310万户住房新增	廊坊接受京籍人口住房新增	总计(套)
50%购买自住房	155	20	175
60%购买自住房	186	20	206
70%购买自住房	217	20	237

资料来源:wind数据库。

作为承接北京非首都功能和开展产业转移的主要受益省份,河北省的住房需求增加非常明显:一方面是来自北京(如央企员工住房外迁、非京籍人口迁入等)的人口转移。对接央企外迁的主要城市为廊坊,按照人口密度极限计算,廊坊最多可承受97万的人口承接。另一方面是在完善基础配套设施建设后,随着城镇化率的提升,河北本省的城镇人口住房需求也将增加,经测算,城镇化水平从目前的46.8%增加到2020年的目标值60%,河北预计将有约1 200万的城镇人口增加,这一数量与保定市人口规模相当。若按照河北省2012年的数据进行估计。自住房购买比例为六成的情况下,预计未来河北住房需求将新增206万套,为当前北京房地产库存量的27倍之巨。因此,京津冀一体化、北京非首都功能的疏解将会为河北省房地产市场带来巨大的机遇。

四、京津冀发展机遇

(一)人口流入和城镇化水平

京津冀协同发展将带来大量人口流入,根据中指院对环首都经济圈规划中人口和基地建设规模的预测,至2020年,新增商品房需求面积将达到8 225万平方米。

从城镇化进程来看,河北城镇化率低于全国水平,较北京、天津高达80%以上的高城镇化率差距更大。同时,从常住人口与户籍人口的比值来看,根据第六次人口普查数据,三地均是人口输入省,但相较北京1.55、天津1.3的比值而言,河北这一比值相对较低,外来流动人口相对较少。从2013年数据来看,北京流动人口达到758万人,占年末总人口的35.8%,而河北流动人口677万人,占比仅有9.2%,两地对人口吸附力有较大的差距。

从2009—2013年京津冀城镇人口变化来看,近五年来,由于北京和天津面临人口持续增长的压力,目前北京、天津的人口密度高达1100人/平方公里,为河北人口密度的3倍以上,引起就业过高、社会保障、交通拥堵、环境污染等问题。当城市化率超过70%时,大城市居民更愿意向郊区、小镇转移,北京和天津的城市化率已达到86.3%和82%,人口转移将是未来大方向,目前河北加快了对城镇人口吸纳的步伐,城镇化提升速度在年均1个百分点以上。

(二)房地产开发投资

区域一体化将重新配置房地产业的关键要素,产业转移带动大量人口流动,人口流动又将带动大量房地产市场需求;交通一体化拉近城市之间的距离,中心城市和卫星城协同发展的模式将逐步确立,异地居住或跨市商务合作更加便利,中心城市的中心辐射效应将更强,周边城市将可以承接更多来自中心城市的需求转移;开放的房地产市场使得人口、资金要素加速流动,打通区域发展脉络。

1. 京津冀城市群房地产投资仍有上升空间

京津冀地区与长三角、珠三角城市群的固定资产投资存在差异,房地产投资仍有上行空间。从全社会固定资产投资增长来看,2011年长三角、珠三角地区城镇固定资产投资均出现飞跃,而京津冀地区则错过了一次迈进。

从房地产投资占全社会固定资产投资比重来看,北京、上海占比均在50%左右,长三角地区浙江、江苏这一比重也在20%以上,但京津冀地区的天津、河北房地产投资占全社会固定资产投资比重则不足20%。北京作为超级中心,过多地集中了各种资源,致使一省二市内部差距拉大。2014年,北京的第三产业占比接近80%,其中房地产占比达6%;天津第三产业占比接近50%,房地产占3%;河北第三产业占比仅有36.2%,房地产占比仅占1.1%。在一体化东风的拉动下,天津与河北房地产市场将在人口迁移和城镇化进程中获益。

2. 京津冀房地产开发投资结构面临升级

天津、河北商办类需求及投资或将持续增加。目前北京市开发投资总体规模与河北全省相当,天津近年一直保持较高增速。受年初京津冀一体化上升至国家战略的利好影响,2014年上半年,在其他两市房地产投资增速放缓的局面下,河北省房地产投资出现18%的高增长。交通、教育、医疗等相关配套持续改善,区域房地产市场尤其是居住、商业类型产品的价值明显提升。

同时,从房地产开发投资结构来看,北京作为经济、金融中心,其住宅投资仅占全部投资的一半,办公楼投资占比接近1/5,商业配套则占了10%的份额;天津住宅和商业营业用房投资占比均高于北京,但办公投资占比不足北京的一半;河北住宅占比为三地最高,接近3/4,而办公投资占比则居三地末位,不足5%。可以看出,在一体化进程的推动下,随着经济发展水平的提高,以及产业、经济的升级,房地产需求结构将有所变化,天津、河北的商办类需求及投资或将持续增加。此外,养老地产、产业地产、旅游地产或将迎来新一轮发展窗口。

五、京津冀协同发展规划对京津冀地区的总体影响

京津冀一体化推动人口、产业以及各类社会经济功能单位的重新布局,将重新配置房地产业的各项要素:

(1)交通一体化拉近城市之间的距离,中心城市和卫星城协同发展的模式将逐步确立,异地居住或跨市商务合作更加便利,中心城市的中心辐射效应将更强,周边城市将可以承接更多来自中心城市的需求转移。

(2)产业转移以及行政性、企事业单位迁移带动大量的人口以及产业的集聚,这将带来住宅、商业、产业地产等市场的增量需求;产业和人口集聚同时也带动各类服务业发展,京津冀地区的旅游地产、养老地产或将迎来新一轮发展窗口。

(3)教育、医疗机构的迁移并落地于非核心区域,基础设施、环保生态等相关配套持续改善,将推动非核心区域的房地产市场价值明显提升。而核心区域的存量物业由于周边环境改善,其价值将得以保存。

第五节　本章总结

本章从房地产行业发展演进的历史对房地产进行了深入分析,结果发现:(1)从房地产行业发展的理论视角看,西方发达国家的房地产已经经历较长的发展进程,学术界很早就开展了对房地产业、房地产市场的研究,因此,对于发达国家和地区的产业经验进行学习和借鉴很有必要;(2)从房地产宏观调控角度看,土地、金融和税收政策是现阶段国际较为常用的调控手段;(3)从北京市房地产调控政策发展看,北京市房地产调控呈现出明显的阶段性特征,在2005—2006年、2007—2008年、2009—2012年三个时间段针对不同的行业形势采取了不同的宏观调控手段;(4)从北京房地产发展前景看,京津冀一体化的战略格局使得房地产开发投资结构面临升级,房地产投资仍有上升空间。因此北京应该紧紧抓住京津冀一体化的战略机遇,促进房地产业的健康有序发展。

第二章 房地产行业关联性的实证分析

房地产业是我国支柱产业,对经济的快速平稳增长具有重要作用。房地产投资热度在这些年有一个高速增长并逐步平稳的过程,加之产业链长、对国民经济具有明显带动作用等房地产行业的特点,在房地产业产生波动的时候,通常会对其他相关产业造成较强的冲击。为了我国宏观经济的长期稳定繁荣,有必要将房地产业的健康发展长期保持下去。为了更好地将房地产行业的影响因素进行界定,首先应当站在定量分析的角度上,界定房地产业和其他产业间的相关关系。

本章通过对产业关联概念和研究方法的梳理,选取投入产出法作为工具,首先利用最新数据对中国和北京市房地产业关联性的历史变化进行了分析,其次对 2007 年中国五个省份(上海市、江苏省、浙江省、河北省和北京市)房地产业关联性差异进行了横向比较。

第一节 文献综述

"产业关联"是用来解释某个产业与其他产业的体现在经济活动中的关系的概念。国外学界对于产业关联的研究起源较早,且已形成相对完整的系统。赫希曼首先系统性地研究了各个不同产业部门之间的关联关系,将"关联效应"概念明确地提出来,并将关联效应视作经济发展过程中的重要传递机制,同时也是主导产业部门选择的标准。此外,赫希曼还对前向关联、后向关联和旁侧关联三种不同的产业间关联模式进行了详细论述。罗斯托在"经济起飞"理论中对主导部门综合体系进行了分析。提出了经济增长是通过主导部门本身的三种影响(回顾影响、旁侧影响和前瞻影响)来带动的。其中,主导部门对供给生产资料部门的影响被称为回顾影响;主导产业对其所在地域的影响被称为旁侧影响;由主导产业诱导而产生了新工艺、新技术、新原料、新能源等的影响被称为前瞻影响。

在产业关联理论的发展过程中,美国经济学家里昂惕夫提出了投入产出表并提出了投入产出分析方法,将产业间依存和制约关系的研究推上了一个新的高度。投入产出表的思想渊源可以追溯到法国经济学家魁奈的《经济表》,《经济表》是用来说明产业间贸易关系的。而数理经济学家瓦尔拉斯和帕累托提出的一般均衡理论和数学方法又是投入产出体系的基础。投入产出法是一种揭示了产业间技术经济联系的量化比例关系的有效方法,并在20世纪50年代以后,世界各国逐渐开始普遍采用投入产出分析方法进行研究。投入产出分析法逐步发展成为产业关联分析领域的基本方法。

国内学者对于产业关联研究的起步则相对较晚,主要是对已有成果进行修正改进。周振华(1995)和朱耀明(2000)定义产业关联为产业之间的经济技术联系,而邬义军和邱钧(1997)则将产业关联定义为产业之间的投入产出关系。虽然这两种定义的阐述方式存在差异,但其论述的本质是一致的,即产业关联理论是对定量分析产业间的联系的一种方法。刘水杏(2004)认为,产业关联理论的重点是对生产、交换、分配过程中,产业间发生的数量比例上的规律性的揭示。在具体的关联方式上,范金等(2004)改进了赫希曼的理论,根据产业间维系关系的差异,提出了单向/双向关联、纵向/横向关联、前向/后向关联、直接/间接关联、替代/互补关联、环向循环关联等类别。

具体到房地产业和相关产业的关联性,国内研究则经历了一个逐步规范的过程。在早期的研究中,受制于数据缺失和研究方法的不成熟,多数学者不得不使用二次援引的数据,而基于一手数据的系统量化分析较为鲜见。此外,由于房地产业本身的数据来源少,一些学者选择与房地产业具有一定关联性的行业,如建筑业、住宅产业或者房地产投资的诱发作用等数据来佐证房地产业的带动效应。例如,顾云昌(1998)通过住宅产业的定量分析来间接反映房地产业的产业关联,他认为1996年我国住宅建设的生产诱发系数为1.93,住宅建成销售后对消费的带动系数为1.34。李启明(2002)则是从房地产业投资的诱发作用角度对房地产业的带动效应做了计算,认为房地产业的诱发作用最大的行业是建筑业、制造业,每100亿元房地产投资,制造业可以被诱发产出为123.61亿元、建筑业为90.76亿元、采矿业为16.64亿元、商业为11.16亿元、房地产业为10.98亿元、电力煤气自来水供应业为6.59亿元,等等。关于房地产相关产业的类型和数量,石志华(1997)认为,住宅产业的发展能带动建筑、建材、冶金等50多个物质生产部门20多个大类近2000种产品的发展,但其结果并非基于严谨的定量分析得出。以上这些研究,主要的论证方法是基于定性描述进行的,定量分析比较少。此外,很少能直接针对房地产业本身的产业关联度进行论述,多是进行间接论证,在研究上也缺乏系统性。

王国军和刘水杏(2004)的研究开创了将投入产出法应用于房地产业关联度分析的先河。通过中国1997年度40个部门的投入产出表,王国军和刘水杏解决了前人只能利用建筑业或住宅业侧面论述房地产业的问题,同时使用投入产出表直接进行定量分析,没有引用其他已有结果,其研究具有深刻的借鉴意义。研究结果表明,房地产业对以下6个行业的带动效应较大,依次是金融保险业、商业、建筑业、非金属矿物制造业、化学工业和社会服务业。况伟大(2006)采用了中国1997年度40部门和124部门的投入产出表以及2000年17部门的投入产出延长表对房地产业的拉动效应和推动效应进行了定量测算,结果表明,相较行业平均水平而言,房地产业的拉动作用和推动作用均偏低,关联效应较为有限,且推动作用小于拉动作用。闫永涛、冯长春和宋增文(2007)采用了中国2002年投入产出表对房地产业的拉动作用、推动作用和带动效应进行了计算,研究显示,房地产业的推动效应和拉动效应都低于平均水平,在带动国民经济增长的方面作用并不明显。

具体到产业关联理论的研究方法,美国经济学家里昂惕夫提出的投入产出法将产业间依存和制约关系的研究推上了一个新的高度,对产业间技术经济联系以量化比例进行了揭示,在20世纪50年代以后逐渐得到世界各国的普遍采用,在产业关联分析领域,逐步发展成为一种基本研究方法。

投入产出法的基础研究对象是投入产出表。投入产出表又称部门联系平衡表,用来反映一定时期部门间相互联系和平衡比例关系。投入产出表于20世纪30年代产生于美国,是由美国经济学家里昂惕夫基于前人关于经济活动相互依存性的研究进而首先提出、研究并编制的。我国的投入产出表到1974年才完成第一张表雏形的编制工作,起步时间较晚,其后,编制投入产出表进入高速发展的阶段,至今已达到了每五年(逢尾数二、七年)编制一次投入产出表,每五年(逢尾数五、十年)编制一次投入产出延长表,这也标志着我国投入产出表在编制上实现了标准化,投入产出的研究已经进入正轨。投入产出表的简表如表 2-1 所示。

表 2-1 投入产出表简表

投入产出	中间使用	最终使用	进口	其他	总产出
中间投入	第Ⅰ象限	第Ⅱ象限			
增加值	第Ⅲ象限				
总投入					

表中第Ⅰ象限反映部门间的生产技术联系,是表的基本部分;第Ⅱ象限反映各部门产品的最终使用;第Ⅲ象限反映国民收入的初次分配。在投入产出表中,存在以下几种基本平衡关系:

(1) 行平衡关系:总产出＝中间使用＋最终使用－进口＋其他。

(2) 列平衡关系:总投入＝中间投入＋增加值。

(3) 总量平衡关系:总投入＝总产出;某部门总投入＝某部门总产出。

在投入产出分析中,以投入产出表为基础,各国学者提出了一些分析指标,用以对一定时期内的社会再生产过程中,国民经济各产业部门所形成的直接和间接的相互依存、相互制约的技术经济联系进行定量分析,包括直接消耗系数、完全消耗系数、直接分配系数、完全分配系数、环向关联度、影响力系数和感应度系数等若干分析指标,均在研究中获得了广泛的应用。目前,学术界对于直接消耗系数、完全消耗系数、直接分配系数、完全分配系数和环向关联度的界定较为明确,但对于影响力系数和感应度系数的定义仍存在一定的争论。各指标的具体定义如下:

1. 直接消耗系数

直接消耗系数也被称为投入系数,记为 $a_{ij}(i,j=1,2,\cdots,n)$,是指在生产经营过程中,第 j 部门的单位总产出直接消耗的第 i 部门货物或服务的价值量。直接消耗系数表或直接消耗系数矩阵是指各部门的直接消耗系数以表格形式列成,通常用字母 A 表示。直接消耗系数的计算方法为:用第 j 部门在生产经营中直接消耗的第 i 部门的货物或服务的价值量除以第 j 部门的总投入,用公式表示为:

$$a_{ij} = \frac{x_{ij}}{X_j}, \quad i,j = 1,\cdots,n$$

2. 完全消耗系数

在生产经营过程中，一种产品对另一种产品不仅仅有直接消耗，也存在通过媒介产品发生的间接消耗。在投入产出理论中，完全消耗是指在生产经营过程中，某一产业对其他产业产品的直接消耗和全部间接消耗的加总。完全消耗系数计为 b_{ij}，指第 j 个产品部门的最终使用每增加一个单位，对第 i 产品部门货物或服务的价值量的直接消耗和间接消耗之和。通过直接消耗系数矩阵 A 来计算完全消耗系数矩阵 B 的公式为：

$$B = (I-A)^{-1} - I$$

3. 直接分配系数

直接分配系数是指国民经济各部门提供的货物和服务（包括进口）在不同中间使用和最终使用之间的分配使用的比例，公式为：

$$h_{ij} = \frac{x_{ij}}{X_i + M_i}, \quad i=1,\cdots,n; j=1,\cdots,n,n+1,\cdots,n+q$$

当 $j=1,2,\cdots,n$ 时，x_{ij} 为第 i 部门提供给第 j 部门中间使用的货物或服务的价值量；$j=n+1,\cdots,n+q$ 时，x_{ij} 为第 i 部门提供给第 j 部门最终使用的货物或服务的价值量；q 为最终使用的项目数；M 为进口，$X_i + M_i$ 为第 i 部门货物或服务的总供给量（国内生产＋进口）。

4. 完全分配系数

与完全消耗的原理类似，某一部门货物或服务的分配可以被分为两者之间的直接分配和通过媒介部门的间接分配。完全分配系数是 i 部门单位总产出直接分配和全部间接分配给 j 部门的量，反映了 i 部门对 j 部门的总贡献度（包括直接和通过别的部门间接两种）。i 部门对 j 部门的直接分配系数和全部间接分配系数加总即为完全分配系数。利用直接分配系数矩阵 H 计算完全分配系数矩阵 W 的公式表示为：

$$W = (I-H)^{-1} - I$$

5. 环向关联度

环向关联度的定义较为明确，即后向关联与前向关联的综合效应，分为环向直接关联度与环向完全关联度。环向直接关联度为直接消耗系数与直接分配系数之和，反映了只考虑直接效应的情况下，某部门与国民经济各部门的总关联度；而环向完全关联度则为完全消耗系数与完全分配系数之和，反映了考虑直接效应和间接效应的情况下，某部门与国民经济各部门的总关联度。

6. 影响力系数与感应度系数

影响力系数表示某一产业部门每增加一个单位最终使用时,需要直接或间接从国民经济各部门获得的投入总量,反映了该部门对国民经济各部门的拉动力;与之相对应,感应度系数表示某一产业部门每增加一个单位初始投入时,会直接或间接对国民经济各部门提供的分配总量,反映该部门对国民经济各部门的推动力。但对于影响力系数和感应度系数的计算方法,如前所述,学术界对此争议颇多,且主要在于两点,一是计算过程的经济意义,二是产业规模的影响。传统定义下的影响力系数和感应度系数为:

$$F_j = \frac{\sum_{i=1}^{n} b_{ij}}{\frac{1}{n}\sum_{j=1}^{n}\sum_{i=1}^{n} b_{ij}}, \quad E_i = \frac{\sum_{j=1}^{n} w_{ij}}{\frac{1}{n}\sum_{i=1}^{n}\sum_{j=1}^{n} w_{ij}}$$

其中,b_{ij} 是第 j 部门对第 i 部门的完全消耗系数,$\sum_{j=1}^{n} b_{ij}$ 为完全消耗系数矩阵的第 j 列之和,即第 j 部门对国民经济各部门的影响力,$\frac{1}{n}\sum_{j=1}^{n}\sum_{i=1}^{n} b_{ij}$ 为完全消耗系数矩阵的列和的平均值;w_{ij} 是第 i 部门对第 j 部门的完全分配系数,$\sum_{j=1}^{n} w_{ij}$ 为完全分配系数矩阵的第 i 行之和,即第 i 部门对国民经济各部门的感应度,$\frac{1}{n}\sum_{i=1}^{n}\sum_{j=1}^{n} w_{ij}$ 为完全分配系数矩阵的行和的平均值。

但是,刘起运(2002)的研究认为,就影响力系数来说,分子表示第 j 部门每生产一个最终产品对国民经济各部门的完全需求量,反映了第 j 部门的影响力或带动力,这一步骤具有明确而实际的经济意义;但分母的计算方法则是将各部门的影响力采用算术平均法得出平均影响力,而这一方法的假设前提是各部门的权重相等,即各部门都生产一个单位的最终产品时对国民经济的平均影响力,这一步不具有实际的经济意义。因此,刘起运(2002)提出,将分母的计算方法改为加权平均法,采用最终产品实物构成系数作为权数,则分母的经济意义变为国民经济在该时期的特定结构下,一个单位最终产品的平均影响力。显然,经过改进之后,受到影响较大的是最终产品实物构成系数较大或较小的部门,而构成系居中的部门受到的影响较小。

改进后的影响力系数计算方法为：

$$F_j = \frac{\sum_i b_{ij}}{\sum_j \left(\sum_i b_{ij}\right)\alpha_j}, \quad j=1,2,\cdots,n$$

其中，α_j表示第j部门最终产品占国民经济最终产品总量的比例，称为"最终产出构成系数"；b_{ij}为完全消耗系数。

此外，感应度系数的计算同样存在类似问题，刘起运（2002）对感应度系数也提出了改进的计算方法，并称之为推动力系数，即：

$$\bar{E}_i = \frac{\sum_j w_{ij}}{\sum_i \left(\sum_j w_{ij}\right)\eta_j}, \quad i=1,2,\cdots,n$$

其中，η_i表示第i部门产品的初始投入量占国民经济初始投入总量的比例，称为"初始投入构成系数"；w_{ij}为完全分配系数。

陈锡康、刘起运和齐舒畅（中国投入产出学会课题组，2006）等皆认同传统的投入产出感应度和影响力计算存在商榷空间，"违背了列项加总原则，经济意义模糊"。目前，国家统计局也采用完全分配系数计算感应度系数，实际上是刘起运（2002）定义的推动力系数。

在本章的研究方法中，涉及影响力系数与感应度系数的计算方法均以刘起运（2002）提出的改进的影响力系数与推动力系数计算方式为准。

第二节　中国房地产行业关联性

在我国的行业分类体系中，房地产业并不是一个最初就有明确范畴的产业，这是由房地产业自身的特殊性造成的。从三次产业划分来看，房地产被划分在第三产业之中，与建筑业之间存在明确界限，同样具有"服务业"的属性，但房地产开发中又涉及各项建筑相关活动，拥有第二产业的相关性质。在对房地产业的发展进行表述时，所采用的部分指标属于第三产业，另有部分指标被纳入建筑业的统计范畴中。在我国国情下，开发投资仍然是房地产活动的主要组成部分，房地产经营与服务市场仍然不成熟，活跃程度不高，存在可以进一步规范的空间，若只将房地产经营与服务统计在内，而不纳入开发投资，这与我国经济增量中由房地产开发建设导致的庞大规模并不一致(叶剑平和谢经荣,2005)。

因此,在 1994 年颁布的《国民经济行业分类与代码》(GB/T 4754-94)中,房地产业为第 10 门类,成为一个独立的门类。2002 年颁布的《国民经济行业分类》(GB/T 4754-2002)中又进一步完善了产业分类体系,使得房地产业的界定标准与国际统一,同时也符合我国国情,即房地产业属于第三产业,不包含物质生产过程,主要集中在流通领域。故房地产业主要有以下四类经济活动。

1. 房地产开发经营

房地产开发经营是指由房地产开发企业进行的基础设施建设、房屋建设以及转让房地产开发项目或者商品房销售、出租的活动,包括:土地使用权的租赁、买卖和转让活动;住宅、公寓的开发、销售、出租等活动;办公楼的开发、销售、出租等活动;商业营业用房的开发、销售、出租等活动;其他建筑物的开发、销售、出租等活动。其中不包括以下三类:被列入建筑业及相关行业中的房屋及其他建筑物的工程施工活动和房地产商自营的独立核算(或单独核算)的施工单位;以及被列入其他住宿服务类别中的家庭旅社、学校宿舍和露营地的服务。

2. 物业管理

物业管理是指依照订立的合同约定,物业管理企业对物业进行专业化维修、养护、管理,以及对相关区域内的环境、公共秩序等进行管理,并提供相关服务的活动,包括:住宅小区、度假村、公寓、住宅楼、别墅等居所物业管理;写字楼、综合楼、办公楼、购物中心、商场、商厦、酒店、康乐场所等物业管理;工厂厂房、仓库等物业管理;医院、学校、车站、机场、港口、码头等物业管理;房管部门(房管局、房管所)对直管公房的管理;单位对自有房屋的管理;其他物业管理。其中,不包括以下三类:被列入建筑业相关类别中的独立的房屋维修及设备更新活动;被列入市场管理相关类别中的贸易大厦、小商品大厦的市场管理活动;被列入其他居民服务的社区服务。

3. 房地产中介服务

房地产中介服务是指房地产咨询、价格评估和经纪等活动,包括:房地产价格评估机构活动;房屋买卖代理活动;房屋租赁代理活动;房地产咨询活动;房屋置业担保;其他房地产中介代理。不包括被列入测绘服务相关类别的房产测绘。

4. 其他房地产活动

其他房地产活动除了其他未列明的房地产活动之外,还包括房地产交易管理、房屋权属登记管理、房屋拆迁管理、住房及房改基金的管理。

在编制中国投入产出表的过程中,行业分类的分类方式即是基于当时的国民经济行业分类方法,因此在1997年之前的中国投入产出表中,房地产业尚未成为单独门类,房地产业首次出现在投入产出表是在1997年,被列为第34部门,而2000年的投入产出延长表中仅有17个部门,其中并没有房地产业,之后从2002年起房地产业又作为第34部门重新出现。因此,在以下分析中本节采用1997年、2002年、2005年、2007年、2010年和2012年的6张中国投入产出表。

一、直接消耗系数

(一) 1997年

根据1997年中国投入产出表计算出中国房地产行业的直接消耗系数,将其降序排列,得到中国房地产行业的主要(前十位)后向直接关联产业,如表2-2所示。

表2-2　1997年中国房地产行业主要后向直接关联产业

位次	部门	直接消耗系数	比重(%)	累计比重(%)
1	金融保险业	0.046073	19.12	19.12
2	建筑业	0.038947	16.16	35.29
3	非金属矿物制品业	0.038902	16.15	51.43
4	社会服务业	0.021125	8.77	60.20
5	电气机械及器材制造业	0.008987	3.73	63.93
6	商业	0.008660	3.59	67.53
7	其他制造业	0.008011	3.32	70.85
8	造纸印刷及文用品制造业	0.006925	2.87	73.73
9	饮食业	0.006724	2.79	76.52
10	房地产业	0.005992	2.49	79.00

资料来源:根据1997年中国投入产出表计算。

在40个产业中,除石油和天然气开采业、废品及废料、金属矿采选业、行政机关及其他行业4个行业外,其他36个产业与房地产业都有后向直接关联关系。上表为直接消耗系数最高的10个产业,其中与房地产业后向直接关联关系最强的三大产业分别为金融保险业、建筑业、非金属矿物制造业,其直接消耗系数比重均超过16%,三者的累计比重达到51.43%。

(二) 2002年

根据2002年投入产出表计算得出的中国房地产行业的主要后向直接关联产业如表2-3所示。

表2-3 2002年中国房地产行业主要后向直接关联产业

位次	部门	直接消耗系数	比重(%)	累计比重(%)
1	金融保险业	0.077458	28.82	28.82
2	建筑业	0.040481	15.06	43.89
3	租赁和商务服务业	0.036942	13.75	57.64
4	住宿和餐饮业	0.014384	5.35	62.99
5	非金属矿物制品业	0.011856	4.41	67.40
6	房地产业	0.009551	3.55	70.96
7	交通运输及仓储业	0.009279	3.45	74.41
8	交通运输设备制造业	0.008479	3.16	77.56
9	电气、机械及器材制造业	0.008401	3.13	80.69
10	通用、专用设备制造业	0.007165	2.67	83.36

资料来源:根据2002年中国投入产出表计算。

在42个产业中,除石油和天然气开采业、金属矿采选业、废品废料、公共管理和社会组织外,其他38个产业与房地产业都有后向直接关联关系。上表为直接消耗系数最高的10个产业,其中与房地产业后向直接关联关系最大的3个产业分别为金融保险业、建筑业、租赁和商务服务业,其直接消耗系数比重均超过13%,金融保险业达到28.82%,三者的累计比重达到57.64%。

(三) 2005年

根据2005年中国投入产出表计算得出的中国房地产行业的主要后向直接关联产业如表2-4所示。

表 2-4　2005 年中国房地产行业主要后向直接关联产业

位次	部门	直接消耗系数	比重(%)	累计比重(%)
1	金融保险业	0.049272	25.17	25.17
2	租赁和商务服务业	0.036667	18.73	43.91
3	建筑业	0.020048	10.24	54.15
4	住宿和餐饮业	0.013235	6.76	60.91
5	电力、热力的生产和供应业	0.010519	5.37	66.28
6	非金属矿物制品业	0.009875	5.05	71.33
7	交通运输及仓储业	0.008300	4.24	75.57
8	电气、机械及器材制造业	0.006218	3.18	78.75
9	房地产业	0.005568	2.84	81.59
10	交通运输设备制造业	0.005380	2.75	84.34

资料来源：根据 2005 年中国投入产出表计算。

在 42 个产业中，除金属矿采选业、废品废料、公共管理和社会组织外，其他 39 个产业与房地产业都有后向直接关联关系。上表为直接消耗系数最高的 10 个产业，其中与房地产业后向直接关联关系最大的 3 个产业分别为金融保险业、租赁和商务服务业、建筑业，其直接消耗系数比重均超过 10%，金融保险业达到 25.17%，三者的累计比重达到 54.15%。

（四）2007 年

根据 2007 年中国投入产出表计算得出的中国房地产行业的主要后向直接关联产业如表 2-5 所示。

表 2-5　2007 年中国房地产行业主要后向直接关联产业

位次	部门	直接消耗系数	比重(%)	累计比重(%)
1	金融保险业	0.024821	14.94	14.94
2	租赁和商务服务业	0.021880	13.17	28.10
3	建筑业	0.012187	7.33	35.43
4	化学工业	0.011486	6.91	42.35
5	住宿和餐饮业	0.010939	6.58	48.93
6	石油加工、炼焦及核燃料加工业	0.009059	5.45	54.38
7	房地产业	0.008919	5.37	59.75
8	电气、机械及器材制造业	0.008084	4.86	64.61
9	金属制品业	0.007569	4.55	69.16
10	其他社会服务业	0.006220	3.74	72.91

资料来源：根据 2007 年中国投入产出表计算。

在42个产业中,除石油和天然气开采业、金属矿采选业、非金属矿采选业、废品废料外,其他38个产业与房地产业都有后向直接关联关系。上表为直接消耗系数最高的10个产业,其中与房地产业后向直接关联关系最大的3个产业分别为金融保险业、租赁和商务服务业、建筑业,但与之前的数据相比均有一定程度的下降,其中建筑业已不足10%,只有7.33%,金融保险业为14.94%,与租赁和商品服务业基本持平,三者的累计比重也不足50%,仅为35.43%。

（五）2010年

根据2010年中国投入产出表计算得出的中国房地产行业的主要后向直接关联产业如表2-6所示。

表2-6 2010年中国房地产行业主要后向直接关联产业

位次	部门	直接消耗系数	比重(%)	累计比重(%)
1	金融保险业	0.043165	17.71	17.71
2	租赁和商务服务业	0.034020	13.96	31.68
3	建筑业	0.019399	7.96	39.64
4	化学工业	0.016832	6.91	46.55
5	住宿和餐饮业	0.016421	6.74	53.28
6	房地产业	0.013261	5.44	58.73
7	石油加工、炼焦及核燃料加工业	0.013170	5.40	64.13
8	电气、机械及器材制造业	0.011180	4.59	68.72
9	交通运输及仓储业	0.007607	3.12	71.84
10	居民服务和其他服务业	0.007416	3.04	74.89

资料来源:根据2010年中国投入产出表计算。

在41个产业中,除石油和天然气开采业、金属矿采选业、非金属矿采选业外,其他38个产业与房地产业都有后向直接关联关系。上表为直接消耗系数最高的10个产业,其中与房地产业后向直接关联关系最大的3个产业分别为金融保险业、租赁和商务服务业、建筑业,金融保险业为17.71%,租赁和商务服务业为13.96%,建筑业依然不足10%,三者的累计比重为39.64%。

（六）2012年

根据2012年中国投入产出表计算得出的中国房地产行业的主要后向直接关联产业如表2-7所示。

表 2-7　2012 年中国房地产行业主要后向直接关联产业

位次	部门	直接消耗系数	比重(%)	累计比重(%)
1	金融保险业	0.105230	41.37	41.37
2	租赁和商务服务业	0.039961	15.71	57.08
3	房地产业	0.032148	12.64	69.72
4	建筑业	0.023989	9.43	79.15
5	交通运输、仓储和邮政业	0.005932	2.33	81.48
6	造纸印刷和文教体育用品业	0.005103	2.01	83.49
7	电力、热力的生产和供应业	0.004833	1.90	85.39
8	住宿和餐饮业	0.004689	1.84	87.23
9	信息传输、软件和信息技术服务业	0.004188	1.65	88.88
10	批发和零售业	0.004137	1.63	90.50

资料来源：根据 2012 年中国投入产出表计算。

在 42 个产业中，除石油和天然气开采业、金属矿采选业、非金属矿采选业和废品废料外，其他 38 个产业与房地产业都有后向直接关联关系。上表为直接消耗系数最高的 10 个产业，其中与房地产业后向直接关联关系最大的 3 个产业分别为金融保险业、租赁和商务服务业、房地产业，金融保险业为 41.37%，租赁和商务服务业为 15.71%，房地产业为 12.64%，三者的累计比重超过了 50%，为 69.72%。

（七）结论分析

表 2-8 为 1997 年以来中国房地产行业历年的主要后向直接关联产业，由表中可知，金融保险业一直是房地产业后向直接关联性最强的行业；除 1997 年外，建筑业、租赁和商务服务业一直处于第二、三位，其中 1997 年和 2002 年建筑业位列第二，而 2005 年开始建筑业就降至第三，2012 年更是跌出前三位，成为第四位，且直接消耗系数也降至 10% 以下，这在图 2-1 中有很直观的体现。这是由于 1997 年以后，随着房地产业的逐渐规范，房地产业发展速度加快，对以建筑业为主的第二产业形成较大的需求拉动力，而 2005 年之后，房地产业的技术水平、管理方式、经营方式、对外开放程度等各个方面均有了不断升级和完善，房地产业对一些服务性质和消费性质产业的带动效应逐渐增大，而对原材料供应型、生产型产业的带动效应则逐渐减小，房地产业的发展由粗放式的数量扩张转变为精细化的质量提升。

表 2-8 中国房地产行业历年主要后向直接关联产业

部门	直接消耗系数	比重（%）	部门	直接消耗系数	比重（%）
1997 年			2002 年		
金融保险业	0.046074	19.12	金融保险业	0.077458	28.82
建筑业	0.038947	16.16	建筑业	0.040481	15.06
非金属矿物制品业	0.038902	16.15	租赁和商务服务业	0.036942	13.75
2005 年			2007 年		
金融保险业	0.049272	25.17	金融保险业	0.024821	14.94
租赁和商务服务业	0.036667	18.73	租赁和商务服务业	0.021880	13.17
建筑业	0.020048	10.24	建筑业	0.012187	7.33
2010 年			2012 年		
金融业	0.043165	17.71	金融业	0.105230	41.37
租赁和商务服务业	0.034020	13.96	租赁和商务服务业	0.039961	15.71
建筑业	0.019399	7.96	房地产业	0.032148	12.64

资料来源：根据历年中国投入产出表计算。

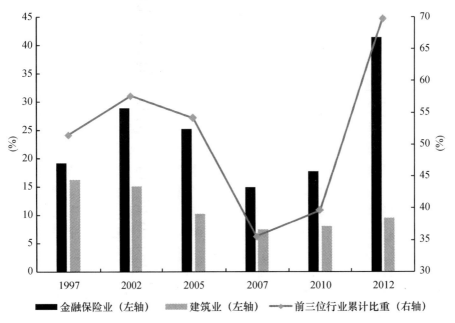

图 2-1 金融保险业、建筑业比重及累计比重

二、完全消耗系数

利用直接消耗系数矩阵,可以求得完全消耗系数矩阵,代表某部门对其他部门的直接消耗和间接消耗之和。与直接消耗系数的分析类似,可以得到中国房地产行业历年主要后向完全关联产业,如表2-9所示。

表2-9 中国房地产行业历年主要后向完全关联产业

部门	完全消耗系数	比重（%）	部门	完全消耗系数	比重（%）
1997年			2002年		
非金属矿物制品业	0.065761	10.50	金融保险业	0.095710	14.55
金融保险业	0.058917	9.41	租赁和商务服务业	0.046473	7.06
建筑业	0.042611	6.80	建筑业	0.044542	6.77
2005年			2007年		
金融保险业	0.061211	10.95	化学工业	0.048931	10.04
租赁和商务服务业	0.047800	8.55	金融保险业	0.035212	7.23
金属冶炼及压延加工业	0.034548	6.18	金属冶炼及压延加工业	0.033024	6.78
2010年			2012年		
化学工业	0.070059	9.85	金融保险业	0.133225	21.37
金融保险业	0.061538	8.65	租赁和商务服务业	0.063524	10.19
租赁和商务服务业	0.046560	6.55	房地产	0.044359	7.11

资料来源:根据历年中国投入产出表计算。

根据历年的完全消耗系数数据可知,在加入间接消耗之后,1997年、2002年和2005年只有公共管理和社会组织不是房地产业的后向完全关联产业,而自2007年开始,我国所有产业均与房地产业有后向完全关联。在历年最主要的后向完全关联产业中,只有金融保险业一直处在前三,其他行业每年均有波动。建筑业在1997年和2002年排在第三,而从2005年起风光不再,分别排在第8、18、16和4位,与房地产业的后向完全关联关系减弱。从前三位行业的完全消耗系数来看,房地产业对其他行业的拉动作用较为平均,前三位行业的累计比重最高为38.67%,除了金融保险业以外,不存在特别集中的后向完全关联关系(见图2-2)。除建筑业外,以金属冶炼及压延加工业、化学工业为代表的第二产业与房地产业的关联关系一直较强,其中化学工业在2007年和2010年更是排在金融保险业之前,这说明当同时考虑直接消耗和间接消耗时,房地产业对于化工

第二章 房地产行业关联性的实证分析

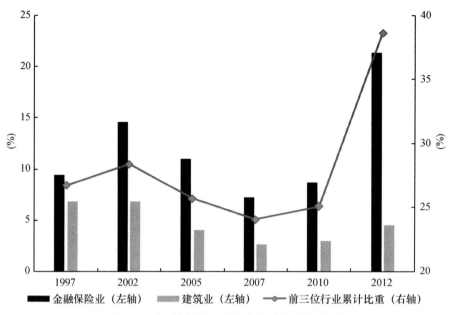

图 2-2 金融保险业、建筑业比重及累计比重

制品、金属制品、水电等物质型产品的投入需求仍然较大,且该需求覆盖房地产开发的多个环节,因此其后向完全关联度一直保持高位。

三、直接分配系数

直接分配系数是指国民经济各部门提供的货物和服务(包括进口)在各种用途(指中间使用和各种最终使用)之间的分配使用比例。根据历年中国投入产出表计算得出中国房地产行业的直接分配系数后,可以得到中国房地产行业历年主要前向直接关联产业,如表 2-10 所示。

表 2-10 中国房地产行业历年主要前向直接关联产业

部门	直接分配系数	比重(%)	部门	直接分配系数	比重(%)
1997 年			2002 年		
商业	0.077963	25.77	公共管理和社会组织	0.100204	35.49
金融保险业	0.073202	24.20	批发和零售贸易业	0.045032	15.95
社会服务业	0.035445	11.72	金融保险业	0.041819	14.81

43

(续表)

部门	直接分配系数	比重(%)	部门	直接分配系数	比重(%)
2005 年			2007 年		
公共管理和社会组织	0.049710	24.42	批发和零售贸易业	0.046967	18.86
金融保险业	0.034782	17.09	金融保险业	0.034826	13.99
批发和零售贸易业	0.017998	8.84	其他社会服务业	0.017198	6.91
2010 年			2012 年		
金融业	0.034313	16.81	金融业	0.088977	31.65
批发和零售贸易业	0.030010	14.71	批发和零售业	0.079124	28.15
信息传输、计算机服务和软件业	0.014676	7.19	房地产业	0.032148	11.44

资料来源：根据历年中国投入产出表计算。

根据历年的直接分配系数可知，1997年、2002年和2005年只有废品废料不是房地产的前向直接关联产业，而2007以后所有行业均与房地产业有前向直接关联关系。在历年最主要的前向直接关联产业中，只有金融保险业一直处在前三，其他行业虽然关联度每年均有波动，但排名前三的行业基本都是第三产业，这说明房地产业的产品和服务，多数被分配到了第三产业中作为中间投入。从主要前向关联产业所占比例来看，2002年房地产业对其他产业的分配最为集中，公共管理和社会组织的直接分配系数达到35.49%，前三位的累计比重达到66.26%，接近所有行业的三分之二。其后房地产业的分配集中程度开始下降，至2010年排名第一的金融业比重仅为16.81%，前三位的累计比重降至38.71%。2012年，前三位行业的累计比重上升至71.23%，其中金融行业即超过30%，我国房地产行业的发展与第三产业关联性越来越强，与第二产业的关系持续走弱（见图2-3）。

四、完全分配系数

同完全消耗的定义类似，一个部门对其他部门的分配可以分为直接分配和通过媒介进行的间接分配，二者之和被称为完全分配。利用直接分配系数矩阵，可以求得完全分配系数矩阵，代表某部门对其他部门的直

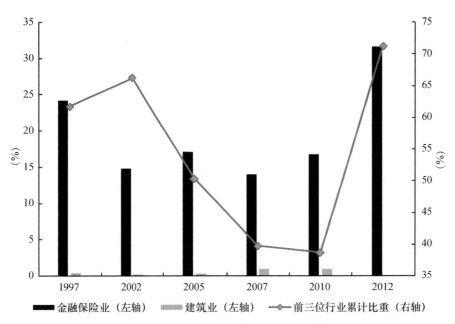

图 2-3 金融保险业、建筑业比重及累计比重

接分配和间接分配之和。中国房地产行业历年主要前向完全关联产业如表 2-11 所示。

表 2-11 中国房地产行业历年主要前向完全关联产业

部门	完全分配系数	比重（%）	部门	完全分配系数	比重（%）
1997 年			2002 年		
商业	0.108333	16.01	公共管理和社会组织	0.108143	21.80
金融保险业	0.084983	12.56	批发和零售贸易业	0.059930	12.08
社会服务业	0.047453	7.01	金融保险业	0.047898	9.66
2005 年			2007 年		
公共管理和社会组织	0.054334	14.27	批发和零售贸易业	0.057890	10.63
金融保险业	0.039536	10.38	金融保险业	0.042031	7.72
批发和零售贸易业	0.023363	6.13	化学工业	0.031457	5.78

(续表)

部门	完全分配系数	比重(%)	部门	完全分配系数	比重(%)
2010年			2012年		
金融业	0.042634	9.09	金融业	0.108251	15.55
批发和零售贸易业	0.037281	7.95	批发和零售贸易业	0.097268	13.97
建筑业	0.027794	5.93	房地产业	0.043848	6.30

资料来源：根据历年中国投入产出表计算。

完全分配系数的历年情况与直接分配系数基本类似，从图2-4来看，前三位行业的累计比重同样在2002年最为集中，达到43.53%，而至2010年这一数据降至22.96%。与直接分配系数不同之处在于，加入间接分配之后，第二产业与房地产的前向关联性有了显著提升，化学工业和建筑业分别在2007年和2010年进入了完全分配系数的前三位，尤其是建筑业，若考虑直接分配系数，2010年的最高值也只有0.97%，2012年更是低至0.09%，而完全分配系数则一直保持在前四位，2012年为5.53%。这说明加入间接分配的效应后，房地产业对于主要的后向关联

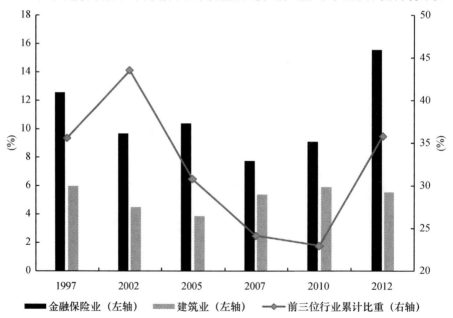

图2-4 金融保险业、建筑业比重及累计比重

第二产业也存在较高的前向关联,作为一个对于国民经济既有着深度又有着广度影响的行业,房地产业对于整个经济的推动效果是非常明显的。

五、环向关联度

在上文中,直接消耗系数、完全消耗系数、直接分配系数和完全分配系数都是对某部门与国民经济各部门的单侧关联的考察。若将直接消耗系数与直接分配系数综合考量,从经济意义上即为某部门对国民经济各部门的直接关联总效应。以2007年和2012年为例,中国房地产业的直接关联产业分布如图2-5和图2-6所示。

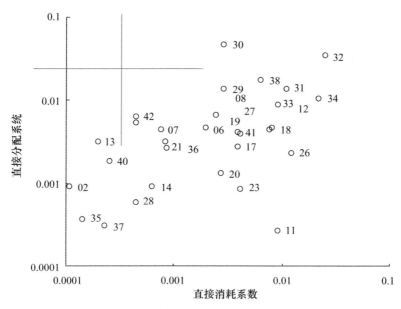

图 2-5 2007 年中国房地产业的直接关联产业分布

由图2-5可以发现,42个产业按照直接消耗系数和直接分配系数的大小分成四个象限,各象限的分界线为该指标平均值。其中,对于2007年来说,右上角第Ⅰ象限为中间投入型制造业,包括金融保险业、房地产业、住宿和餐饮业、租赁和商务服务业等;左上角第Ⅱ象限为中间投入型基础产业,包括批发和零售贸易业、公共管理和社会组织等;左下角第Ⅲ象限为最终需求型基础产业,包括非金属矿物制品业、金属冶炼及压延加工业等;右下角第Ⅳ象限为最终需求型制造业,包括建筑业、石油加工、炼焦及核燃料加工业等。

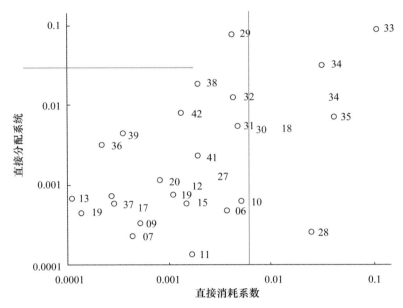

图2-6 2012年中国房地产业的直接关联产业分布

对于2012年来说,右上角第Ⅰ象限为中间投入型制造业,包括金融保险业、房地产业等;左上角第Ⅱ象限为中间投入型基础产业,包括居民服务、修理和其他服务业,公共管理和社会组织等;左下角第Ⅲ象限为最终需求型基础产业,包括非金属矿物制品业、金属冶炼及压延加工业等;右下角第Ⅳ象限为最终需求型制造业,包括建筑业等。

同样地,若将完全消耗系数与完全分配系数综合考量,即是该部门对国民经济各部门的完全关联总效应。以2007年和2012年为例,中国房地产业的完全关联产业分布如图2-7和图2-8所示。

由2007年数据可以发现,右上角第Ⅰ象限为中间投入型制造业,包括金融保险业、化学工业、建筑业等;左上角第Ⅱ象限为中间投入型基础产业,包括批发和零售贸易业、信息传输、计算机服务和软件业等;左下角第Ⅲ象限为最终需求型基础产业,包括非金属矿物制品业、木材加工及家具制造业、煤炭开采及洗选业等;右下角第Ⅳ象限为最终需求型制造业,包括房地产业,金属制品业,石油加工、炼焦及核燃料加工业等。由2012年数据可以发现,右上角第Ⅰ象限为中间投入型制造业,包括金融保险业、化学工业、建筑业等;左上角第Ⅱ象限为中间投入型基础产业,包括居民服务、修理和其他服务业,信息传输、计算机服务和软件业等;左下角第

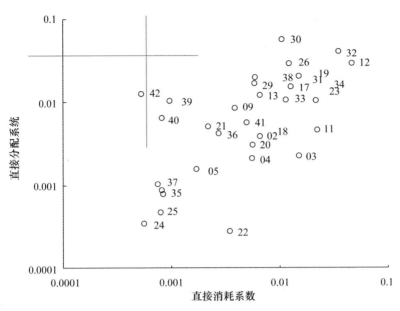

图 2-7　2007 年中国房地产业的完全关联产业分布

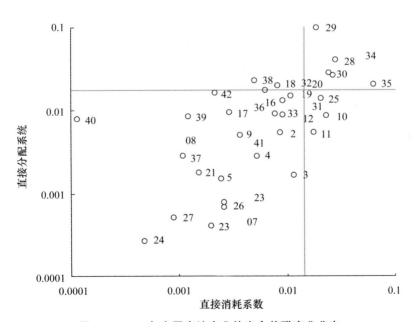

图 2-8　2012 年中国房地产业的完全关联产业分布

Ⅲ象限为最终需求型基础产业,包括非金属矿物制品业、木材加工及家具制造业、煤炭开采及洗选业等;右下角第Ⅳ象限为最终需求型制造业,包括造纸印刷和文教体育用品制造业、石油加工、炼焦及核燃料加工业等。

上述关于房地产业与其他行业关联总效应的考察仅为定性分析,若要进行定量比较,则需要引入环向关联度的概念。环向关联度的定义为前向关联与后向关联之和,又可分为环向直接关联度和环向完全关联度,旨在定量考察某部门对国民经济各部门的总带动效应。

(一)环向直接关联度

利用前文中的直接消耗系数与直接分配系数,可以求得中国房地产行业历年主要环向直接关联产业,如表2-12所示。

表2-12　中国房地产行业历年主要环向直接关联产业

位次	部门	环向直接关联度	位次	部门	环向直接关联度
1997年			2002年		
1	金融保险业	0.119275	1	金融保险业	0.119277
2	商业	0.086623	2	公共管理和社会组织	0.100204
3	社会服务业	0.056570	3	批发和零售贸易业	0.050438
4	非金属矿物制品业	0.042048	4	租赁和商务服务业	0.043970
5	**建筑业**	**0.040026**	**5**	**建筑业**	**0.041092**
6	行政机关及其他行业	0.027414	6	住宿和餐饮业	0.021259
7	电气机械及器材制造业	0.014127	**7**	**房地产业**	**0.019103**
1997年			2002年		
8	**房地产业**	**0.011984**	8	其他社会服务业	0.018404
9	饮食业	0.010783	9	信息传输、计算机服务和软件业	0.012802
10	其他制造业	0.010264	10	交通运输及仓储业	0.012614
2005年			2007年		
1	金融保险业	0.084054	1	金融保险业	0.059647
2	公共管理和社会组织	0.049710	2	批发和零售贸易业	0.049824
3	租赁和商务服务业	0.047812	3	租赁和商务服务业	0.032335
4	**建筑业**	**0.020534**	4	住宿和餐饮业	0.024708
5	批发和零售贸易业	0.020125	5	其他社会服务业	0.023418
6	住宿和餐饮业	0.018705	6	化学工业	0.019833

（续表）

位次	部门	环向直接关联度	位次	部门	环向直接关联度
	2005 年			2007 年	
7	其他社会服务业	0.013854	**7**	**房地产业**	**0.017837**
8	信息传输、计算机服务和软件业	0.012119	8	信息传输、计算机服务和软件业	0.016506
9	交通运输及仓储业	0.012103	**9**	**建筑业**	**0.014568**
10	**房地产业**	**0.011136**	10	服装皮革羽绒及其制品业	0.013594
	2010 年			2012 年	
1	金融保险业	0.077478	1	金融保险业	0.194207
2	租赁和商务服务业	0.045954	2	批发和零售业	0.083261
3	批发和零售贸易业	0.034310	**3**	**房地产业**	**0.064296**
4	**房地产业**	**0.026522**	4	租赁和商务服务业	0.047200
5	住宿和餐饮业	0.024015	**5**	**建筑业**	**0.024246**
6	化学工业	0.023360	6	居民服务、修理和其他服务业	0.020588
7	**建筑业**	**0.021377**	7	信息传输、软件和信息技术服务	0.017012
8	信息传输、计算机服务和软件业	0.018604	8	交通运输、仓储和邮政业	0.011279
9	居民服务和其他服务业	0.018480	9	住宿和餐饮业	0.010279
10	电气、机械及器材制造业	0.015391	10	公共管理、社会保障和社会组织业	0.009251

资料来源：根据历年中国投入产出表计算。

由表 2-12 可知，从环向关联度的结果来看，金融保险业历年均排在首位，批发和零售贸易业，或租赁和商务服务业，或公共管理和社会组织这三个第三产业分列历年的第二、三位。房地产业和建筑业历年均位列前十，房地产业仅在 2012 年进入前三，建筑业并未进入前三，其原因在于中国的房地产业内部分工和精细化程度不高，自身并没有形成完整的产业链，而建筑业则是因为其直接分配系数非常低，历年均低于平均水平。在历年排名前十的行业中，来自第二产业的行业远远少于第三产业，2002年和 2005 年第三产业更是达到 9 个之多。在第二产业中，除建筑业外，房地产业对于信息传输业等行业也有着较高的直接总带动效应。

（二）环向完全关联度

与环向直接关联度类似，利用完全消耗系数与完全分配系数，可以求得中国房地产行业历年主要环向完全关联产业，如表2-13所示。

表2-13 中国房地产行业历年主要环向完全关联产业

位次	部门	环向完全关联度	位次	部门	环向完全关联度
1997年			2002年		
1	金融保险业	0.143900	1	金融保险业	0.143608
2	商业	0.139476	2	公共管理和社会组织	0.108143
3	非金属矿物制品业	0.088056	3	批发和零售贸易业	0.086378
4	**建筑业**	**0.082992**	**4**	**建筑业**	**0.066955**
5	社会服务业	0.082809	5	租赁和商务服务业	0.057247
6	化学工业	0.078639	6	化学工业	0.054859
7	金属冶炼及压延加工业	0.048743	7	金属冶炼及压延加工业	0.048962
8	农业	0.042503	8	交通运输及仓储业	0.045268
9	机械工业	0.042321	9	通信设备、计算机及其他电子设备制造业	0.040734
10	电气机械及器材制造业	0.039386	10	通用、专用设备制造业	0.037362
24	**房地产业**	**0.018730**	**13**	**房地产业**	**0.030563**
2005年			2007年		
1	金融保险业	0.100748	1	化学工业	0.080388
2	租赁和商务服务业	0.063803	2	金融保险业	0.077243
3	公共管理和社会组织	0.054334	3	批发和零售贸易业	0.068894
4	化学工业	0.053057	4	金属冶炼及压延加工业	0.052042
5	通信设备、计算机及其他电子设备制造业	0.047092	5	租赁和商务服务业	0.045413
6	金属冶炼及压延加工业	0.043634	**6**	**建筑业**	**0.042329**
7	交通运输及仓储业	0.040703	7	通信设备、计算机及其他电子设备制造业	0.042001
8	电力、热力的生产和供应业	0.040430	8	电力、热力的生产和供应业	0.038598

(续表)

位次	部门	环向完全关联度	位次	部门	环向完全关联度
2005 年			2007 年		
9	建筑业	**0.037290**	9	通用、专用设备制造业	0.036490
10	批发和零售贸易业	0.035528	10	住宿和餐饮业	0.036407
22	房地产业	**0.017532**	21	房地产业	**0.023350**
2010 年			2012 年		
1	金融保险业	0.104172	1	金融保险业	0.241477
2	化学工业	0.097370	2	批发和零售贸易业	0.116085
3	租赁和商务服务业	0.064999	3	房地产业	**0.088207**
4	金属冶炼及压延加工业	0.053706	4	租赁和商务服务业	0.083704
5	批发和零售贸易业	0.053604	5	建筑业	**0.066547**
6	交通运输及仓储业	0.048875	6	化学工业	0.064069
7	建筑业	**0.048617**	7	交通运输、仓储和邮政业	0.051915
8	电力、热力的生产和供应业	0.045383	8	金属冶炼和压延加工业	0.051295
9	通用、专用设备制造业	0.043755	9	食品和烟草业	0.037861
10	通信设备、计算机及其他电子设备制造业	0.040499	10	通信设备、计算机和其他电子设备制造业	0.035354
15	房地产业	**0.036292**			

资料来源:根据历年中国投入产出表计算。

由表 2-13 可知,考虑间接带动效应之后,第三产业的环向关联度变动不大,而第二产业则大多有了较大提高,从排名前十位的行业来看,2007 年和 2010 年均有 6 个第二产业进入前十。就具体行业来看,金融保险业的环向完全关联度除 2007 年外依然排在第一,而 2007 年则是化学工业位居首位。租赁和商务服务业、批发和零售贸易业、住宿和餐饮业均有一定程度的下降,房地产业在 2012 年首度进入前十,此前各年均没有进入前十,仅为中等偏上水平。而第二产业中的化学工业,金属冶炼及压延加工业,电力、热力的生产和供应业等行业均有显著提升,建筑业也在各年均位列前十,表明考虑完全带动效应之后,房地产业对于原材料供应型、生产型行业的带动作用较强,同时也从侧面反映出,中国整体的房地产业处在数量扩张阶段。

六、影响力系数

影响力系系数反映了某部门对国民经济各部门的相对拉动作用。采用刘起运(2002)提出的改进的影响力系数计算方法,可以求得中国主要行业历年影响力系数,如表2-14所示。

表2-14 中国主要行业历年影响力系数

位次	部门	影响力系数	位次	部门	影响力系数
1997年			2002年		
1	电气机械及器材制造业	1.389308	1	通信设备、计算机及其他电子设备制造业	1.531173
2	电子及通信设备制造业	1.387823	2	仪器仪表及文化办公用机械制造业	1.361428
3	金属制品业	1.333984	3	电气、机械及器材制造业	1.324894
4	交通运输设备制造业	1.331548	4	交通运输设备制造业	1.321049
5	金属冶炼及压延加工业	1.299108	5	金属制品业	1.300017
6	仪器仪表及文化办公用机械制造业	1.224209	6	服装皮革羽绒及其制品业	1.278404
7	建筑业	1.192761	7	通用、专用设备制造业	1.244428
8	化学工业	1.190590	8	建筑业	1.233478
9	木材加工及家具制造业	1.178611	9	纺织业	1.228864
10	机械工业	1.158014	10	化学工业	1.193213
37	金融保险业	0.565298	39	金融保险业	0.515509
39	房地产业	0.372560	41	房地产业	0.399484
2005年			2007年		
1	通信设备、计算机及其他电子设备制造业	1.554308	1	通信设备、计算机及其他电子设备制造业	1.459881
2	仪器仪表及文化办公用机械制造业	1.344088	2	电气、机械及器材制造业	1.340863
3	交通运输设备制造业	1.312639	3	仪器仪表及文化办公用机械制造业	1.339728
4	电气、机械及器材制造业	1.295819	4	交通运输设备制造业	1.333717

(续表)

位次	部门	影响力系数	位次	部门	影响力系数
\multicolumn{6}{c}{2005年}					
5	金属制品业	1.244205	5	金属制品业	1.237006
6	通用、专用设备制造业	1.225237	6	通用、专用设备制造业	1.217261
7	化学工业	1.207186	7	化学工业	1.191423
8	租赁和商务服务业	1.193143	8	服装皮革羽绒及其制品业	1.178574
9	金属冶炼及压延加工业	1.180304	9	纺织业	1.177551
10	服装皮革羽绒及其制品业	1.165472	10	金属冶炼及压延加工业	1.169934
14	建筑业	1.119328	11	建筑业	1.142639
38	金融保险业	0.513508	40	金融保险业	0.366649
41	房地产业	0.272366	41	房地产业	0.223887
\multicolumn{6}{c}{2010年}					
1	通信设备、计算机及其他电子设备制造业	1.477005	1	通信设备、计算机和其他电子设备制造业	1.487410
2	电气、机械及器材制造业	1.396860	2	电气机械和器材制造业	1.419493
3	交通运输设备制造业	1.363573	3	交通运输设备制造业	1.358609
4	仪器仪表及文化办公用机械制造业	1.352162	4	通用设备制造业	1.334454
5	金属制品业	1.317030	5	金属制品业	1.334237
6	通用、专用设备制造业	1.288618	6	仪器仪表制造业	1.330199
7	金属冶炼及压延加工业	1.243749	7	专用设备制造业	1.322042
8	纺织服装鞋帽皮革羽绒及其制品业	1.228873	8	金属制品业	1.312332
9	化学工业	1.225445	9	化学工业	1.264299
10	造纸印刷及文教体育用品制造业	1.211264	10	金属冶炼和压延加工业	1.246374
14	建筑业	1.141614	16	建筑业	1.169300
38	金融保险业	0.420491	38	金融保险业	0.501948
41	房地产业	0.324966	42	房地产业	0.303108

资料来源：根据历年中国投入产出表计算。

由表2-14可知，在影响力系数上，第二产业具有绝对优势，除2005

年租赁和商务服务业进入前十之外,其余年份排名前十位的行业均为第二产业,其中通信设备、计算机及其他电子设备制造业从2002年起各年排名均为第一。建筑业在1997年和2002年进入了前十,之后有所下滑,但仍保持在十五名左右;而金融保险业和房地产业的历年排名则较为靠后,一直处于倒数六位之内。因此,就各部门对于国民经济的拉动作用而言,第二产业明显高于第三产业,这与第二产业复杂而完整的产业链有关,而第三产业对经济的拉动力则较为不足,其中金融保险业和房地产业更是如此,尽管与相当数量的产业存在后向关联关系,但关联度并不高。

七、感应度系数

感应度系数反映了某部门对国民经济各部门推动作用的相对水平。采用刘起运(2002)提出的推动力系数的计算方法,可以求得中国主要行业历年感应度系数,如表2-15所示。

表2-15 中国主要行业历年感应度系数

位次	部门	影响力系数	位次	部门	影响力系数
1997年			2002年		
1	废品及废料	2.283256	1	废品废料	2.265089
2	煤炭采选业	2.238046	2	金属矿采选业	2.078291
3	金属矿采选业	2.193686	3	石油和天然气开采业	2.030516
4	机械设备修理业	2.001536	4	煤炭开采和洗选业	1.948545
5	电力及蒸汽热水生产和供应业	1.959942	5	电力、热力的生产和供应业	1.87987
6	石油和天然气开采业	1.93972	6	石油加工、炼焦及核燃料加工业	1.864933
7	金属冶炼及压延加工业	1.802994	7	金属冶炼及压延加工业	1.686842
8	石油加工及炼焦业	1.717673	8	水的生产和供应业	1.622102
9	货物运输及仓储业	1.674819	9	金融保险业	1.604242
10	非金属矿采选业	1.658715	10	化学工业	1.470076
12	金融保险业	1.426518	35	房地产业	0.464228
33	房地产业	0.569741	41	建筑业	0.105524
38	建筑业	0.093875			

(续表)

位次	部门	影响力系数	位次	部门	影响力系数
2005 年			2007 年		
1	煤炭开采和洗选业	2.860156	1	煤炭开采和洗选业	2.449664
2	电力、热力的生产和供应业	2.076305	2	电力、热力的生产和供应业	2.272319
3	石油和天然气开采业	2.046025	3	石油加工、炼焦及核燃料加工业	1.856146
4	废品废料	1.743157	4	石油和天然气开采业	1.825149
5	金属冶炼及压延加工业	1.716859	5	废品废料	1.670988
6	非金属矿采选业	1.614218	6	非金属矿采选业	1.612186
7	水的生产和供应业	1.587457	7	金属矿采选业	1.612035
8	石油加工、炼焦及核燃料加工业	1.494955	8	金属冶炼及压延加工业	1.568041
9	化学工业	1.478788	9	水的生产和供应业	1.424186
10	造纸印刷及文教用品制造业	1.383563	10	造纸印刷及文教用品制造业	1.420512
12	金融保险业	**1.328542**	12	金融保险业	**1.36777**
38	房地产业	**0.32975**	38	房地产业	**0.416158**
41	建筑业	**0.089335**	41	建筑业	**0.037247**
2010 年			2012 年		
1	煤炭开采和洗选业	2.532397	1	煤炭开采和洗选业	2.330921
2	电力、热力的生产和供应业	2.295625	2	石油和天然气开采业	2.277325
3	石油加工、炼焦及核燃料加工业	1.922308	3	金属矿采选业	2.168888
4	石油和天然气开采业	1.838586	4	废品废料	2.047570
5	非金属矿及其他矿采选业	1.758847	5	电力、热力的生产和供应业	1.971124
6	金属矿采选业	1.62676	6	金属制品、机械和设备修理服务	1.891176
7	金属冶炼及压延加工业	1.601247	7	非金属矿和其他矿采选业	1.861128
8	造纸印刷及文教体育用品制造业	1.537224	8	石油加工、炼焦和核燃料加工业	1.757670

（续表）

位次	部门	影响力系数	位次	部门	影响力系数
2010年			2012年		
9	化学工业	1.476315	9	化学工业	1.541812
10	金融保险业	1.440897	10	金属冶炼和压延加工业	1.517626
37	房地产业	0.349586	12	金融保险业	1.326509
40	建筑业	0.039623	37	房地产业	0.432557
			40	建筑业	0.071162

资料来源：根据历年中国投入产出表计算。

由表2-15可知，在感应度系数上，第二产业依然占有绝对优势，除2002年和2010年金融保险业分列第九和第十位之外，其余年份排名前十位的行业均为第二产业，其中废品废料在1997年和2002年位列第一，煤炭开采和洗选业则在2005年、2007年、2010年和2012年保持第一。房地产业和建筑业历年排名均在倒数十位之内。因此，就各部门对国民经济的推动作用而言，第二产业明显高于第三产业，表明在当前的经济结构下，原材料加工型行业由于处于整个产业链的上游，故其与其他行业的前向关联度普遍较高，推动作用也相对明显。金融保险业作为第三产业中感应度系数最高的行业，分布在各种产业链中充当媒介作用，且随着近年来第三产业的发展，金融保险业在国民经济中作用也越来越得到凸显，使其对其他行业的推动效应也有了较好的提升环境。而房地产业和建筑业则受制于其产品偏向于最终产品的属性，对其他行业的分配较少，因而推动作用也会相对薄弱。

第三节 北京市房地产行业关联性

在第二节的分析中，以中国整体的房地产业作为研究对象，代表了整个中国市场的特点。但由于各省份的经济发展程度各不相同，房地产业的发展也有其特殊性，因而进一步细分研究对象，对各省份的房地产行业关联特性进行单独分析十分必要。因此，本节将研究范围限于北京市，以期分析得出北京市与全国整体房地产业发展的异同。

与第二节中的分析类似，本节选用北京市2002年、2005年、2007年、

2010年和2012年5张投入产出表作为研究基础。

一、直接消耗系数

采用与中国房地产业直接消耗系数相近的分析方法,可以得出历年北京市房地产行业的主要后向直接关联产业,汇总如表2-16所示。

表2-16 北京市房地产行业历年主要后向直接关联产业

部门	直接消耗系数	比重（%）	部门	直接消耗系数	比重（%）
2002年			2005年		
金融保险业	0.276703	46.17	金融保险业	0.133402	36.53
租赁和商务服务业	0.113521	18.94	租赁和商务服务业	0.061323	16.79
房地产业	0.029597	4.94	建筑业	0.035211	9.64
建筑业	0.022055	3.68	电力、热力的生产和供应业	0.024895	6.82
电力、热力的生产和供应业	0.021514	3.59	信息传输、计算机服务和软件业	0.013920	3.81
2007年			2010年		
金融保险业	0.055097	18.34	租赁和商务服务业	0.091471	20.61
租赁和商务服务业	0.049155	16.36	金融保险业	0.076645	17.27
房地产业	0.037930	12.63	电力、热力的生产和供应业	0.063340	14.27
电力、热力的生产和供应业	0.028195	9.38	建筑业	0.027015	6.09
住宿和餐饮业	0.016167	5.38	房地产业	0.024349	5.49
2012年					
金融保险业	0.137032	33.76			
租赁和商务服务业	0.056503	13.92			
房地产业	0.040480	9.97			
电力、热力的生产和供应业	0.032928	8.11			
金属制品、机械和设备修理服务业	0.016105	3.97			

资料来源:根据历年北京市投入产出表计算。

从直接消耗系数的结果来看,北京市房地产业历年的主要后向直接关联产业基本上围绕在金融保险业,租赁和商务服务业,房地产业,建筑业,电力、热力的生产和供应业这几个行业,与全国房地产业的情况相似。最主要的不同在于房地产业对于自身的直接消耗系数,北京市的房地产业同时是自身的主要后向直接关联产业,而在全国范围内,房地产业的直接消耗系数一直排在前五之后。产生这种现象的原因在于,从全国范围来看,房地产业的管理经营水平较低,许多房地产公司仍然采用从始至终的经营模式,即涵盖了建设、销售乃至售后管理在内的经营方式,这种模式的弊端在于,不仅使产业内部的分工难的有效,更会阻碍产业把服务的"质量"进一步提高;而在北京市,房地产业的发展时间较长,专业化、精细化程度也较高,这对于提升房地产业的生产效率有重要作用。

二、完全消耗系数

由表 2-17 可以发现,加入间接消耗效应之后,排名前五的行业发生了较大变化,电力、热力的生产和供应业、交通运输及仓储业的比重明显提高,与之形成对比的是,建筑业的比重有所下降,历年均排在前五之后,分别为第 12、第 6、第 16、第 10 位和第 21 位。与全国房地产业的情况进行对比可知,化学工业等原材料加工业在全国范围内是房地产业的主要后向完全关联产业,而在北京市的排名则相对靠后,而交通运输及仓储业、房地产业、批发和零售贸易业等第三产业的后向完全关联性又强于全国。这表明在全国范围内,房地产业发展采用的仍是传统的、生产能力扩张的发展方式,因而主要拉动原材料型行业,以大规模的房地产开发建设促进经济增长,具有非常明显的"数量扩张"特征;而北京市房地产业则主要拉动服务供给型行业,且与自身的关联度很高,因此北京市房地产业在"质量提升"而非"数量扩张"的道路上领先于全国。

表 2-17 北京市房地产行业历年主要后向完全关联产业

部门	完全消耗系数	比重(%)	部门	完全消耗系数	比重(%)
2002 年			2005 年		
金融保险业	0.383709	27.77	金融保险业	0.170806	17.38
租赁和商务服务业	0.175943	12.74	租赁和商务服务业	0.093997	9.56
房地产业	0.086906	6.29	电力、热力的生产和供应业	0.065073	6.62

(续表)

部门	完全消耗系数	比重(%)	部门	完全消耗系数	比重(%)
2002 年			2005 年		
造纸印刷及文教用品制造业	0.055664	4.03	信息传输、计算机服务和软件业	0.052911	5.38
信息传输、计算机服务和软件业	0.051095	3.70	交通运输及仓储业	0.048051	4.89
2007 年			2010 年		
电力、热力的生产和供应业	0.101388	12.15	电力、热力的生产和供应业	0.212866	13.62
租赁和商务服务业	0.078577	9.42	租赁和商务服务业	0.183596	11.74
金融保险业	0.075430	9.04	交通运输及仓储业	0.173682	11.11
房地产业	0.046784	5.61	金融保险业	0.119090	7.62
交通运输及仓储业	0.043885	5.26	批发和零售贸易业	0.112780	7.21
2012 年					
金融业	0.186524	15.79			
电力、热力的生产和供应业	0.161797	13.70			
租赁和商务服务业	0.102499	8.68			
金属冶炼和压延加工业	0.084190	7.13			
房地产业	0.057075	4.83			

资料来源：根据历年北京市投入产出表计算。

三、直接分配系数

从表2-18中房地产业对于第二、第三产业的直接分配来看，第三产业的优势非常明显。近年的数据显示，除2010年燃气生产和供应业排在第7位，2012年信息传输、软件和信息技术服务排在第10位之外，其他年份的第二产业均排在10位之后，这表明房地产业的产出大部分成为第三产业的中间投入，这一点与全国的情况一致。从历年主要的前向直接关联产业来看，首先，北京市房地产业对自身的直接分配系数非常高，2007年和2010年均仅次于金融保险业位列第二，2012年位列第三，与前文直接消耗系数的分析类似，这得益于房地产业自身产业链的专业和完整，精细化的分工同时也带来了效率的提升；其次，北京市的主要前向直接关联产业并没有如全国一样有分散多样化的趋势,而是呈现集中发展,如金融保险业,5次中有4次排在第一,且直接分配系数比重多数在20%以上。由此可知,北京市房地产业对于第三产业的推动效应并没有随着时间的推移而分散减弱,这表明房地产业在国民经济中的重要性很高,另一方面也表明经济结构中服务性行业的繁荣与活跃。

表2-18 北京市房地产行业历年主要前向直接关联产业

部门	直接分配系数	比重(%)	部门	直接分配系数	比重(%)
2002年			2005年		
金融保险业	0.185535	39.42	批发和零售贸易业	0.018879	22.65
批发和零售贸易业	0.053747	11.42	金融保险业	0.014838	17.80
综合技术服务业	0.040311	8.56	租赁和商务服务业	0.011565	13.88
租赁和商务服务业	0.035531	7.55	综合技术服务业	0.008139	9.77
房地产业	0.029597	6.29	信息传输、计算机服务和软件业	0.006662	7.99
2007年			2010年		
金融保险业	0.081411	34.98	金融保险业	0.066954	39.85
房地产业	0.037848	16.26	房地产业	0.024320	14.48
公共管理和社会组织	0.017862	7.68	公共管理和社会组织	0.013355	7.95
住宿和餐饮业	0.015206	6.53	批发和零售贸易业	0.010664	6.35
批发和零售贸易业	0.013392	5.75	住宿和餐饮业	0.009106	5.42
2012年					
金融保险业	0.063434	19.78			
批发和零售贸易业	0.046993	14.65			
房地产业	0.036688	11.44			
公共管理、社会保障和社会组织	0.033941	10.58			
科学研究和技术服务	0.025004	7.79			

资料来源:根据历年北京市投入产出表计算。

四、完全分配系数

在考虑间接分配效应之后,北京市房地产业的主要前向关联产业并没有太大变化,第三产业依然占据前五甚至前十位行业中的大部分,仅有的区别在于某些第二产业,如电力、热力的生产和供应业以及建筑业等,其完全分配系数比重相较于直接分配系数比重有显著提升,这与全国房地产业的前向完全关联效应一致,表明房地产业对于第二产业有着较强的间接推动作用,而直接推动作用较小(见表2-19)。

表2-19 北京市房地产行业历年主要前向完全关联产业

部门	完全分配系数	比重(%)	部门	完全分配系数	比重(%)
2002年			2005年		
金融保险业	0.240185	28.96	批发和零售贸易业	0.022283	15.68
房地产业	0.077913	9.39	金融保险业	0.017015	11.97
批发和零售贸易业	0.069794	8.41	租赁和商务服务业	0.016592	11.67
租赁和商务服务业	0.056883	6.86	信息传输、计算机服务和软件业	0.011896	8.37
综合技术服务业	0.056195	6.78	综合技术服务业	0.011409	8.03
2007年			2010年		
金融保险业	0.090255	26.69	金融保险业	0.075216	25.99
房地产业	0.044304	13.10	房地产业	0.030838	10.66
批发和零售贸易业	0.022899	6.77	租赁和商务服务业	0.024659	8.52
公共管理和社会组织	0.021966	6.50	批发和零售贸易业	0.021681	7.49
租赁和商务服务业	0.019454	5.75	电力、热力的生产和供应业	0.017714	6.12
2012年					
金融保险业	0.079704	16.69			
批发和零售贸易业	0.063555	13.31			
房地产业	0.046687	9.78			
公共管理和社会组织	0.042487	8.90			
科学研究和技术服务	0.039871	8.35			

资料来源:根据历年北京市投入产出表计算。

五、环向关联度

将直接消耗系数与直接分配系数综合考量,可以得到某部门对国民经济各部门的直接关联总效应。以2007年和2012年为例,北京房地产业的直接关联产业分布如图2-9和图2-10所示。

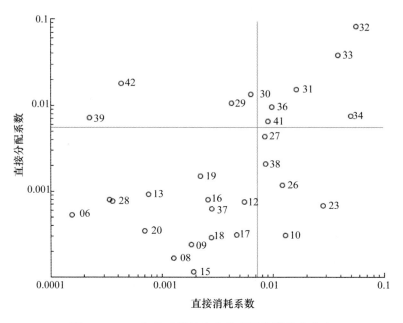

图 2-9　2007 年北京房地产业的直接关联产业分布

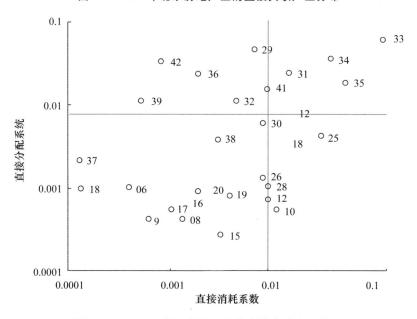

图 2-10　2012 年北京房地产业的直接关联产业分布

由图 2-9 可以发现，2007 年北京市 42 个产业按照直接消耗系数和直接分配系数的大小分成四个象限，右上角第Ⅰ象限为中间投入型制造业，包括金融保险业、房地产业、住宿和餐饮业、租赁和商务服务业等；左上角第Ⅱ象限为中间投入型基础产业，包括批发和零售贸易业，信息传输、计算机服务和软件业等；左下角第Ⅲ象限为最终需求型基础产业，包括化学工业，通信设备、计算机及其他电子设备制造业等；右下角第Ⅳ象限为最终需求型制造业，包括建筑业，电力、热力的生产和供应业等。由图 2-10 可以发现，2012 年北京市 42 个产业按照直接消耗系数和直接分配系数的大小分成四个象限，右上角第Ⅰ象限为中间投入型制造业，包括金融保险业、房地产业、住宿和餐饮业、租赁和商务服务业等；左上角第Ⅱ象限为中间投入型基础产业，包括批发和零售贸易业，信息传输、计算机服务和软件业等；左下角第Ⅲ象限为最终需求型基础产业，包括非金属矿物制品业，通信设备、计算机及其他电子设备制造业等；右下角第Ⅳ象限为最终需求型制造业，包括建筑业，电力、热力的生产和供应业等。

同样地，若将完全消耗系数与完全分配系数综合考量，即为某部门对国民经济各部门的完全关联总效应。以 2007 年和 2012 年为例，北京房地产业的完全关联产业分布如图 2-11 和图 2-12 所示。

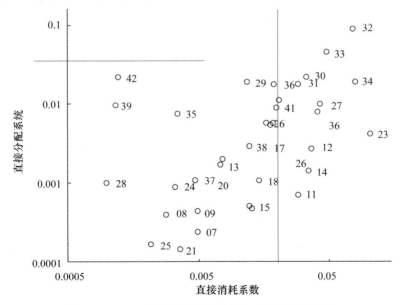

图 2-11　2007 年北京房地产业的完全关联产业分布

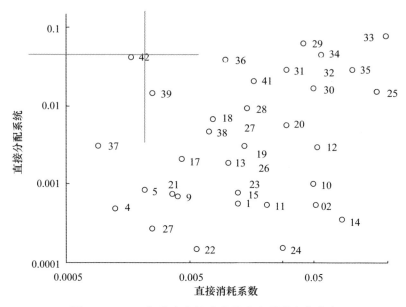

图 2-12　2012 年北京房地产业的完全关联产业分布

由图 2-11 可以发现,北京市 2007 年完全关联产业分布图右上角第Ⅰ象限为中间投入型制造业,包括金融保险业、房地产业、住宿和餐饮业、租赁和商务服务业等;左上角第Ⅱ象限为中间投入型基础产业,包括信息传输、计算机服务和软件业,科学研究事业等;左下角第Ⅲ象限为最终需求型基础产业,包括建筑业,交通运输设备制造业,电气、机械及器材制造业等;右下角第Ⅳ象限为最终需求型制造业,包括电力、热力的生产和供应业,化学工业,金属冶炼及压延加工业等。

由图 2-12 可以发现,北京市 2012 年完全关联产业分布图右上角第Ⅰ象限为中间投入型制造业,包括金融保险业、房地产业、住宿和餐饮业、租赁和商务服务业等;左上角第Ⅱ象限为中间投入型基础产业,包括信息传输、计算机服务和软件业,科学研究和技术服务业等;左下角第Ⅲ象限为最终需求型基础产业,包括建筑业,交通运输设备制造业,电气、机械及器材制造业等;右下角第Ⅳ象限为最终需求型制造业,包括化学工业和金属冶炼及压延加工业等。

与第二节的分析方法类似,在定性分析之后,下面使用环向关联度来定量地考察某部门对国民经济各部门的总带动效应。

（一）环向直接关联度

利用前文中的直接消耗系数与直接分配系数，可以求得北京房地产行业历年主要环向直接关联产业，如表 2-20 所示。

表 2-20　北京房地产行业历年主要环向直接关联产业

位次	部门	环向直接关联度	位次	部门	环向直接关联度
\multicolumn{3}{c}{2002 年}			
1	金融保险业	0.462238	1	金融保险业	0.148241
2	租赁和商务服务业	0.149052	2	租赁和商务服务业	0.072888
3	**房地产业**	**0.059193**	3	建筑业	**0.035592**
4	批发和零售贸易业	0.054431	4	电力、热力的生产和供应业	0.024908
5	综合技术服务业	0.044376	5	信息传输、计算机服务和软件业	0.020582
6	住宿和餐饮业	0.037104	6	批发和零售贸易业	0.020155
7	信息传输、计算机服务和软件业	0.036427	7	住宿和餐饮业	0.017164
8	**建筑业**	**0.023855**	8	综合技术服务业	0.012357
9	公共管理和社会组织	0.023115	9	交通运输及仓储业	0.011620
10	电力、热力的生产和供应业	0.021528	10	仪器仪表及文化办公用机械制造业	0.010181
			15	**房地产业**	**0.004851**
\multicolumn{3}{c}{2007 年}		2010 年	
1	金融保险业	0.136508	1	金融保险业	0.143599
2	**房地产业**	**0.075778**	2	租赁和商务服务业	0.099128
3	租赁和商务服务业	0.056653	3	电力、热力的生产和供应业	0.064559
4	住宿和餐饮业	0.031373	**4**	**房地产业**	**0.048669**
5	电力、热力的生产和供应业	0.028876	5	批发和零售贸易业	0.028450
6	批发和零售贸易业	0.019644	**6**	**建筑业**	**0.027749**
7	科学研究事业	0.019230	7	住宿和餐饮业	0.025859
8	公共管理和社会组织	0.018288	8	科学研究事业	0.025201
9	文化、体育和娱乐业	0.015417	9	交通运输及仓储业	0.024222

(续表)

位次	部门	环向直接关联度	位次	部门	环向直接关联度
2007年			2010年		
10	信息传输、计算机服务和软件业	0.014776	10	公共管理和社会组织	0.018503
11	建筑业	0.013390			
2012年					
1	金融保险业	0.200466			
2	房地产业	0.077168			
3	租赁和商务服务业	0.075553			
4	批发和零售贸易业	0.054041			
5	住宿和餐饮业	0.040193			
6	电力、热力的生产和供应业	0.037342			
7	公共管理和社会组织	0.034783			
8	科学研究事业	0.026956			
9	文化、体育和娱乐业	0.025645			
10	金属制品、机械和设备修理服务业	0.016165			
15	建筑业	0.011126			

资料来源：根据历年北京投入产出表计算。

由表2-20可知，从环向关联度的结果来看，金融保险业历年均排在首位，而房地产业和建筑业的排名则波动较大。除2005年外，房地产业一直位于前四，2007年与2012年仅次于金融保险业位列第二，表明在北京市房地产业的发展进程中，行业内部的专业化分工产业链已基本形成，使得房地产业对自身有较高的前后向关联；建筑业除2005年位列第三外，其余年份均未进入前五，综合租赁和商务服务业一直保持在前三，从以上结果来看，北京市房地产业的发展已经由粗放的数量扩张模式转变为精细的质量提升模式。历年排名前十的行业中，第三产业多于第二产业，2007年第三产业的数目更是达到9个之多。在第二产业中，除建筑业外，房地产业对于电力、热力的生产和供应业等行业也有着较高的直接总带动效应。

(二) 环向完全关联度

与环向直接关联度类似,利用完全消耗系数与完全分配系数,可以求得北京房地产行业历年主要环向完全关联产业,如表 2-21 所示。

表 2-21　北京房地产行业历年主要环向完全关联产业

位次	部门	环向完全关联度	位次	部门	环向完全关联度
	2002 年			2005 年	
1	金融保险业	0.623894	1	金融保险业	0.187821
2	租赁和商务服务业	0.232826	2	租赁和商务服务业	0.110589
3	**房地产业**	**0.164818**	3	电力、热力的生产和供应业	0.066882
4	信息传输、计算机服务和软件业	0.091976	4	信息传输、计算机服务和软件业	0.064807
5	通信设备、计算机及其他电子设备制造业	0.084557	**5**	**建筑业**	**0.053575**
6	综合技术服务业	0.079749	6	交通运输及仓储业	0.052274
7	批发和零售贸易业	0.075907	7	通信设备、计算机及其他电子设备制造业	0.047958
8	交通运输及仓储业	0.072578	8	综合技术服务业	0.043270
9	住宿和餐饮业	0.063449	9	交通运输设备制造业	0.042823
10	造纸印刷及文教用品制造业	0.058678	10	批发和零售贸易业	0.037090
12	建筑业	0.057422	26	房地产业	0.010358
	2007 年			2010 年	
1	金融保险业	0.165685	1	电力、热力的生产和供应业	0.230580
2	电力、热力的生产和供应业	0.105520	2	租赁和商务服务业	0.208254
3	租赁和商务服务业	0.098031	3	金融保险业	0.194305
4	**房地产业**	**0.091088**	4	交通运输及仓储业	0.181870
5	批发和零售贸易业	0.056292	5	批发和零售贸易业	0.134461
6	交通运输及仓储业	0.053695	6	科学研究事业	0.066066
7	通信设备、计算机及其他电子设备制造业	0.049988	**7**	**房地产业**	**0.065229**
8	住宿和餐饮业	0.047338	8	通信设备、计算机及其他电子设备制造业	0.060523

(续表)

位次	部门	环向完全关联度	位次	部门	环向完全关联度
2007 年			2010 年		
9	化学工业	0.039572	9	石油加工、炼焦及核燃料加工业	0.052083
10	科学研究事业	0.036752	10	住宿和餐饮业	0.052048
17	**建筑业**	**0.022491**	**12**	**建筑业**	**0.048442**
2012 年					
1	金融保险业	0.266228			
2	电力、热力的生产和供应业	0.177182			
3	租赁和商务服务业	0.131236			
4	批发和零售贸易业	0.104695			
5	房地产业	0.103763			
6	金属冶炼和压延加工业	0.084546			
7	交通运输、仓储和邮政业	0.067476			
8	住宿和餐饮业	0.058682			
9	化学工业	0.056313			
10	煤炭采选业	0.052479			
18	**建筑业**	**0.023606**			

资料来源：根据历年北京投入产出表计算。

由表 2-21 可知，考虑间接带动效应之后，第三产业的环向关联度变动不大，而第二产业则大多有了较大提高，从排名前十位的行业来看，第二产业的数目有一定的增加，2005 年有 4 个第二产业进入前十。就具体行业来看，金融保险业的环向完全关联度自 2002 年至 2007 年以及 2012 年均排在第一，而 2010 年则是电力、热力的生产和供应业位居首位，金融保险业位列第三。租赁和商务服务业的排名稳定在前三位，相较而言房地产业的波动则较为明显，除 2005 年外均进入前十，但 2005 年仅位列第 26，低于平均水平。与环向直接关联产业的情况类似，房地产业对于自身的环向关联度在 2005 年有非常明显的下降，其原因在于从 2005 年 3 月国务院办公厅颁布《关于切实稳定住房价格的通知》之后，各种宏观调控政策相继出台，遏制了房地产价格涨幅过高和投资增幅过快两大问题。

就北京而言,2005 年 1—11 月,北京市房地产开发完成投资 1 182.9 亿元,同比增长 2.7%,增幅低于上年同期(20.8%)18.1 个百分点,房地产的开发投资增速有明显回落。① 第二产业中,电力、热力的生产和供应业从 2005 年起一直位居前三,2010 年升至首位;建筑业在 2005 年达到最高,其余年份均处在中等偏上;其他大部分行业也都有提升。上述结果表明,考虑完全带动效应之后,北京市房地产业对于原材料供应型、生产型行业的带动作用有一定的加强,但该作用低于全国的整体水平,因而从侧面反映出北京市房地产业在发展阶段和发展模式上都领先于全国。

六、影响力系数

影响力系数反映了某部门对国民经济各部门拉动作用的相对水平。采用刘起运(2002)提出的改进的影响力系数计算方法,可以求得北京主要行业历年影响力系数,如表 2-22 所示。

表 2-22 北京主要行业历年影响力系数

位次	部门	影响力系数	位次	部门	影响力系数
2002 年			2005 年		
1	通信设备、计算机及其他电子设备制造业	1.640832	1	通信设备、计算机及其他电子设备制造业	1.502143
2	交通运输设备制造业	1.321214	2	交通运输设备制造业	1.439077
3	木材加工及家具制造业	1.297237	3	旅游业	1.362408
4	电气、机械及器材制造业	1.281070	4	煤炭开采和洗选业	1.262051
5	金属制品业	1.275057	**5**	**建筑业**	**1.226788**
6	通用、专用设备制造业	1.253659	6	木材加工及家具制造业	1.197752
7	非金属矿采选业	1.237646	7	仪器仪表及文化办公用机械制造业	1.155722
8	纺织业	1.222700	8	综合技术服务业	1.127358
9	金属冶炼及压延加工业	1.185254	9	纺织业	1.122445
10	仪器仪表及文化办公用机械制造业	1.156112	10	其他社会服务业	1.119853
13	**建筑业**	**1.110303**	**38**	**房地产业**	**0.462094**

---

① "2005 年北京市房地产市场与房价",http://www.china.com.cn/chinese/zhuanti/fd-cbg/1263857.htm。

（续表）

位次	部门	影响力系数	位次	部门	影响力系数
\multicolumn{6}{c}{2002 年}					
2002 年			2005 年		
27	房地产业	0.748705	40	金融保险业	0.350572
38	金融保险业	0.610443			
2007 年			2010 年		
1	通信设备、计算机及其他电子设备制造业	1.526509	1	金属冶炼及压延加工业	1.606632
2	煤炭开采和洗选业	1.385897	2	煤炭开采和洗选业	1.456163
3	交通运输设备制造业	1.350193	3	通信设备、计算机及其他电子设备制造业	1.412201
4	金属制品业	1.340410	4	金属制品业	1.375028
5	其他制造业	1.311271	5	废品废料	1.366518
6	木材加工及家具制造业	1.292647	6	金属矿采选业	1.344410
7	金属冶炼及压延加工业	1.244898	7	电力、热力的生产和供应业	1.321379
8	废品废料	1.233910	8	交通运输设备制造业	1.293132
9	非金属矿物制品业	1.233288	9	其他制造业	1.283396
10	建筑业	1.216636	10	建筑业	1.274375
40	金融保险业	0.411289	40	房地产业	0.608868
41	房地产业	0.385362	41	金融保险业	0.595162
2012 年					
1	煤炭开采和洗选业	2.991682			
2	金属冶炼和压延加工业	1.890778			
3	电力、热力的生产和供应业	1.712247			
4	金属制品业	1.648586			
5	通信设备、计算机和其他电子设备制造业	1.537691			
6	电气机械和器材	1.453749			
7	金属矿采选业	1.409906			
8	建筑业	1.399424			
9	纺织品业	1.396519			
10	通用设备制造业	1.388469			
39	房地产业	0.463726			
40	金融保险业	0.393580			

资料来源：根据历年北京投入产出表计算。

由表 2-22 可知,在影响力系数上,第二产业有绝对优势,除 2005 年旅游业、综合技术服务业和其他社会服务业进入前十以外,其余年份排名前十位的行业均为第二产业,其中通信设备、计算机及其他电子设备制造业历年均排名前五位,其中 2002 年、2005 年和 2007 年连续三次居首位。建筑业在 2002 年排在第 13 位,之后一直保持在前十,与全国整体的情况类似,建筑业对国民经济的带动作用以拉动为主;而金融保险业和房地产业的历年排名则较为靠后,房地产业在 2002 年曾排名第 27 位,但从 2005 年起就一直与金融保险业共处于倒数五位之内。因此,就各部门对于国民经济的拉动作用而言,第二产业明显高于第三产业,这与第二产业复杂而完整的产业链有关,而第三产业对经济的拉动力则较为不足,其中金融保险业和房地产业更是如此,与之有后向关联的产业虽然分布广泛,但关联度并不高。

七、感应度系数

感应度系数反映了某部门对国民经济各部门推动作用的相对水平。采用刘起运(2002)提出的推动力系数的计算方法,可以求得北京主要行业历年感应度系数,如表 2-23 所示。

表 2-23 北京主要行业历年感应度系数

位次	部门	影响力系数	位次	部门	影响力系数
2002 年			2005 年		
1	石油和天然气开采业	3.299071	1	煤炭开采和洗选业	3.283635
2	煤炭开采和洗选业	2.533371	2	石油和天然气开采业	3.086640
3	废品废料	2.405172	3	废品废料	2.628639
4	电力、热力的生产和供应业	2.230572	4	电力、热力的生产和供应业	2.402786
5	石油加工、炼焦及核燃料加工业	1.935180	5	非金属矿采选业	2.253600
6	水的生产和供应业	1.911010	6	石油加工、炼焦及核燃料加工业	2.220504
7	造纸印刷及文教用品制造业	1.849023	7	邮政业	1.883911
8	非金属矿物制品业	1.847271	8	金属制品业	1.808047
9	金属矿采选业	1.808730	9	非金属矿物制品业	1.792061

（续表）

位次	部门	影响力系数	位次	部门	影响力系数
2002 年			2005 年		
10	金属制品业	1.710990	10	交通运输设备制造业	1.773441
15	**金融保险业**	**1.458171**	**19**	**金融保险业**	**1.316845**
19	**房地产业**	**1.184795**	**38**	**建筑业**	**0.303297**
41	**建筑业**	**0.117811**	**40**	**房地产业**	**0.185103**
2007 年			2010 年		
1	电力、热力的生产和供应业	4.576770	1	燃气生产和供应业	3.790257
2	煤炭开采和洗选业	3.528137	2	电力、热力的生产和供应业	3.457972
3	燃气生产和供应业	3.038949	3	煤炭开采和洗选业	3.317310
4	造纸印刷及文教用品制造业	2.344704	4	废品废料	2.270902
5	金属制品业	2.284745	5	金属制品业	2.104916
6	石油和天然气开采业	2.228727	6	造纸印刷及文教用品制造业	2.042589
7	非金属矿采选业	2.085378	7	非金属矿采选业	1.986098
8	废品废料	2.059801	8	交通运输及仓储业	1.685567
9	金属矿采选业	1.959453	9	电气、机械及器材制造业	1.566150
10	水的生产和供应业	1.845011	10	其他社会服务业	1.563099
30	**金融保险业**	**0.781508**	**28**	**金融保险业**	**0.788603**
34	**房地产业**	**0.592054**	**37**	**房地产业**	**0.384772**
40	**建筑业**	**0.205009**	**38**	**建筑业**	**0.326168**
2012 年					
1	金属制品、机械和设备修理服务	3.714511			
2	燃气生产和供应	3.473620			
3	废品废料	2.830770			
4	电力、热力的生产和供应	2.770800			
5	水的生产和供应	2.664585			
6	租赁和商务服务	2.600474			

（续表）

位次	部门	影响力系数	位次	部门	影响力系数
2012年					
7	居民服务、修理和其他服务	2.514353			
8	非金属矿物制品	2.207898			
9	仪器仪表	2.157121			
10	金属制品	2.116651			
11	**金融保险业**	**1.848370**			
18	**房地产业**	**1.171943**			
38	**建筑业**	**0.278210**			

资料来源：根据历年北京投入产出表计算。

由表2-23可知，在感应度系数上，第二产业同样占有绝对优势，其中煤炭开采和洗选业，石油和天然气开采业，燃气生产和供应业，电力、热力的生产和供应业这些原材料供给型制造业的排名一直较高，对于国民经济各部门的推动作用较为明显，这与其处于整个产业链的上游有关。金融保险业和房地产业在2002年排名分别为第15和第19位，位于中等偏上水平，但从2005年开始均有明显下降，最低时分别排在第30和第40位，但是在2012年二者排名攀升至第11和第18位。建筑业的排名则一直较低，稳定在倒数五位之内，这与中国整体的情况类似。因此，就各部门对国民经济的推动作用而言，第二产业明显高于第三产业，这与第二产业大多处于产业链上游有关，而第三产业的推动力则较为不足，其中金融保险业和房地产业还经历了大幅度的弱化。

第四节　房地产行业关联性的地区差异

根据第三节的分析，北京市房地产行业关联性与全国相比，既有许多相同之处，又有一定的特殊性，这是由北京市自身的经济发展阶段以及房地产业的发展情况所决定的，但除此之外的隐性影响因素却得不到直接考察。因此，本节继续选取上海、江苏、浙江和河北四个省市与北京进行比较分析，以得出不同地区之间房地产行业关联性的差异性。

为了便于同时期样本比较，综合数据来源考虑，本节选取的数据均来自各省份2007年的投入产出表。

在分析方法上,本节首先将直接消耗系数、直接分配系数和环向直接关联度归为直接关联,因其计算过程都无须考虑间接效应的影响。其次,将完全消耗系数、完全分配系数和环向完全关联度归为完全关联,因其计算过程都同时包含直接效应和间接效应。最后,本节将继续使用前两节中的改进影响力系数和感应度系数,对国民经济各部门带动作用的地区性差异进行分析。

一、直接关联

(一)直接消耗系数与直接分配系数

某部门的直接消耗系数和直接分配系数分别用于度量该部门与其他部门后向和前向关联度的大小,属于直接关联的范畴。利用上海、江苏、浙江和河北四个省份2007年的投入产出表,可以分别计算其主要后向直接关联产业和主要前向直接关联产业,结果如表2-24所示。

表2-24　2007年上海市房地产行业主要直接关联产业

部门	直接消耗系数	比重(%)	部门	直接分配系数	比重(%)
租赁和商务服务业	0.103617	23.36	房地产业	0.060677	20.28
金融保险业	0.070810	15.96	交通运输及仓储业	0.039486	13.20
房地产业	0.060677	13.68	金融保险业	0.032103	10.73
信息传输、计算机服务和软件业	0.042137	9.50	信息传输、计算机服务和软件业	0.022199	7.42
建筑业	0.031596	7.12	公共管理和社会组织	0.017193	5.75
电力、热力的生产和供应业	0.022789	5.14	租赁和商务服务业	0.017095	5.71
石油加工、炼焦及核燃料加工业	0.020403	4.60	文化、体育和娱乐业	0.014085	4.71
造纸印刷及文教体育用品制造业	0.015029	3.39	综合技术服务业	0.012873	4.30
住宿和餐饮业	0.012424	2.80	通用、专用设备制造业	0.010883	3.64
仪器仪表及文化办公用机械制造业	0.011437	2.58	通信设备、计算机及其他电子设备制造业	0.010616	3.55

资料来源:根据2007年上海市投入产出表计算。

由表 2-24 可知,上海市房地产业的主要后向直接关联产业中,前十位有 5 个行业属于第二产业,5 个属于第三产业,前三位均为第三产业,且累计比重达到 53.00%,分布较为集中;主要前向直接关联产业中,前八位均为第三产业,且分布相较后向直接关联产业更均衡。

综合直接消耗系数和直接分配系数的结果,可以得到 2007 年上海房地产业的直接关联产业分布图,如图 2-13 所示。

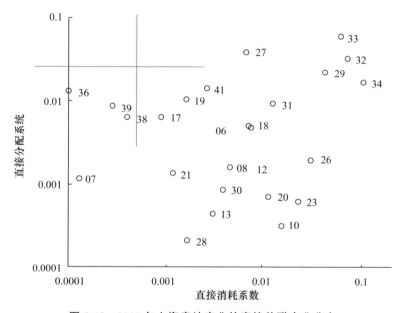

图 2-13　2007 年上海房地产业的直接关联产业分布

综合表 2-24 和图 2-13 的结果,房地产业、租赁和商务服务业、金融业、信息传输、计算机服务和软件业是上海房地产业的主要直接关联产业。

由表 2-25 可知,2007 年江苏省房地产业的主要后向直接关联产业中,前十位有 5 个行业属于第二产业,5 个属于第三产业,但与上海不同的是,建筑业和化学工业的直接消耗系数较高,而房地产业的系数则较低;主要前向直接关联产业中,前十位有 8 个行业属于第三产业,批发和零售业高于金融业,位列第一,但比重也仅为 12.40%,前三位的累计比重为 31.31%,房地产业的推动作用相对较为平均。

表 2-25　2007 年江苏省房地产行业主要直接关联产业

部门	直接消耗系数	比重(%)	部门	直接分配系数	比重(%)
金融保险业	0.028046	14.94	批发和零售业	0.019432	12.40
租赁和商务服务业	0.024723	13.17	金融保险业	0.018742	11.96
建筑业	0.013771	7.33	居民服务和其他服务业	0.010907	6.96
化学工业	0.012978	6.91	纺织服装鞋帽皮革羽绒及其制品业	0.010650	6.79
住宿和餐饮业	0.012360	6.58	信息传输、计算机服务和软件业	0.010168	6.49
石油加工、炼焦及核燃料加工业	0.010236	5.45	通信设备、计算机及其他电子制造业	0.007731	4.93
房地产业	0.010078	5.37	化学工业	0.007470	4.77
电气机械及器材制造业	0.009134	4.86	租赁和商务服务业	0.007170	4.57
金属制品业	0.008553	4.55	房地产业	0.006884	4.39
居民服务和其他服务业	0.007028	3.74	住宿和餐饮业	0.006821	4.35

资料来源：根据 2007 年江苏省投入产出表计算。

综合表 2-25 和图 2-14 的结果，金融保险业、租赁和商务服务业、批发和零售业、化学工业是江苏房地产业的主要直接关联产业。

由表 2-26 可知，2007 年浙江省房地产业的主要后向直接关联产业比较特殊，农林牧渔业排名最高，比重达到 21.64%，建筑业位列第二，比重为 11.43%，而金融业位列第五，比重为 8.22%，房地产业不在前十之中；主要前向直接关联产业中，前十均为第三产业，但金融业仅位列第七，教育的直接分配系数却非常高，比重为 12.25%，排在第二位。

表 2-26　2007 年浙江省房地产行业主要直接关联产业

部门	直接消耗系数	比重(%)	部门	直接分配系数	比重(%)
农林牧渔业	0.028699	21.64	批发和零售业	0.036069	16.34
建筑业	0.015160	11.43	教育	0.027046	12.25

第二章 房地产行业关联性的实证分析

(续表)

部门	直接消耗系数	比重(%)	部门	直接分配系数	比重(%)
造纸印刷及文教体育用品制造业	0.014548	10.97	住宿和餐饮业	0.019953	9.04
租赁和商务服务业	0.011314	8.53	纺织服装鞋帽皮革羽绒及其制品业	0.016238	7.35
金融保险业	0.010905	8.22	租赁和商务服务业	0.014735	6.67
住宿和餐饮业	0.010245	7.72	纺织业	0.011797	5.34
文化、体育和娱乐业	0.004910	3.70	金融保险业	0.011354	5.14
石油加工、炼焦及核燃料加工业	0.004869	3.67	卫生、社会保障和社会福利业	0.010680	4.84
信息传输、计算机服务和软件业	0.003826	2.88	信息传输、计算机服务和软件业	0.008561	3.88
电气机械及器材制造业	0.003550	2.68	交通运输及仓储业	0.008299	3.76

资料来源:根据2007年浙江省投入产出表计算。

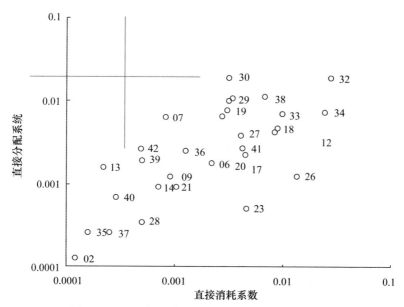

图 2-14　2007 年江苏房地产业的直接关联产业分布

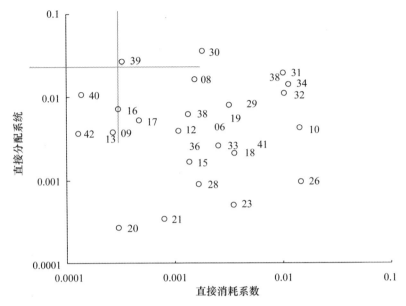

图 2-15　2007 年浙江房地产业的直接关联产业分布

综合表 2-26 和图 2-15 的结果，批发和零售贸易业、住宿和餐饮业、农林牧渔业、教育是浙江房地产业的主要直接关联产业，其中农林牧渔业属于高消耗低分配行业，而教育属于低消耗高分配行业。

由表 2-27 可知，2007 年河北省房地产业的主要后向直接关联产业中，前十位有 4 个行业属于第三产业，6 个属于第二产业，其中建筑业和金属制品业分列一、二位，且从比重上来看，建筑业独占鳌头，比重为 23.90%，远高于第二位金属制品业的 9.61%，金融保险业仅位列第五，比重不足 5%，房地产业则不在前十之中；主要前向直接关联产业中，前九位都属于第三产业，但金融保险业同样没有进入前三，位列第一的为交通运输及仓储业，比重达到 27.05%。

表 2-27　2007 年河北省房地产行业主要直接关联产业

部门	直接消耗系数	比重（%）	部门	直接分配系数	比重（%）
建筑业	0.042127	23.90	交通运输及仓储业	0.023518	27.05
金属制品业	0.016948	9.61	综合技术服务业	0.010563	12.15
租赁和商务服务业	0.016286	9.24	信息传输、计算机服务和软件业	0.009870	11.35

（续表）

部门	直接消耗系数	比重（%）	部门	直接分配系数	比重（%）
电力、热力的生产和供应业	0.014253	8.09	金融保险业	0.009679	11.13
金融保险业	0.008717	4.95	批发和零售业	0.008400	9.66
电气机械及器材制造业	0.008320	4.72	教育	0.006219	7.15
通信设备、计算机及其他电子设备制造业	0.007718	4.38	租赁和商务服务业	0.002729	3.14
住宿和餐饮业	0.007297	4.14	住宿和餐饮业	0.002431	2.80
造纸印刷及文教体育用品制造业	0.006300	3.57	公共管理和社会组织	0.001678	1.93
木材加工及家具制造业	0.006078	3.45	食品制造及烟草加工业	0.001414	1.63

资料来源：根据2007年河北省投入产出表计算。

综合表2-27和图2-16的结果，建筑业、交通运输及仓储业、租赁和商务服务业、金融业是河北房地产业的主要直接关联产业，其中建筑业的直

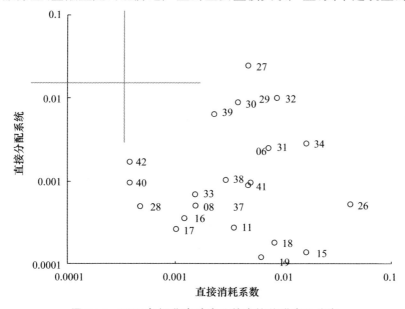

图2-16　2007年河北房地产业的直接关联产业分布

接消耗系数非常高,而直接分配系数较低,因而处于第Ⅳ象限。

根据上述四个省市的分析结果,并结合第三节中对北京市的分析,可以利用直接消耗系数对五个省份的房地产业发展类型进行界定,如表2-28所示。

表2-28　2007年中国五省份房地产业发展类型　　　　　　　　单位:%

省市	金融保险业		建筑业		房地产业		房地产业类型
	比重	位次	比重	位次	比重	位次	
北京	18.34	1	4.07	7	12.63	3	金融依赖型＋自身依赖型
上海	15.96	2	7.12	5	13.68	3	金融依赖型＋自身依赖型
江苏	14.94	1	7.33	3	5.37	7	金融依赖型＋建筑依赖型
浙江	8.22	5	11.43	2	1.95	14	建筑依赖型
河北	4.95	5	23.90	1	0.87	21	建筑依赖型

资料来源:根据2007年各省份投入产出表计算,比重和排名依据直接消耗系数得出。

由表2-28和图2-17可以看出,北京市和上海市的房地产业发展类型为金融依赖型和自身依赖型,表明这两个城市的房地产业发展逐渐从"数量扩张"向"质量提升"阶段转变,对金融保险业等非物质性"软要素"的需求增加;同时,房地产业内部也达到了专业化分工。江苏省的房地产业发展类型为金融依赖型和建筑依赖型,表明其仍然处在"数量扩张"的阶段,但已经有"质量提升"的趋势。浙江省和河北省的房地产业的发展类型则为单纯的建筑依赖型,表明这两个省份的房地产业对原材料行业如煤炭、水电、金属等"硬要素"的消耗量依然较高,处在粗放发展阶段。

(二)环向直接关联度

与第二节的分析方法类似,在定性分析之后,下面使用环向直接关联度来定量地考察某部门对国民经济各部门的总带动效应。

利用2007年五个省份的直接消耗系数和直接分配系数,可以求得各省市的环向直接关联度,结果如表2-29所示。

第二章 房地产行业关联性的实证分析

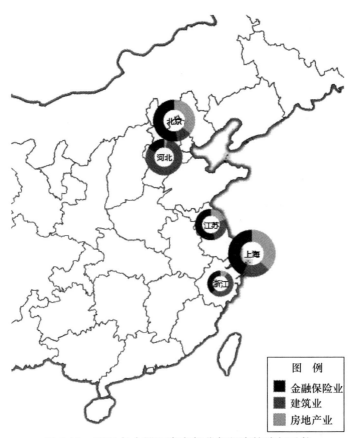

图 2-17　2007 年中国五省市部分部门直接消耗系数

注：图中各省份的圆环大小表示金融保险业、建筑业和房地产业三个部门直接消耗系数占比之和的大小，而内部颜色的深浅表示三个部门直接消耗系数的相对大小。

表 2-29　2007 年中国五省份房地产业主要环向直接关联产业

位次	部门	环向直接关联度	位次	部门	环向直接关联度
\multicolumn{3}{c}{北京}		\multicolumn{2}{c}{上海}	
1	金融保险业	**0.136508**	1	房地产业	**0.121355**
2	房地产业	**0.075778**	2	租赁和商务服务业	0.120712
3	租赁和商务服务业	0.056653	3	金融保险业	**0.102912**
4	住宿和餐饮业	0.031373	4	信息传输、计算机服务和软件业	0.064336

83

(续表)

位次	部门	环向直接关联度	位次	部门	环向直接关联度
北京			上海		
5	电力、热力的生产和供应业	0.028876	5	交通运输及仓储业	0.046070
6	批发和零售贸易业	0.019644	6	建筑业	0.033558
7	科学研究事业	0.019230	7	电力、热力的生产和供应业	0.023410
8	公共管理和社会组织	0.018288	8	住宿和餐饮业	0.021628
9	文化、体育和娱乐业	0.015417	9	石油加工、炼焦及核燃料加工业	0.020477
10	信息传输、计算机服务和软件业	0.014776	10	公共管理和社会组织	0.017223
11	建筑业	0.013390			
江苏			浙江		
1	金融保险业	0.046788	1	批发和零售业	0.037857
2	租赁和商务服务业	0.031893	2	住宿和餐饮业	0.030198
3	批发和零售业	0.022767	3	农林牧渔业	0.028699
4	化学工业	0.020448	4	教育	0.027365
5	住宿和餐饮业	0.019181	5	租赁和商务服务业	0.026048
6	居民服务和其他服务业	0.017935	6	金融保险业	0.022259
7	房地产业	0.016961	7	造纸印刷及文教体育用品制造业	0.018747
8	建筑业	0.015018	8	纺织服装鞋帽皮革羽绒及其制品业	0.017765
9	纺织服装鞋帽皮革羽绒及其制品业	0.014199	9	建筑业	0.016126
10	电气机械及器材制造业	0.013794	10	信息传输、计算机服务和软件业	0.012386
			20	房地产业	0.005176
河北					
1	建筑业	0.042633			
2	交通运输及仓储业	0.028346			
3	租赁和商务服务业	0.019016			
4	金融保险业	0.018396			

第二章 房地产行业关联性的实证分析

(续表)

位次	部门	环向直接关联度	位次	部门	环向直接关联度
河北					
5	金属制品业	0.017085			
6	信息传输、计算机服务和软件业	0.014935			
7	电力、热力的生产和供应业	0.014275			
8	批发和零售业	0.012178			
9	综合技术服务业	0.010563			
10	住宿和餐饮业	0.009727			
20	**房地产业**	**0.002229**			

资料来源：根据2007年各省市投入产出表计算。

由表2-29可知，就环向直接关联度来看，北京排在前十的行业中有9个属于第三产业，其中金融保险业和房地产业分列前两位，而建筑业不在前十之内，表明北京房地产业与第三产业的关联度较高，和建筑业具有相对较低的关联度；上海排在前十的行业中有7个属于第三产业，其中房地产业居首位，金融保险业排在第三位，第二产业中建筑业最为靠前，排在第六位，表明上海房地产业与第三产业和建筑业的关联度都较高；江苏排在前十的行业中有6个属于第三产业，其中金融保险业居首位，房地产业排在第七位，第二产业中化学工业排名第四，建筑业排名第八，表明江苏房地产业与第二、第三产业的关联度都较高，其中化学工业的关联作用非常强；浙江排在前十的行业中有6个属于第三产业，其中金融保险业仅位居第六，低于前几个省份，房地产业则低至第20位，对自身的关联度非常低，第二产业中建筑业排名第九，此外第一产业中农林牧渔业进入前三，表明浙江房地产业与第二、第三产业的关联度都较高，但金融保险业和房地产业相对较低，同时农林牧渔业的关联度非常高；河北排在前十的行业中有7个属于第三产业，其中金融保险业排在第四，房地产业与浙江相似，仅排在第20位，第二产业中建筑业则位居所有行业之首，表明河北房地产业与第三产业的关联度较高，但最高的为建筑业。

因此，北京和上海的房地产业发展阶段已从"数量扩张"向"质量提升"转变，表现为房地产业与第三产业特别是金融保险业、房地产业的关联度较高，建筑业具有相对较低的关联度；江苏房地产业仍然处在"数量扩张"阶段,但已有"质量提升"的趋势,表现为第三产业中金融保险业的关联度较高,房地产业的关联度相对略低,而建筑业则更低;浙江房地产业发展阶段不明显,表现在金融保险业、建筑业的关联度均较低,房地产业仅为中等水平,而第一产业中农林牧渔业的关联度较为反常地排名第三;河北房地产业则较为明显地处在"数量扩张"阶段,表现在建筑业的关联度高居首位,同时金属制品业,电力、热力的生产和供应业等原材料供应行业的关联度也高于大多数第三产业。

二、完全关联

（一）完全消耗系数与完全分配系数

上文的分析中,选取了直接消耗系数和直接分配系数,得出了五省份的主要直接关联产业。若加入间接消耗与间接分配效应,使用完全消耗系数和完全分配系数进行分析,则可以得出五省份的主要完全关联产业。

利用上海、江苏、浙江和河北四个省份2007年的投入产出表,可以分别计算主要后向完全关联产业和主要前向完全关联产业,结果如表2-30所示。

表2-30　2007年上海市房地产行业主要完全关联产业

部门	完全消耗系数	比重（%）	部门	完全分配系数	比重（%）
租赁和商务服务业	0.193517	15.73	房地产业	0.069662	14.75
信息传输、计算机服务和软件业	0.127395	10.36	交通运输及仓储业	0.059085	12.51
金融保险业	0.125127	10.17	金融保险业	0.046544	9.86
房地产业	0.076570	6.22	租赁和商务服务业	0.031797	6.73
金属冶炼及压延加工业	0.072570	5.90	信息传输、计算机服务和软件业	0.028081	5.95
化学工业	0.071768	5.83	通信设备、计算机及其他电子设备制造业	0.027959	5.92
电力、热力的生产和供应业	0.054014	4.39	通用、专用设备制造业	0.020587	4.36
交通运输及仓储业	0.047784	3.88	公共管理和社会组织	0.020342	4.31
石油加工、炼焦及核燃料加工业	0.044440	3.61	交通运输设备制造业	0.019596	4.15
建筑业	0.043873	3.57	综合技术服务业	0.017877	3.79

资料来源:根据2007年上海市投入产出表计算。

由表 2-30 可知,加入间接关联效应之后,2007 年上海市房地产业的主要后向完全关联产业中,前十位有 5 个行业属于第三产业,5 个属于第二产业,其中金融保险业和房地产业分列三、四位,建筑业位列第十,且排名靠前的行业比重较为接近,与后向直接关联产业相比更为分散均衡;主要前向完全关联产业中,前十位有 7 个属于第三产业,房地产业和金融保险业均位列前三,第二产业的完全分配系数比重与直接分配系数相比则有明显提升,但整体依然较为分散。

综合表 2-30 和图 2-18 的结果,上海房地产业的主要完全关联产业为租赁和商务服务业,金融保险业,信息传输、计算机服务和软件业,房地产业。

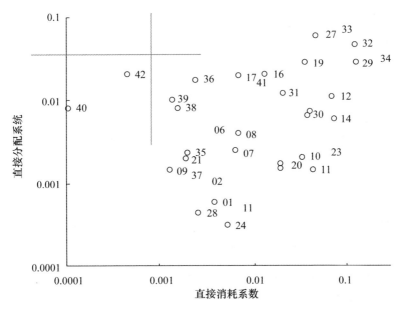

图 2-18　2007 年上海房地产业的完全关联产业分布

由表 2-31 可知,2007 年江苏省房地产业主要后向完全关联产业中,前十位只有 3 个行业属于第三产业,7 个属于第二产业,化学工业和金属冶炼及压延加工业分列第一、二位,金融保险业排名第三,且排名靠前的行业比重都低于 10%,表明房地产业的拉动效应非常均衡;主要前向完全关联产业中,前十位有 4 个行业属于第三产业,6 个属于第二产业,金融保险业排名第三,排名靠前的各行业比重同样也低于 10%。

表 2-31　2007 年江苏省房地产行业主要完全关联产业

部门	完全消耗系数	比重（%）	部门	完全分配系数	比重（%）
化学工业	0.05076	9.55	批发和零售业	0.023194	8.03
金属冶炼及压延加工业	0.045087	8.48	化学工业	0.022979	7.96
金融业	0.039024	7.34	金融业	0.021929	7.59
租赁和商务服务业	0.031494	5.92	通信设备、计算机及其他电子设备制造业	0.020968	7.26
石油加工、炼焦及核燃料加工业	0.026356	4.96	纺织服装鞋帽皮革羽绒及其制品业	0.017327	6.00
电力、热力的生产和供应业	0.023989	4.51	纺织业	0.016412	5.68
通信设备、计算机及其他电子设备制造业	0.020708	3.89	通用、专用设备制造业	0.015366	5.32
电气机械及器材制造业	0.020689	3.89	居民服务和其他服务业	0.012678	4.39
石油和天然气开采业	0.019504	3.67	信息传输、计算机服务和软件业	0.012086	4.18
住宿和餐饮业	0.018771	3.53	电气机械及器材制造业	0.011171	3.87

资料来源：根据 2007 年江苏省投入产出表计算。

综合表 2-31 和图 2-19 的结果，江苏房地产业的主要完全关联产业为化学工业、金融保险业、金属冶炼及压延加工业、租赁和商务服务业。值得注意的是，化学工业的完全消耗系数和完全分配系数均高于金融业，成为除金融业外的首要完全关联产业。

由表 2-32 可知，2007 年浙江省房地产业的主要后向完全关联产业比较特殊，与后向直接关联产业的情况类似，农林牧渔业位列第一，第二至第五位均为第二产业，金融保险业仅排在第六位，比重也低于 5%，且排名靠前的行业完全消耗系数的比重较为平均，都在 10% 以下；主要前向完全关联产业中，前十位有 6 个行业属于第三产业，4 个属于第二产业，批发和零售业位列第一，教育依然非常高，以 7.45% 的比重位列第三，而

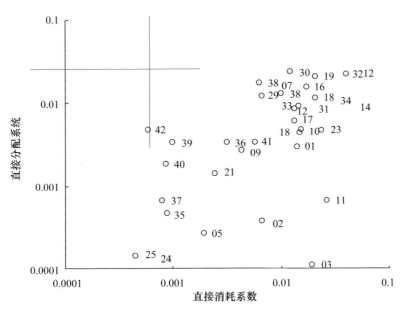

图 2-19　2007 年江苏房地产业的完全关联产业

金融保险业仅排在第九,比重为 3.90%。

表 2-32　2007 年浙江省房地产行业主要完全关联产业

部门	完全消耗系数	比重(%)	部门	完全分配系数	比重(%)
农林牧渔业	0.036612	9.87	批发和零售业	0.042349	11.14
化学工业	0.032373	8.73	纺织服装鞋帽皮革羽绒及其制品业	0.030049	7.90
金属冶炼及压延加工业	0.032315	8.71	教育	0.028341	7.45
造纸印刷及文教体育用品制造业	0.028132	7.59	纺织业	0.027922	7.34
电力、热力的生产和供应业	0.018264	4.93	住宿和餐饮业	0.022549	5.93
金融业	0.018170	4.90	租赁和商务服务业	0.020170	5.30
租赁和商务服务业	0.017712	4.78	化学工业	0.019100	5.02
建筑业	0.016378	4.42	通用、专用设备制造业	0.016730	4.40

（续表）

部门	完全消耗系数	比重(%)	部门	完全分配系数	比重(%)
住宿和餐饮业	0.012666	3.42	金融业	0.014845	3.90
石油加工、炼焦及核燃料加工业	0.011923	3.22	交通运输及仓储业	0.012735	3.35

资料来源：根据 2007 年浙江省投入产出表计算。

综合表 2-32 和图 2-20 的结果，浙江房地产业的主要完全关联产业为批发和零售贸易业、化学工业、农林牧渔业、造纸印刷及文教体育用品制造业。值得注意的是，排名最靠前的均为第一、第二产业，金融业则相对靠后。

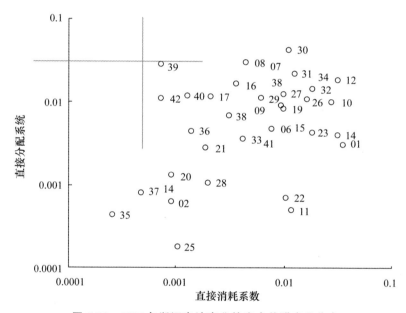

图 2-20　2007 年浙江房地产业的完全关联产业分布

由表 2-33 可知，2007 年河北省房地产业的主要后向完全关联产业中，前十位只有 3 个行业属于第三产业，前六位均为第二产业，其中建筑业位列第二，而金融保险业仅排在第十，比重只有 3.35%，排名靠前的行业比重较为均衡，均在 10% 以下；主要前向完全关联产业中，前十位有 7 个行业属于第三产业，3 个属于第二产业，其中金融保险业同样没有进入前三，而是以 8.24% 的比重排在第四。值得注意的是，排名第一的交通运输及仓储业的完全分配系数比重高达21.28%,远高于第二位的8.61%,与其他省份前向完全分配系数分散均衡的情况正好相反,这可能是由河北省的特殊发展方式所导致的。

表2-33 2007年河北省房地产行业主要完全关联产业

部门	完全消耗系数	比重(%)	部门	完全分配系数	比重(%)
金属冶炼及压延加工业	0.050838	9.99	交通运输及仓储业	0.027491	21.28
建筑业	0.043454	8.54	综合技术服务业	0.011126	8.61
电力、热力的生产和供应业	0.041231	8.10	信息传输、计算机服务和软件业	0.010980	8.50
金属制品业	0.038039	7.48	金融保险业	0.010647	8.24
煤炭开采和洗选业	0.033438	6.57	批发和零售业	0.010171	7.87
化学工业	0.030807	6.05	金属冶炼及压延加工业	0.007417	5.74
租赁和商务服务业	0.023395	4.60	教育	0.006926	5.36
交通运输及仓储业	0.022952	4.51	租赁和商务服务业	0.003914	3.03
石油加工、炼焦及核燃料加工业	0.017515	3.44	食品制造及烟草加工业	0.003457	2.68
金融保险业	0.017023	3.35	化学工业	0.003422	2.65

资料来源:根据2007年河北省投入产出表计算。

综合表2-33和图2-21的结果,河北房地产业的主要完全关联产业为金属冶炼及压延加工业,交通运输及仓储业,建筑业,电力、热力的生产和供应业。

根据上述四个省市的分析结果,并结合第三节中对北京市的分析,可以利用完全分配系数对五个省份的房地产业发展类型进行界定,如表2-34所示。

表2-34 2007年中国五省份房地产业发展类型   单位:%

省市	金融保险业		房地产业		最高第二产业		房地产业类型
	比重	排名	比重	排名	比重	排名	
北京	26.69	1	13.10	2	2.40	12	金融推动型+自身推动型
上海	9.86	3	14.75	1	5.92	6	金融推动型+自身推动型

(续表)

省市	金融保险业		房地产业		最高第二产业		房地产业类型
	比重	排名	比重	排名	比重	排名	
江苏	7.59	3	2.91	15	7.96	2	金融推动型＋二产推动型
浙江	3.90	9	0.95	27	7.90	2	二产推动型
河北	8.24	4	0.70	27	5.74	6	混合推动型

资料来源：根据2007年各省份投入产出表计算，比重和排名依据完全分配系数得出。

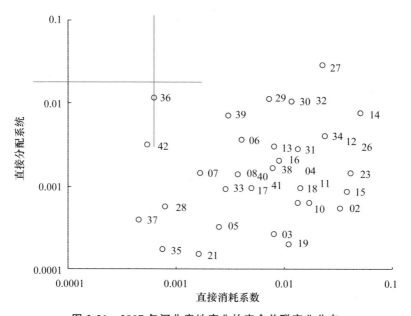

图2-21 2007年河北房地产业的完全关联产业分布

由表2-34和图2-22可以看出，北京市和上海市的房地产业发展类型为金融推动型和自身推动型，结合前文分析，这两个城市在拉动力方面属于金融依赖型和自身依赖型，表明这两个城市的房地产业发展处在从"数量扩张"向"质量提升"的转变阶段，不仅对金融保险业等非物质性"软要素"的需求较高，同时对第三产业的直接和间接投入也较高；此外，房地产业内部的专业化和精细化分工也使得其自身的产业链较为丰富完整。江苏省的房地产业发展类型为金融推动型和二产推动型，表明其仍然处在"数量扩张"的阶段，对于第二产业尤其是化学工业的推动作用较强，但也已有"质量提升"的趋势。浙江省和河北省的房地产业发展类型则为单纯的二产推动型和混合推动型,表明这两个省份的房地产业对第二产业的推动作用仍然较强,而对金融保险业和房地产业自身的推动效应则并不明显,因此这两个省份的房地产业仍处在粗放发展阶段。

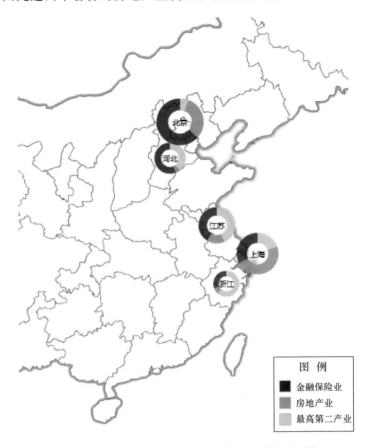

图 2-22　2007 年中国五省市部分部门完全分配系数

注:图中各省份的圆环大小表示金融保险业、房地产业和最高第二产业三个部门完全分配系数占比之和的大小,而内部颜色的深浅表示三个部门完全分配系数的相对大小。

(二)环向完全关联度

与第二节的分析方法类似,在定性分析之后,下面使用环向完全关联度来定量地考察某部门对国民经济各部门的总带动效应。

利用 2007 年五个省份的完全消耗系数和完全分配系数,可以求得各省份的环向完全关联度,结果如表 2-35 所示。

表 2-35　2007 年中国五省份房地产业主要环向完全关联产业

位次	部门	环向直接关联度	位次	部门	环向直接关联度
	北京			上海	
1	金融保险业	**0.165685**	1	租赁和商务服务业	0.225314
2	电力、热力的生产和供应业	0.10552	2	金融保险业	**0.17167**
3	租赁和商务服务业	0.098031	3	信息传输、计算机服务和软件业	0.155476
4	**房地产业**	**0.091088**	**4**	**房地产业**	**0.146232**
5	批发和零售贸易业	0.056292	5	交通运输及仓储业	0.106869
6	交通运输及仓储业	0.053695	6	化学工业	0.08253
7	通信设备、计算机及其他电子设备制造业	0.049988	7	金属冶炼及压延加工业	0.078531
8	住宿和餐饮业	0.047338	8	通信设备、计算机及其他电子设备制造业	0.064006
9	化学工业	0.039572	9	电力、热力的生产和供应业	0.056409
10	科学研究事业	0.036752	10	建筑业	**0.05106**
17	**建筑业**	**0.022491**			
	江苏			浙江	
1	化学工业	0.073739	1	批发和零售业	0.053529
2	**金融保险业**	**0.060954**	2	化学工业	0.051473
3	金属冶炼及压延加工业	0.054001	3	农林牧渔业	0.039737
4	租赁和商务服务业	0.041809	4	造纸印刷及文教体育用品制造业	0.038022
5	通信设备、计算机及其他电子设备制造业	0.041676	5	租赁和商务服务业	0.037882
6	批发和零售业	0.035377	6	金属冶炼及压延加工业	0.036283
7	通用、专用设备制造业	0.032504	7	住宿和餐饮业	0.035215
8	电气机械及器材制造业	0.03186	8	纺织服装鞋帽皮革羽绒及其制品业	0.034478

(续表)

位次	部门	环向直接关联度	位次	部门	环向直接关联度
江苏			浙江		
9	电力、热力的生产和供应业	0.028562	9	纺织业	0.034277
10	住宿和餐饮业	0.027242	10	金融保险业	0.033015
15	建筑业	0.023988	12	建筑业	0.027079
18	房地产业	0.021641	31	房地产业	0.007882
河北					
1	金属冶炼及压延加工业	0.058256			
2	交通运输及仓储业	0.050443			
3	建筑业	0.046488			
4	电力、热力的生产和供应业	0.042631			
5	金属制品业	0.038872			
6	化学工业	0.034229			
7	煤炭开采和洗选业	0.033984			
8	金融保险业	0.027669			
9	租赁和商务服务业	0.027309			
10	批发和零售业	0.022139			
31	房地产业	0.003777			

资料来源：根据2007年各省份投入产出表计算。

由表2-35可知，就环向完全关联度来看，北京排在前十的行业中有7个属于第三产业，其中金融保险业居首位，房地产业排在第四，而建筑业同样不在前十之内，仅排在第17位，表明北京房地产业与第三产业的关联度较高，而与建筑业的关联度相对较低；上海排在前十的行业中有5个属于第三产业，其中金融业位居次席，房地产业排在第四，第二产业中化学工业最为靠前，排在第六位，同时建筑业也进入了前十，表明上海房地产业与第二、第三产业的关联度都较高；江苏排在前十的行业中有4个属于第三产业，其中金融保险业位居第二，而房地产业排名较为靠后，排在第18位，第二产业中化学工业高居第一，建筑业排名第15位，表明江苏房地产业与第二产业的关联度较高，其中化学工业的关联作用非常强，而第三产业中除金融业关联度较高外，整体低于第二产业；浙江排在前十的行业中有4个属于第三产业,其中金融业仅位居第十,低于前几个省份,房地产业则低至第31位,对自身的关联度非常低,第二产业中建筑业排名第12位,此外第一产业中农林牧渔业排名第三,表明浙江房地产业与第二产业的关联度较高,第三产业中除批发和零售业排在第一外,其他行业关联度相对较低,同时农林牧渔业的关联度非常高;河北排在前十的行业中有3个属于第三产业,其中金融保险业排在第八,房地产业与浙江相似,仅排在第31位,第二产业则占据了前七位,其中建筑业高居第三,表明河北房地产业与第二产业的关联度非常高,显著高于第二产业。

因此,加入间接效应之后,各省份房地产业与第二产业的环向完全关联度相比环向直接关联度有显著增加。北京和上海的房地产业发展阶段已从"数量扩张"向"质量提升"转变,表现为房地产业与第三产业特别是金融保险业、房地产业的关联度较高,建筑业相对较低;江苏房地产业仍然处在"数量扩张"阶段,但已有"质量提升"的趋势,表现为第三产业中金融保险业的关联度较高,而房地产业和建筑业则相对略低;浙江房地产业发展阶段不明显,表现在金融保险业、建筑业的关联度均较低,房地产业则处于中等水平之下,而第一产业中农林牧渔业的关联度较为反常地排名第三;河北房地产业则较为明显地处在"数量扩张"阶段,表现在第二产业占据了环向完全关联度的前七位,其中建筑业的关联度高居第三,同时原材料供应行业的关联度也显著高于大多数第三产业。

三、影响力系数

影响力系数反映了某部门对国民经济各部门拉动作用的相对水平。采用刘起运(2002)提出的改进的影响力系数计算方法,可以求得2007年五省份主要行业的影响力系数,如表2-36所示。

表2-36　2007年中国五省份主要行业影响力系数

位次	部门	影响力系数	位次	部门	影响力系数
北京			上海		
1	通信设备、计算机及其他电子设备制造业	1.526509	1	通信设备、计算机及其他电子设备制造业	1.504441
2	煤炭开采和洗选业	1.385897	2	废品废料	1.407372
3	交通运输设备制造业	1.350193	3	交通运输设备制造业	1.107806

第二章 房地产行业关联性的实证分析

（续表）

位次	部门	影响力系数	位次	部门	影响力系数
北京			上海		
4	金属制品业	1.340410	4	仪器仪表及文化办公用机械制造业	1.098073
5	其他制造业	1.311271	5	纺织业	1.087416
6	木材加工及家具制造业	1.292647	6	电气机械及器材制造业	1.083489
7	金属冶炼及压延加工业	1.244898	7	建筑业	1.070841
8	废品废料	1.233910	8	通用、专用设备制造业	1.065447
9	非金属矿物制品业	1.233288	9	造纸印刷及文教体育用品制造业	1.029457
10	建筑业	1.216636	10	化学工业	1.011490
40	金融保险业	0.411289	35	金融保险业	0.549694
41	房地产业	0.385362	36	房地产业	0.537080
江苏			浙江		
1	金属制品业	1.269652	1	金属冶炼及压延加工业	1.481067
2	通信设备、计算机及其他电子设备制造业	1.220562	2	废品废料	1.479864
3	通用、专用设备制造业	1.200855	3	电气机械及器材制造业	1.327930
4	仪器仪表及文化办公用机械制造业	1.197920	4	金属制品业	1.299091
5	电气机械及器材制造业	1.195249	5	通信设备、计算机及其他电子设备制造业	1.289461
6	金属冶炼及压延加工业	1.192659	6	交通运输设备制造业	1.256501
7	交通运输设备制造业	1.138274	7	建筑业	1.227483
8	纺织服装鞋帽皮革羽绒及其制品业	1.116443	8	造纸印刷及文教体育用品制造业	1.226500
9	木材加工及家具制造业	1.114785	9	通用、专用设备制造业	1.223569
10	化学工业	1.104020	10	仪器仪表及文化办公用机械制造业	1.183509
13	建筑业	1.062050	40	金融保险业	0.276969

(续表)

位次	部门	影响力系数	位次	部门	影响力系数
	江苏			浙江	
39	金融保险业	0.296479	41	房地产业	0.157750
41	房地产业	0.238613			
	河北				
1	交通运输设备制造业	1.434771			
2	金属制品业	1.297523			
3	金属冶炼及压延加工业	1.269885			
4	电气机械及器材制造业	1.263528			
5	通用、专用设备制造业	1.205488			
6	非金属矿物制品业	1.156413			
7	通信设备、计算机及其他电子设备制造业	1.150138			
8	化学工业	1.146484			
9	建筑业	1.108371			
10	石油加工、炼焦及核燃料加工业	1.089665			
38	金融保险业	0.565769			
41	房地产业	0.265972			

资料来源:根据2007年各省份投入产出表计算。

由表2-36可知,在影响力系数上,第二产业相比于第三产业有绝对优势,五个省份排在前十的行业均为第二产业。北京排在首位的是通信设备、计算机及其他电子设备制造业,建筑业排名第十,金融保险业和房地产业分列第40和第41位;上海排在首位的同样是通信设备、计算机及其他电子设备制造业,而建筑业排名第七,金融保险业和房地产业分列第35和第36位;江苏排在首位的是金属制品业,建筑业排在第13位,金融保险业和房地产业分列第39和第41位;浙江排在首位的是金属冶炼及压延加工业,建筑业排名第七,金融保险业和房地产业分列第40和第41位;河北排在首位的是交通运输设备制造业,建筑业排名第九,金融保险业和房地产业分列第38和第41位。

因此,就各部门对于国民经济的拉动作用而言,第二产业明显高于第三产业,这与第二产业具有复杂而完整的产业链有关。而五个省份第二产业内部影响力系数的排名又不尽相同,北京和上海排在首位的是通信设备、计算机及其他电子设备制造业,属于高新技术产业,这与北京和上海高度发展的经济状况与优化的经济结构有关,使得技术密集型制造业对国民经济有着极高的拉动力;江苏、浙江和河北排在首位的行业则属于劳动密集型制造业,涉及的前向关联产业非常多,因此能够凭借较高的拉动力成为该地区经济发展的有力增长点。而第三产业在五个省份中对经济的拉动力普遍较为不足,其中金融保险业和房地产业更是如此,与之有后向关联的产业虽然分布广泛,但关联度并不高。

四、感应度系数

感应度系数反映了某部门对国民经济各部门推动作用的相对水平。采用刘起运(2002)提出的推动力系数的计算方法,可以求得2007年五省份主要行业的感应度系数,如表2-37所示。

表2-37 2007年中国五省份主要行业感应度系数

位次	部门	感应度系数	位次	部门	感应度系数
北京			上海		
1	电力、热力的生产和供应业	4.576770	1	租赁和商务服务业	1.870006
2	煤炭开采和洗选业	3.528137	2	电力、热力的生产和供应业	1.848656
3	燃气生产和供应业	3.038949	3	金融保险业	1.837984
4	造纸印刷及文教用品制造业	2.344704	4	水的生产和供应业	1.701052
5	金属制品业	2.284745	5	信息传输、计算机服务和软件业	1.658500
6	石油和天然气开采业	2.228727	6	废品废料	1.569013
7	非金属矿采选业	2.085378	7	煤炭开采和洗选业	1.544087
8	废品废料	2.059801	8	金属制品业	1.489326
9	金属矿采选业	1.959453	9	石油和天然气开采业	1.478033
10	水的生产和供应业	1.845011	10	化学工业	1.420749
30	金融保险业	0.781508	24	房地产业	0.776510
34	房地产业	0.592054	33	建筑业	0.401768
40	建筑业	0.205009			

（续表）

位次	部门	感应度系数	位次	部门	感应度系数
	江苏			浙江	
1	电力、热力的生产和供应业	2.269889	1	电力、热力的生产和供应业	2.151891
2	废品废料	2.240704	2	综合技术服务业	1.915482
3	邮政业	1.799378	3	租赁和商务服务业	1.870852
4	水的生产和供应业	1.723609	4	非金属矿及其采选业	1.798784
5	**金融保险业**	**1.709712**	5	**金融保险业**	**1.786146**
6	石油加工、炼焦及核燃料加工业	1.626073	6	居民服务和其他服务业	1.676400
7	煤炭开采和洗选业	1.574886	7	邮政业	1.618012
8	燃气生产和供应业	1.518316	8	水的生产和供应业	1.615447
9	化学工业	1.479862	9	废品废料	1.595879
10	租赁和商务服务业	1.450537	10	煤炭开采和洗选业	1.579984
38	**房地产业**	**0.355605**	35	**房地产业**	**0.523142**
41	建筑业	0.051302	41	建筑业	0.093831
	河北				
1	电力、热力的生产和供应业	2.277164			
2	金属矿采选业	2.242522			
3	废品废料	1.818877			
4	非金属矿及其他矿采选业	1.744856			
5	煤炭开采和洗选业	1.721800			
6	**金融保险业**	**1.651635**			
7	石油和天然气开采业	1.626207			
8	研究与试验发展业	1.535715			
9	造纸印刷及文教体育用品制造业	1.484662			
10	化学工业	1.370492			
39	**房地产业**	**0.244960**			
41	建筑业	0.049443			

资料来源：根据2007年各省份投入产出表计算。

由表2-37可知，在感应度系数上，第二产业相比于第三产业同样占有绝对优势，但该优势小于影响力系数。北京排在前十位的行业均为第二产业，其中电力、热力的生产和供应业居首位，建筑业排在第40位，金融业的排名非常低,仅为第 30 位,房地产业同样较低,仅排在第 34 位;上海排在前十位的行业中有 7 个第二产业,其中电力、热力的生产和供应业位居第二,建筑业排在第 33 位,第三产业中租赁和商务服务业高居首位,金融业排名第三,而房地产业排在第 24 位;江苏排在前十位的行业中有 7 个第二产业,其中电力、热力的生产和供应业居首位,建筑业排在第 41 位,金融保险业进入了前五,而房地产业仅排在第 38 位;浙江排在前十位的行业中只有 5 个第二产业,在五个省份中最少,其中电力、热力的生产和供应业居首位,建筑业排在第 41 位,金融保险业同样进入前五,而房地产业排在第 35 位;河北排在前十位的行业中有 8 个第二产业,其中电力、热力的生产和供应业居首位,建筑业排在第 41 位,金融保险业排名第六,而房地产业仅排在第 39 位。

因此,就各部门对于国民经济的推动作用而言,第二产业明显高于第三产业,这一结果同样与其复杂而完整的产业链有关。在各省份之间,除上海排名首位的为租赁和商务服务业外,其他四个省份均为电力、热力的生产和供应业。综合第二产业中其他排名靠前的行业可以发现,原材料供应型行业的感应度系数普遍较高,因为其产品大多数作为其他产业的中间投入,对国民经济有着显著的推动力。建筑业则受制于后向关联产业分布较少,感应度系数在五个省份均处于倒数十位之内。第三产业中金融保险业除北京外,均进入其他四个省份的前六位,但在北京的排名处于平均水平之下,其原因可能在于金融保险业在北京拥有与上海类似的高发展程度,也有较长的发展历程,但在金融中心的构建上要落后于上海,导致其进一步增长动力不足,间接拉低了金融保险业对北京经济发展的推动作用。

第五节 本章总结

本章围绕房地产行业关联性这一主题,首先采用投入产出法对中国和北京市房地产业关联性的历史变化进行了分析,其次对某一时点中国五个省份房地产业关联性的不同进行了横向比较。主要发现:(1) 北京市房地产业发展类型为金融推动型和自身推动型,房地产发展不仅对金融保险业等非物质性"软要素"的需求较高,同时对第三产业的直接和间接投入也较高;(2) 房地产业内部的专业化和精细化分工也使得北京的产业链较为丰富完整。

第三章 房地产行业周期性考察

房地产业包括房地产从投资、开发到经营、管理等诸多活动,此外各环节相关的服务如房地产开发经营、房地产中介服务、物业管理等也是房地产业中的重要领域。作为经济运行的一个重要组分,房地产周期是类似于经济周期的一个概念,特指房地产经济运行中存在的扩张与收缩交替反复出现的运行规律。对于房地产经济而言,房地产周期的表征可以采用房地产总收益的波动、房地产价格的波动等指标。按照经济周期的阶段划分,房地产周期同样具有复苏、扩张、紧缩及萧条4个阶段的变化:房地产需求扩大引发房地产价格上涨,价格上涨吸引新的房地产开发商参与投资建设,推动房地产市场供给水平的提高,随着供给逐渐增加直至超过了需求水平,引发房地产市场价格开始回落,此时房地产市场处于供给大于需求的阶段;伴随房地产市场逐步消化原有供给,新的供给收缩引发市场需求相对过剩,新一阶段的房地产经济扩张使得价格上涨局面再次出现,房地产行业持续实践着周期运行的发展规律。

本章安排如下:第一节对房地产周期进行简要概述;第二节侧重考察了影响房地产周期的因素;第三节对一个典型的房地产周期进行了细致描述与说明;第四、第五节运用 HP 滤波法对中国和北京的房地产周期进行了实际测算。

第一节 房地产周期概述

房地产业是国民经济重要的增长点,在对英国的情况进行研究中发现房地产市场净值与其他行业之间正向影响的增长关系(Black et al.,1996)。在房地产业发展过程中受到宏观经济、人口、政策、法律与文化等多方面因素的影响;同国民经济的增长一样,房地产经济的增长过程并不是简单的上行运动,而是围绕长期发展趋势而出现具有规律性的变化。

第三章
房地产行业周期性考察

随着房地产经济不断发展,在其总体的增长过程中所表现的扩张与收缩交替反复的变化过程,即为房地产周期,可见房地产周期概念本身便源于对经济周期理论的深化研究。因国民经济运行中存在多种因素的相互作用,使得经济的发展呈现出波动的运行特征,为把握房地产周期的内涵,理解周期波动性的形成原因,首先要准确认识经济周期的概念及相关理论,正确看待经济波动的存在。

一、经济周期

经济不断发展的历程中总体呈现上升的增长过程,而此种上升并非单纯的直线上升形式,而是在经济增长期间包含着变化与波动。波动直观表现在经济变量在连续的时间历程中反复地出现涨落,并且以一定的规律呈周期性变化趋势,体现出经济活动在一定时期内波浪式上升的特点,反映了整个国民经济运行的波动性特征。

周期的概念及其研究始于物理学领域,周期的存在用以表征事物变化、运动过程中,重复出现某些特征所经历的时间,一般通过连续两次特征重复的间隔来衡量,通常以正弦曲线(见图3-1)作为周期的示意。

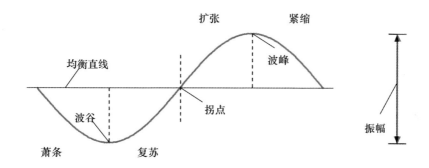

图3-1 正弦波周期、经济周期示意图

经济周期概括了经济波动的重复特性,在经济周期中,主要经济指标会伴随经济活动扩张、收缩交替往复而呈现指标上升与下降的变化趋势,呈现周期性循环的特点。一个完整的经济周期通常包括四个阶段,分别是复苏期、扩张期、紧缩期和萧条期。对于经济周期长度的衡量尚无定论,加之经济周期与物理学等领域的周期不同,无法完全呈现机械重复的规律性,使得经济周期的测度成为理论界热点。

不同国家和地区在其各自的经济发展过程中,经济周期的长短也存在着较大的差异。经济增长的速度差异及宏观经济体制的诸多影响因素都会使经济波动呈现各自的特点,从而在经济周期表现上因国家而异。

最早的经济周期——固定投资周期由法国经济学家朱格拉(Juglar)提出,因此又称为朱格拉周期。朱格拉周期描述了资本主义经济中存在的 9—10 年的周期波动;朱格拉通过研究英、法、美等资本主义国家工业设备的变动情况,发现固定投资会由于失业、物价随设备投资的波动而发生周期性变化,因此反映出 9—10 年的周期波动。

相比于朱格拉周期的中周期长度,基钦周期则用于表征经济活动中存在着的一种 40 个月左右的小周期,一般而言一个大周期当中包含 2—3 个小周期,又被称为存货周期。基钦(Kitchen)认为,上述小周期的存在是心理原因所引起的有节奏的运动的结果,在当时的经济发展状态下,心理原因主要由农业收获丰歉导致食物价格波动引起。

此后,俄国经济学家康德拉季耶夫(Codrulieff)提出了资本主义经济运行中存在的 50—60 年长度的周期,又称康德拉季耶夫周期。康德拉季耶夫研究认为,人口增加、居民生活环境改变、生活方式及与此相关的一系列观念的变化都会引起经济周期的波动。

而与房地产行业最具相关性的经济周期理念当属美国经济学家库兹涅茨提出的建筑周期,又称库兹涅茨周期。该周期由库兹涅茨(Kuznets)对英、美等多国 19 世纪初期或中期到 20 世纪初期及 60 年代工、农业主要产品的价格变动的时间序列资料进行研究分析后,剔除了其间短周期及中周期因素后,发现了经济波动中存在的 15—25 年的中长期波动。一般认为,库兹涅茨周期的存在是由建筑活动的循环变动而引起的,其平均持续时间长度为 20 年;而房地产的这种长周期波动背后的原因在于城市化进程的发展及人口生育高峰的出现。

延续这一研究思路,不少学者从房地产市场的需求水平探讨房地产长周期波动的原因,并发现人口数量的增减、家庭结构的变化均对房地产周期波动产生重要的影响(Maisel,1960;Easterlin,1966;Jaffee et al.,1979;Smith,1984;Hendershott,1985)。

熊彼特(Schumpeter)则以其"创新理论"为基础,综合了上述周期理论后提出了熊彼特周期的概念。熊彼特周期理论提出每一个长周期包括 6 个中周期,每一个中周期包括 3 个短周期;短周期长度约为 4 个月,中周期长度 9—10 年,长周期长度为 48—60 年。熊彼特周期与人类发展进程中的重大创新密不可分,他以重大创新作为划分周期的节点,将18世纪后半叶开始的发展划分了三个长周期,其中18世纪80年代至1842年是产业革命时期;伴随工业革命进程、蒸汽机的出现及广泛运用,"蒸汽和钢铁"时代到来;至1897年,电的出现极大地改变了人们的生活,1897年以后的阶段则被定为"电气、化学和汽车"时期。长周期的发现是由创新所引发的波动而来,同样,每个长周期当中的若干个中周期同样是由中等创新引起的波动,每个中周期当中的小周期则是由小创新引起的波动带来的。人类发展不断地创新便衍生出经济波动,进而形成经济周期。

Wheaton(1987)的研究发现商业建筑的价格存在一个较长的周期,并且在其后续研究中发现不同的房地产类型之间房价波动周期存在较大的差异。解释经济周期成因的理论与各个时代经济学家的研究进程共同发展,主要有乘法—加速原理、消费不足理论、投资过度理论、心理预期理论、纯货币理论、技术创新决定论等。

乘数—加速原理从传统的凯恩斯主义经济学视角出发探讨投资与经济波动的关系。经济学家萨缪尔森结合了乘数原理与加速原理对宏观经济运行的分析方式,提炼出乘数—加速原理用以解释投资对经济波动的影响。当投资增加时,在乘数原理作用下引致国民收入大幅增加,伴随国民收入的增加,加速原理作用显现,继续推动投资增加,由此形成了"螺旋式上升"的经济扩张过程。反之,当投资减少时,受乘数原理作用国民收入会大幅减少;国民收入的减少,在加速原理作用下持续导致投资的大幅减少。在投资增加引发新一轮投资增加的最后,经济扩张达到一个临界点或极限时,投资不再增加,此时经济运行规律或出现投资开始减少的情况;反之,国民收入下降到一个极限时,需求超过供给刺激了经济的反弹,从而带来投资增加,如此循环往复的过程便形成了经济波动的周期变化规律。

消费不足理论并非针对完整的经济周期进行阐释的理论,而是仅对经济周期中萧条阶段的产生原因进行了解释。经济运行中之所以会出现萧条,其背后的供求关系矛盾在于社会对消费品需求的增长远不及消费品供给的增长,消费品需求不足进而引发资本品需求不足,最终导致整个社会出现了生产过剩危机。经济运行中萧条期的出现并非单一因素导致的,其中贫富差距与国民收入分配失衡是主要的原因,而上述矛盾的存在致使经济萧条的出现成为必然,因此带来了经济波动。

而投资过度理论着眼于社会生产结构的失衡导致萧条出现,从而造成经济波动。其理论分析如下,当社会投资增加后,首先引发的是对投资品的需求增加,同时造成投资品价格的上涨,上述两者的变化必然刺激投资继续增加,其结果是带来经济的繁荣。而投资品与消费品在上述变化过程中受追捧的程度不同,大量的投资将会集中于投资品生产,消费品产业与投资品产业的生产平衡被打破,最终引发经济的萧条,导致经济波动的发生。

从经济行为主体的角度分析经济周期的产生原因则主要受心理预期理论主导。作为整个经济社会内部的个体——人的经济行为受到心理预期的极大影响,并且此种作用是具有决定性的。当经济行为主体持乐观预期时,会带来经济繁荣,当经济扩张到一定程度时,过分的乐观情绪会因现实而察觉,人们开始表现出悲观的心理状态从而使经济扩张得到抑制,开始进入经济收缩阶段;反之经济行为主体抱有悲观预期时,会引发经济萧条,并最终再度建立起乐观预期带来经济反弹。心理预期下乐观情绪与悲观情绪的交替引发经济繁荣与萧条的更迭,进而导致经济周期的形成。

纯货币理论下心理因素加之货币信用因素共同解释了经济周期产生的原因。经济危机之所以会产生,其原因在于银行信用体系的周期性波动。当经济繁荣到后期时,银行信用不得不进入信用紧缩阶段,其直接后果是货币供应与流通的不足,导致国民收入名义上的波动。由于银行信用扩张与紧缩的周期性交替,影响了货币供应与流通性,最终导致经济波动的规律存在。

与熊彼特周期相互照应的便是创新理论对经济周期的解释。创新理论当中,所有使得生产要素发生重新组合的方式皆被认定为创新,包括新技术、新产品、新组织形式、新市场等。而整个经济,当然这里是指市场经济,自身是具备自我调节能力的,因此任何的外部干预都会影响经济发展的自然轨迹。创新的出现,为企业家带来了垄断利润,对利润的追逐会刺激经济不断繁荣,吸引更多的资本,诞生更多的企业。而当投资增加直至投资过度时,经济便会逐渐衰退,此时市场经济自身陷入自我调整阶段,逐步复苏。不断地有创新出现,使得经济的发展不断经历繁荣—衰退的过程,与此同时出现了经济周期。

二、房地产周期

房地产是国民经济的重要领域,在长期来看,房地产经济的发展存在向上的趋势,这一点与经济发展的总体趋势相同;然而在较短的期间内,房地产经济则是呈波浪式前进的,围绕着长期的增长趋势上下振荡,在振荡发生的各个阶段,房地产经济运行特点不同但存在一定的规律,也就是说房地产经济同样有着周期性的波动规律,这就是广义的房地产周期。在房地产经济波动中,包含了房地产经济增长、房地产消费水平、房地产价格、产业结构等多方面的变动。既有规律性的波动,如季节性波动、周期性波动,又有非规律性的波动,如房地产经济的随机波动等。

广义的房地产周期包含了整个房地产经济的所有变化问题;根据对经济周期理论的相关认识,同样可以发现在房地产经济波动中存在季节性波动、随机性波动、房地产周期甚至房地产泡沫等现象。

对于房地产周期的研究始终与经济周期的研究密不可分,其理论发展的重要阶段均来自经济周期理论的快速发展。在第二次世界大战前后,大萧条带来的经济影响使得经济周期规律越来越受到重视,在此之前,有学者通过对美国的房地产建筑周期以数据形式进行客观的研究并得到部分发现,这一结果可以说是房地产周期研究的起点。Hoyt(1933)随后对房地产建筑周期进行了研究,其研究成果逐渐受到了经济周期研究领域的重点关注。在"滞胀"引发经济学家对经济周期的重视后,房地产周期的研究至此开启了新的发展阶段,并逐渐受到学者们的重视。房地产周期对国民经济的重要作用开始独立为一个研究领域,学者开始利用各种理论工具对房地产周期背后的原因进行解释、预测。库兹涅茨认为,房地产价格存在15—25年的变化规律,这种长周期主要由人口增长所决定(Kuznets,1952)。此后的研究更进一步发现,人口增加以及家庭结构变化两个因素共同构成了房地产价格长周期的成因(Maisel et al.,1960),对于房价在房地产周期中的重要影响逐渐成为研究的重点。

在日本房地产泡沫破裂、亚洲金融危机等事件爆发后,房地产周期与资本市场的关联性逐渐得到人们的重视,房地产经济与金融创新、金融自由化等新的体制机制之间如何相互影响的问题亟待解答,这对于研究房地产周期提出了新的理论要求。相关研究发现,在良好的规划布局下,土地供给不会对房价产生太大影响。从房地产市场供给、需求着眼,利率能够对市场供给水平及消费能力产生重大的影响,从而对房地产市场均衡价格进行调节。因此,基于对房地产市场供需关系的分析框架,放宽银行信贷可以从需求层面刺激住房消费、改变房地产市场运行的平衡,从而引发住房市场的波动。而不少学者对此并不赞同,根据相关研究结论,对利率在房地产供给及需求的影响及房价决定过程中所起到的作用持怀疑态度。2008年次贷危机发生后,由于房地产业与信贷市场深刻的内在关联,甚至由于全球性金融危机的爆发对房地产业与国际资本市场的内在联系产生了新的理解,使得房地产周期理论研究更多地与金融体制、经济周期贯通起来(周志春等,2010)。

国内学者对房地产周期的研究起源于《试论建筑周期》一文。建筑周期的存在根源于建筑行业的供求关系,研究指出折旧与人口增长是影响建筑供求的两大主要因素;对建筑周期的规律性研究发现,建筑周期本身是二重的,大周期层面分析建筑周期存在50年左右规律性,在较短的时间中分析建筑周期则存在着20年左右的短周期规律(薛敬孝,1987)。

目前被广泛接受的房地产周期概念则直接来自经济周期的含义,表现为房地产业运行同国民经济运行一样呈现出复苏、繁荣、衰退和萧条的四阶段循环特征(何国钊等,1996),房地产业的周期性循环波动被认为是与国民经济周期波动相似的变化过程,该种理论采用房地产周期或房地产周期波动的概念对所研究的问题进行定义。

针对上述概念的研究认为,由于房地产经济的增长/发展是在一个总的长期趋势为基准的基础上、发生上下波动偏离的运行过程,这种基于房地产业独特性而存在的波动规律被称为房地产周期(何国钊等,1996;张晓晶等,2006)。此后一种简单定义房地产周期的分析基于对多项房地产指标变动先后的研究发现,相比于其他指标,房地产总收益的不规则波动存在重复的运行规律(刘学成,2001)。另一种房地产景气循环学说虽未成为最主要的研究方向,但从景气与衰退两个现象的交替重复对房地产周期进行分析,也为相关研究打开了思路。

为了突出房地产行业与其他行业重要的区别,以不动产经济周期来界定房地产周期成为另外一种理论(梁桂,1996)。该种学说认为不动产总供给与总需求受到某些因素影响将产生总供求失衡的状态,供求失衡中原有的经济平衡被打破,不动产经济周期波动的特点便由此产生;在传统的经济周期四阶段的划分之外,针对不动产经济的这一特点对周期划分增加了不动产供求失衡的阶段。

刘洪玉提出了从市场供求理论出发的房地产市场周期说。该学说认为房地产业在宏观社会经济周期影响下,房地产市场周期是由市场供求关系确定的价格平衡点围绕价值波动的轨迹,其运动规律则根源于参与房地产业的各种社会经济要素的相互作用。房地产市场周期是由市场供求关系决定的一种价格波动周期(刘洪玉,1999)。另有观点认为,房地产开发建设周期长,导致供给相比于需求在时间上滞后,因此使房地产市场有规律性地出现萧条、旺盛两种阶段,进而形成房地产市场周期。

不同国家或地区住房市场周期波动的时间长短是不同的。根据以往的研究,美国住房市场的一个周期为18—20年,英国、日本为10—12年,澳大利亚约为6年,韩国的房地产周期平均为4年。根据国内学者孟晓苏(2005)的研究,我国香港地区的房地产周期为7—8年,台湾地区为5—6年,大陆为7年。

第二节 房地产周期的影响因素

影响房地产周期的因素既包括房地产行业自身的原因,又包括房地产行业外的多种经济因素。根据不同的角度可以划分为外生因素和内生因素,长期、中期和短期因素等。

一、政策因素

政策因素主要包括与房地产关联程度较高的宏观经济领域各项政策,此外还包括房地产经济自身的主要政策。具体而言,就房地产经济自身,房地产供给政策、房地产产权与交易政策、住房分配政策、房地产金融政策、房地产价格政策等是主要的影响因素。住房由单位分配变为购买使得中国的房地产正式迈开市场经济的脚步;近年来房地产金融政策成为政府调控房地产经济发展的一大手段,对于房地产经济的规律运行产生一定干扰;保障性住房建设作为改善住房供给结构的重要国家工程,在一定程度上缓解了房地产市场上供需关系结构上的矛盾。

根据政策周期的有关学说,政治因素的周期变动同样会引发政策因素的波动。以西方的政治体制为例,追求经济的增长是政府政绩的主要体现,执政党在任期内为了提升政绩而采取的重要政治决策常常带来经济周期的波动,进而影响到房地产周期的变化。而在我国的政治体制下,曾经的完全计划经济体制中同样存在因政策的波动而影响经济发展的现象。当前的社会主义市场经济体制下,总体的经济走向与发展方式依然离不开政策的引导,尽管中国的政治目标同西方国家有着本质的区别,但政策的周期波及经济周期波动的情况始终存在,房地产周期波动同样深受政策周期的制约,房地产政策的周期是直接影响房地产周期的因素。

宏观经济层面与房地产行业相关度较高的政策主要有财政与货币政策、收入分配政策、产业政策、经济体制发展与改革政策、区域政策等。不断推进的城镇化发展计划一度带动了中国房地产经济的蓬勃发展,各地区在城镇化进程中对于住房的需求急速扩大,刺激了不同区域房地产经济的发展;区域政策倾向及发展模式的差异,对于各地区的经济发展同样产生各异的发展结果,造成区域间房地产经济发展速度的差别化。收入分配政策与房地产需求有着直接的关联性,个人收入总量及结构的变化,包括住房公积金制度、住房补贴政策等的改革对于调节住房消费能力有着重要而密切的联系。产业政策尤其是直接关系房地产行业的土地管理政策、房地产开发经营政策等更是对房地产市场的规范与引导。

但政策因素的作用往往并非独立,更多时候与其他多种因素相互掺杂、融合,最终得以实现,在研究与分析中,应当多角度去探寻。

二、人口因素

中国的房地产市场上,传统的置业观念或消费心理是重要的影响因素。正因为国人对于自己所有而非长期租住的执着,使得房地产周期不可避免地与人口变化产生巨大的联系。人口总量及结构状态、家庭数量与规模、家庭生命周期、生活方式与人口迁移等都会带来不同地区的房地产波动。

房地产中住宅是人的基本需求,在中国购买至少一处房产作为满足居住需求的消费心理可谓是根深蒂固,在如此庞大的人口基数之上,人口因素成为决定房地产需求的最基本因素。住宅的需求增长相对于人口总量的快速增长存在时间上的滞后;总体而言,人口数量始终在增长,在长期决定了住宅需求包括对应的土地需求是持续增长的,进而可以决定房地产经济在长期是不断增长的。

住宅消费多以家庭为基本单位,家庭数量决定住宅市场需求量,家庭的规模及家庭的结构决定住宅市场需求的特定结构。与人口总量的变化相比,家庭数量快速增长阶段往往也是房地产需求快速增长的阶段。

人口迁移对于区域之间房地产经济的发展步伐有着直接影响,中国的经济特区建立一度刺激了大规模的人口迁移,人口迁入及定居直接促进了房地产经济的快速发展,在房地产周期的长期规律中带来了不小的波动。

三、制度因素

制度因素方面首要的便是社会制度对于房地产经济的影响。这一方面的影响使得中国房地产经济存在与其他国家的差异。另外,目前中国的土地公有制是制度因素当中另一个重要的方面。正因为中国的土地所有权归属国家,在房地产市场当中交易的仅仅是土地的使用权,并且不同用途的土地使用权期限存在不同。

我国房地产业市场化程度不高,除了土地公有制外,当前利率市场化并未大范围放开,使得土地政策、利率政策等均对房地产业发展形成制约,从而影响房地产周期。过去,住房公有制度下,中国房地产市场十分落后,不仅房屋租赁市场并不蓬勃,住房交易也并不活跃,房地产的买卖与租赁之间联系较弱。当前社会环境下,住房制度改革,除了商品房外,经济适用房、廉租房以及目前正在不断推进的限价房、保障房多种住房分配体系并存,使得房地产经济波动的规律更加复杂。

制度因素中,固定资产投资体制也是波及房地产开发的重要原因。整个房地产市场容量并不会出现短期的大幅增长,当国家对于住宅建设的基本投资扩张时,势必会削弱房地产开发的力量,市场配置下投入于房地产的投资会减少,这会直接冲击房地产经济波动。

四、经济因素

经济因素包含了众多的内涵,其中宏观经济运行的规律与周期变化对房地产周期有着直接的影响。而这种影响主要通过部分可得的经济指标来体现。国民经济的周期波动主要是通过产出效应、货币政策效应、收入效应、城镇化效应和人口红利效应来影响房地产周期。

(一)国民收入

国民收入是居民购买力的直接反映,只有居民购买力较高时,才能衍生出居民对房地产,特别是住宅的消费能力。当国民收入增加时,居民购买力提高,从而愿意消费住房,提高自身的生活水平,进而在住房方面的投资增加,促进房地产经济增长。

(二)储蓄

房地产市场的产品与一般产品相比,价值总量较高,以居民住宅为例,购置一套住宅需要较大量的投资,而居民储蓄量尚未达到一定程度时通常不会作出购置住宅的投资决策。而储蓄行为往往需要积累一定时间后才会使得居民投资于房地产。因此,高的储蓄水平意味着居民有更高的可能性与消费倾向投资于房地产。当整个国家的国民储蓄量较高时,该区域的房地产市场会更为繁荣;同样,储蓄发生变化时会波及房地产经济的运行。

（三）利率

利率一方面直接影响货币供应量,另一方面影响房地产市场的供给。首先利率升高会降低货币供应量,进而使得投资减少,自然房地产投资同样会削减,这将带来房地产市场供给的减低;而利率上升会使得房地产市场消费者的融资成本提高,主要是指购房者的贷款难度加大,贷款成本增加,这便使房地产需求萎缩,供求的波动势必带来房地产市场的不均衡,房地产经济波动也伴随着利率的变动而发生。

（四）物价水平

物价水平与通货膨胀、通货紧缩相联系。总体物价水平自然包括了房地产价格在内,当通货膨胀发生时,物价水平提高,房地产市场上产品的名义价格随之上涨,产品背后的真实价格相应提高。此时,持有真实资产的意愿强过持有货币,通胀的发生会促进房地产市场的繁荣,推进房地产经济顺畅运行;反之通货紧缩的状况下却会加速房地产市场的衰退,房地产投资减少。由此可见物价水平的波动同样影响房地产周期。

五、其他因素

诸如国家对外开放的程度、技术发展水平、灾害发生等都会带来房地产周期的异常或突变。

对外开放首先影响宏观经济运行,国际分工的存在使得国家的产业结构、产业布局等受到牵连;当一国的产业发展、经济发展与其他国家存在联动关系时,势必会影响该地区的房地产经济,房地产波动便受到牵连。而技术水平对人们的生活方式、消费理念等均会带来比较大的影响,当前互联网的普及与兴盛,一定程度上改变了房地产市场的内在结构;从房地产市场内部来看,新技术的出现对于房地产行业的发展同样会带来较大的变化,新材料出现,新的工艺诞生与应用,房地产行业产品的制造便受到巨大变革的冲击,带来新的波动。

灾害可能是自然的,也可能是人为的。无论如何,灾害的出现同样会破坏房地产经济。突发的灾害与周期性的灾害共同作用,使得房地产经济所承担的波动是不确定的。一方面灾害的发生直接破坏房地产,影响宏观经济进而对房地产经济造成损害;另一方面,灾害过后,重建开始又能再度带来经济的复苏,进而推动房地产经济走出低谷。

第三节 房地产周期波动

房地产周期与经济周期同样经历复苏、扩张、收缩和衰退四个阶段。供求机制作为市场经济运行的普遍机制,同样适用于房地产业商品供给与需求的变动分析。房地产业的商品相对于其他行业最重要的特征是"时滞性",即房地产开发建设周期长,一般历时2—4年,具体建设周期因建设规模大小有异,个别大型项目建设可能需要5—6年时间,建设周期长会使得新开工物业平均需要二至三年后才能够上市,这就是房屋的供应滞后现象。当市场发现需求,到房屋建成满足市场需要经过相当长的时间,供给总是在时间上滞后于需求。时滞的存在,使得供给可以实现时,原有需求可能发生了较大变化,此时的供给与市场的真实需求不同,在供应量上自然会出现高于或低于实际需求的现象。由此带来了房地产业供求不平衡的波动,而这种波动的规律性出现,便形成了房地产市场周期。

从各个阶段具体分析,供求平衡的打破—恢复—再度打破是规律性的发生过程。

复苏阶段,房地产经济处于循环中的低谷,该阶段内可以划分为几个短的时期。首先是复苏初期,房地产市场供过于求,此时的价格水平较低,房地产投资较少。由于房地产市场正处于从低谷逐渐回升的阶段,房地产价格不会继续跌落,而是开始出现反弹,呈缓慢上升的趋势。随后,复苏期中段,房地产市场上需求处于不断上升的过程中,房地产市场的消费者开始增加,成交量的提高会激发房地产投资活动增加。伴随着需求的变化,房地产市场中价格水平开始小幅提高,房地产市场逐渐复苏,对房地产的投资进而增加。在复苏阶段末期,房地产经济回升的脚步加快,对于房地产的投资增速加快,除了原有的购买者外,一些其他投资者的出现推动了房地产投资水平的提高,在两种因素的影响下整个房地产市场投资快速增长,进而推动房地产价格回升,使得房地产价格上升的速度加快,成交量的提高速度较之前一时期也有较大幅度的提高,与房地产产业链条上的其他产业也随之发展加快。

扩张阶段承接复苏阶段,是房地产市场快速发展的时期。由于房地产价格不断提高,受到投资的追捧,房地产行业一派繁荣,同时房地产市场需求继续增长,在扩张初期,成交量显著增加,房地产价格也随之水涨船高。当价格上升到一定水平,房地产投资中投机成分开始大比例扩张,投资行为在房地产经济扩张中期弥漫于房地产市场各个角落。投机的后果是使得房地产价格快速抬高,而真实的房地产市场需求并没有扩张得如此之快。在建筑时滞的作用下,供给的增长速度仍旧落后于需求的增速。进入扩张阶段末期,房地产价格高涨,然而投机的充斥将真实的需求阻挡在高价门槛之外,房地产市场的供给增速开始超过需求的增速,市场经历了短暂的平衡,随后平衡再度被打破。

收缩阶段与被打破的平衡紧密相连。房地产市场开始进入萎缩的阶段,在收缩阶段开始时,成交量呈跌落的趋势,同时房地产价格受到影响正逐渐走向下滑,在前一阶段积累了大量的投机投资后,市场价格的下降迫使投资风险提高,房地产投资开始减弱。收缩中期,房地产价格急剧下跌,投机者不得已开始抛售手中的房地产,恶性循环导致房地产价格暴跌,房地产投资进一步减少。收缩阶段的最后,由于房地产投资严重不足,使得房地产市场的供给整体是高于需求的,需求的不足加之前一阶段建筑时滞带来的供给继续提高导致成交量不断减低,作为房地产市场的重要参与者——房企自身面临大量的空置,资金回笼出现困难。

衰退阶段较之收缩阶段持续的时间长,并且房地产市场低迷。当房地产经济运行开始走向衰退时,政府不得不介入对房地产市场进行外部干预。多种宏观政策的调节一点一点改变房地产市场的格局,在衰退初期,部分政策的作用开始显现,但整个房地产市场中价格仍然持续下降甚至价格跌落的速度在提高;成交量锐减的结果还促使信用违约的激增。衰退中期,成交量仍十分不乐观,价格的跌落势头难以遏制,房地产企业数量因破产或濒临破产而减少,房地产市场中需求呈现低于供给的增长速度甚至会出现需求的负增长。最后衰退阶段末期,房地产经济总体下滑速度加快,房地产的正常需求走向正常水平,需求的平稳带来房地产波动幅度的减小,供给同样开始有收缩的趋势,进而向新的平衡点趋近。

为直观展现房地产行业特点及房地产周期波动情况,常用房地产投资量及其增长率来表示(见表3-1及图3-2)。

表 3-1 全国房地产投资与全社会固定资产投资

年份	房地产投资（亿元）	固定资产投资（亿元）	房地产投资占固定资产投资比重(%)
1986	101.0	3 120.6	3.24
1987	131.0	3 791.7	3.45
1988	206.0	4 753.8	4.33
1989	226.0	4 410.4	5.12
1990	212.0	4 517.0	4.69
1991	252.0	5 594.5	4.50
1992	541.0	8 080.1	6.70
1993	1 397.0	13 072.3	10.69
1994	1 630.0	17 042.1	9.56
1995	2 144.0	20 019.3	10.71
1996	3 825.3	22 913.5	16.69
1997	3 106.0	24 941.1	12.45
1998	3 614.2	28 406.2	12.72
1999	4 103.2	29 854.7	13.74
2000	4 984.1	32 917.7	15.14
2001	6 344.1	37 213.5	17.05
2002	7 790.9	43 499.9	17.91
2003	10 153.8	55 566.6	18.27
2004	13 158.3	70 477.4	18.67
2005	15 909.2	88 773.6	17.92
2006	19 422.9	109 998.2	17.66
2007	25 288.8	137 323.9	18.42
2008	31 203.2	172 828.4	18.05
2009	36 241.8	224 598.8	16.14
2010	48 259.4	251 683.8	19.17
2011	61 796.9	311 485.1	19.84
2012	71 803.8	374 694.7	19.16
2013	86 013.4	446 294.1	19.27
2014	95 035.6	512 020.7	18.56
2015	95 978.8	562 000.0	17.08

资料来源：国家统计局(http://data.stats.gov.cn)，投资占比数据为本研究计算结果。

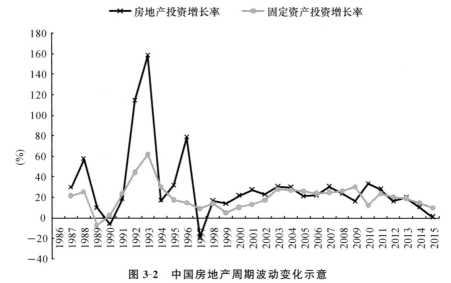

图 3-2 中国房地产周期波动变化示意

资料来源:国家统计局(http://data.stats.gov.cn),增长率为本研究计算结果。

根据上述数据可以发现,我国无论是房地产投资还是固定资产投资,1986—2015年始终处于持续上升的阶段,房地产投资占固定资产投资比重在快速增长后保持在一个较为稳定的比例;但增长率的变化却是不同时期有所不同,呈现出周期波动的特征,因此在下文当中针对中国房地产周期波动的基本特征及利率因素对房地产周期波动的影响将展开实证研究与探讨。

第四节　基于 HP 滤波法的中国房地产周期测算

一、数据选取及处理

经济指标的时间序列当中包含4种变动因素,分别是长期趋势因素、循环因素(周期波动)、季节变动因素及不规则因素。其中,循环因素的获得可以获取经济指标变动的周期性规律;应用 HP 滤波法对时间序列进行分析,可以在长期趋势因素的剥离后获得周期变动的规律。

在房地产周期测量的数据选取上,不同文献当中使用的指标可谓多样,包括房地产开发投资额、商品住宅销售面积、商品住宅销售额、商品住宅销售价格、房地产施工或竣工面积、土地开发面积等。图 3-3 为商品住宅销售面积、房屋施工面积、房屋竣工面积及住宅房屋竣工面积的变化趋势图。

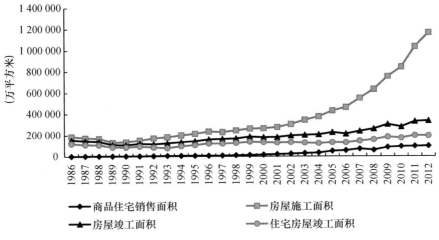

图 3-3 部分指标数据

资料来源：国家统计局（http://data.stats.gov.cn），经本研究绘制。

经过对于上述多个指标的分析发现，以 HP 滤波法获得的周期存在指标之间的差异，并且受到统计口径变化等客观因素的影响，使得上述指标分析的复杂性较高，不具有典型性。为此，我们选取 1998 年 1 月至 2015 年 12 月的月度全国房地产开发景气指数[①]作为研究中国房地产周期的指标（见表 3-2）。为简便，在下文研究中该指标简称为"国房景气指数"。

表 3-2 2006—2015 年全国房地产开发景气指数列示

月度	2006 年	2007 年	2008 年	2009 年	2010 年
1	101.3542	103.0240	106.7358	—	—
2	101.6459	102.3802	106.1725	95.41943	106.0920
3	102.0583	101.8169	105.3376	95.29872	106.5145
4	102.2092	103.2554	104.6837	95.31884	106.2831
5	102.4708	103.9293	103.9494	96.5058	105.6896
6	103.5370	104.2411	103.6879	97.11939	105.6796

---

① 该指数由国家统计局按月计算并对外发布，主要用以对房地产业发展变化趋势和变化程度进行量化表现。国房景气指数的编制消除了季节、价格因素的影响。

（续表）

月度	2006 年	2007 年	2008 年	2009 年	2010 年
7	104.1204	104.6133	102.9637	98.5880	105.3376
8	103.9193	105.0962	102.3802	100.6702	104.7240
9	103.7483	105.6092	101.7465	101.6761	104.1305
10	104.0098	106.3636	100.2679	102.6317	104.1808
11	104.5329	107.2186	99.04066	103.3861	103.8086
12	103.5672	107.0778	97.02886	104.2713	102.3903

月度	2011 年	2012 年	2013 年	2014 年	2015 年
1	—	—	—	—	—
2	103.5068	98.4673	98.4975	97.4815	94.3230
3	103.5873	97.4916	98.1354	96.9685	93.6591
4	103.7986	96.1839	97.9241	96.3549	93.1059
5	103.8086	95.4597	97.8336	95.5804	92.9751
6	102.3501	95.2685	97.8638	95.3993	93.1763
7	102.0986	95.1277	97.9644	95.3792	93.5786
8	101.7163	95.1981	97.8638	95.3490	94.0112
9	101.0022	94.9467	97.8235	95.2786	93.9508
10	100.8613	95.1177	97.4513	95.3188	93.8905
11	100.4590	96.2744	96.9484	94.8561	93.9005
12	99.4732	96.1537	97.7833	94.4839	93.8905

数据来源：国家统计局（http://data.stats.gov.cn）。

指标数据获取从1998年1月至2015年12月共计216个观察值，但由于统计原因，2009—2015年各年1月共计7个观察值不可得。根据历年数据，采用指数平滑法对指标序列进行平滑处理，得到指标分析所需的时间序列，记为 reindex（见图3-4）。

二、HP滤波法周期测算

在未进行HP滤波法处理前，1998年1月至2015年12月国房景气指数指标序列（reindex）如图3-4所示。在该序列当中，对于国房景气指数的周期变动和趋势变化的显现并不充分。

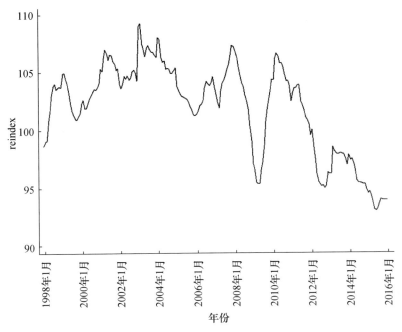

图 3-4 指数平滑法处理后的国房景气指数序列

由于国房景气指数在编制中已经考虑了季节因素,因此对该序列应用 HP 滤波法时无须进行季节调整便可以直接分解长期趋势因素与循环因素。应用 stata14 对国房景气指数序列采用 HP 滤波法分解出长期趋势因素及循环因素,对应的长期趋势因素记为 reindext(见图 3-5),循环因素记为 reindexc(见图 3-6)。

由图 3-6 国房景气指数循环因素分解结果可见,自 1998 年 1 月至 2015 年 12 月,我国房地产业大致经历了 7 个周期,见表 3-3 的房地产周期测算结果。根据 HP 滤波测算的结果,1998—2015 年,我国房地产周期平均历时约 37.2 个月;目前房地产业正处于一个未完成的周期运行之中,按照上述测算,针对采用的数据区间,最近一次房地产周期将持续至 2018 年 5 月左右。

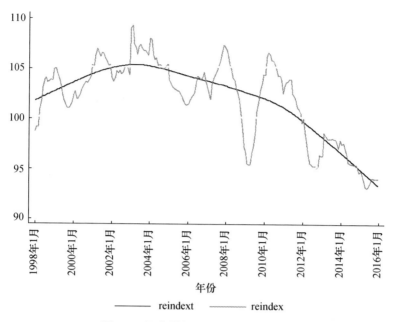

图 3-5　国房景气指数长期趋势分解

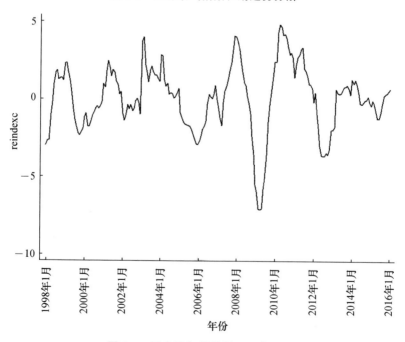

图 3-6　国房景气指数循环因素分解

表 3-3　1998—2015 年我国房地产周期测算

周期	开始	结束	历时（月）
1	1998 年 1 月前	1999 年 10 月	—
2	1999 年 10 月	2002 年 12 月	38
3	2002 年 12 月	2005 年 12 月	36
4	2005 年 12 月	2009 年 3 月	39
5	2009 年 3 月	2012 年 7 月	40
6	2012 年 7 月	2015 年 4 月	33
7	2015 年 4 月	至今	—

三、中国房地产周期的主要影响因素

首先，宏观经济周期波动是直接影响房地产经济波动的因素，宏观经济快速增长时往往是房地产业增速较高的时期，根据已有的研究可以得知宏观经济与房地产业之间的关联性（见表 3-4）。

表 3-4　房地产业的周期与宏观经济的关系

宏观经济增长率	房地产业发展状况
小于 4%	萎缩
4%—5%	停滞甚至倒退
5%—8%	稳定发展
大于 8%	高速发展
10%—15%	飞速发展

目前城镇化进程加快，城镇人口比重扩大，城镇居民收入进一步提高，居民对于住房的消费需求在增加，房地经济在一段时间内保持增长的态势。

从图 3-7 中可以发现，房地产业的周期波动基本与国家宏观经济的周期波动同步，二者尽管波动幅度存在差别，但在波动的关键节点上基本一致。当前我国的宏观经济增速趋缓，在一定程度上会影响房地产业发展的增长态势，但总体趋势仍然是上升的。

其次，政策周期是影响我国房地产周期波动的重要因素；在前面的研究过程中也可以印证政策对于房地产业发展的影响。以 1998 年住房供给改革为例，国家取消了福利分房后，带来房地产需求的不断扩张，从时

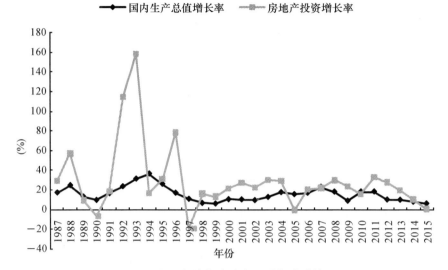

图 3-7 宏观经济与房地产业周期波动情况

资料来源：国家统计局（http://data.stats.gov.cn），增长率为本研究计算结果。

间序列中可以发现自 1998 年开始的一轮房地产市场繁荣与之前的几个周期相比波动幅度较大，持续时间较长。

表 3-5　1990—2015 年影响房地产业发展的重要政策

年份	政策	影响
1990	《中华人民共和国城镇国有土地使用权出让和转让暂行条例》	推进土地使用制度改革，宏观调控房地产开发投资
1993	《关于加强房地产市场宏观管理　促进房地产业健康持续发展的意见》《关于开展全国房地产业开发经营机构全面检查的通知》	从投资的规模与结构上理顺房地产业的市场发展脉络，调节房地产经营，同时规范房地产业市场发展，推动房地产高速发展
1994	《国务院关于继续加强固定资产投资宏观调控的通知》《国务院关于深化城镇住房制度改革的决定》	控制房地产业盲目、过快增长，引导房地产企业向规范有序方向发展，整顿市场秩序
1995	《房地产管理法》《关于加强增值税征收管理若干问题的通知》	整顿金融秩序，从而疏导房地产业投资膨胀带来的供给过剩
1996	《中央国家机关住房公积金制度实施办法》	个人购房比例提高，房地产市场发展放缓

（续表）

年份	政策	影响
1998	《城市房地产开发经营管理条例》 《关于进一步深化城镇住房制度改革加快住房建设的通知》 《个人住房贷款管理办法》	取消福利分房，推动商品房销售不断增加，房地产业市场化
2002	《关于整顿和规范房地产市场秩序的通知》	完善房地产市场秩序，深化房地产业发展
2003	《关于促进房地产市场持续健康发展的通知》 《关于进一步加强房地产信贷业务管理的通知》	从金融领域规范房地产业发展，引导房地产投资
2005	《关于切实稳定住房价格的通知》 《关于做好稳定住房价格工作意见的通知》 《关于实施房地产税收一体化管理若干具体问题的通知》	将房价调控作为政府工作的重点，以稳定房价、调整土地供应等方式规范房地产业
2006	"国六条" 《关于调整住房供应结构稳定住房价格意见的通知》 《关于加强住房营业税征收管理有关问题的通知》 《关于进一步整顿规范房地产交易秩序的通知》 《招标拍卖挂牌出让国有土地使用权规范》 《关于规范房地产市场外资准入和管理的意见》	深化稳定房价的"国八条"，落实房价调节具体措施，提出量化、细化的操作建议；对土地供给、房地产业供给秩序予以规范，同时引导投资，并限制外资炒楼
2007	《关于加强商业性房地产信贷管理的通知》及其补充通知	提高第二套房贷按揭成数和利率，抑制房地产投资
2008	《关于廉租住房、经济适用住房和住房租赁有关税收政策的通知》 地方救市政策，如杭州"24条"、南京"20条"等	对保障性住房予以政策倾斜，满足房地产刚性需求；缓解金融危机对于房地产业的冲击
2009	《进一步加强土地出让收支管理的通知》 "国四条"	从宏观层面抑制房价过高、过快增长

(续表)

时间	政策	影响
2010	《关于促进房地产市场平稳健康发展的通知》 《国务院关于坚决遏制部分城市房价过快上涨的通知》 《关于加强房地产用地供应和监管有关问题的通知》 《关于调整房地产交易环节契税个人所得税优惠政策的通知》	国家严厉调控房价过快上涨,最大限度地抑制房地产市场非正常发展
2011	新"国八条" 《国务院办公厅关于进一步做好房地产市场调控工作有关问题的通知》 《关于调整个人住房转让破产税政策的通知》 地方限购政策	限制多套房购买的商业贷款,严厉打击投机炒房,抑制房价上涨
2012	全国住房信息系统联网	健全楼市监管制度体系
2013	新"国五条" 《关于继续做好房地产市场调控工作的通知》	对于一线城市房价调控继续严抓,推动保障性住房的发展
2014	地方限购放宽	房地产业发展回落,各地供给过剩,原有的房地产业限制政策难以适应市场现状,地方相继救市
2015	《不动产登记暂行条例》 下调二套房公积金贷款首付比、公积金异地贷款政策推出	规范房屋买卖行为,提高房地产市场交易安全性;放宽房贷限制政策,提振房地产经济

资料来源:政府网站,经作者整理。

对于其他方面的影响因素在本章第二节及第三节均有详细介绍,在此不再赘述。

第五节 基于 HP 滤波法的北京房地产周期测算

一、数据选取及处理

受统计资料有限的影响,测算北京房地产周期难以找到类似国房景气指数的较优指标。在研究过程中,就可获得的多个统计数据,从时期跨度、测算编制方法、数据准确性等多方面考量,最终选取北京房屋销售价格指数的季度数据作为测算所采用的序列(见表3-6)。

表3-6 北京房屋销售价格指数(季度)

年份	3月	6月	9月	12月
1998	102.4	101.4	99.8	100.0
1999	99.9	100.5	100.2	99.7
2000	100.3	99.0	99.0	99.7
2001	101.6	101.3	101.1	101.0
2002	99.9	101.4	100.8	99.0
2003	100.2	100.2	100.2	100.6
2004	101.8	103.3	103.5	106.3
2005	106.5	106.8	106.3	107.4
2006	107.1	108.7	109.7	109.5
2007	109.0	109.5	111.9	115.0
2008	113.9	112.2	108.7	103.0
2009	99.3	99.1	101.1	105.9
2010	111.1	114.2	111.8	108.8
2011*	102.8	103.1	103.1	102.6
2012*	102.0	102.1	102.6	104.2
2013*	110.8	115.3	119.0	121.0
2014*	122.2	122.6	119.4	117.7
2015*	117.7	121.3	125.1	127.4

资料来源:根据国家统计局,《2011年度房屋销售价格指数编制方法》,有调整。

为了能够获得与1998—2010年统计方法一致的北京房屋销售价格指数数据,本书根据编制方法调整前后的基期数据对2011—2015年所获取的数据序列进行加工运算,获得1998年第1季度至2015年第4季度共计72个观察值,作为研究所采用的时间序列(见图3-8)。

二、HP滤波法周期测算

由于上述所获得的时间序列是季度数据,因此在采用HP滤波法进行周期测算前需进行季节因素调整。季节调整前的原始序列如图3-8所

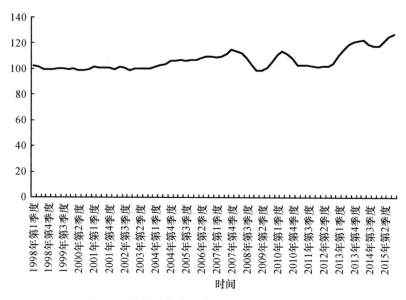

图 3-8　调整后的北京房屋销售价格指数序列

示,季节调整后的序列记为 indexbj,如图 3-9 所示。

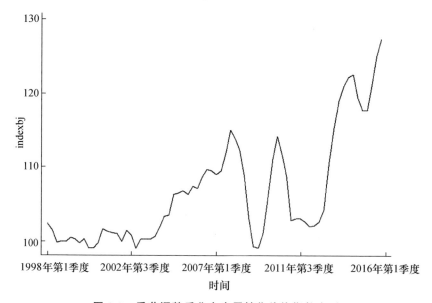

图 3-9　季节调整后北京房屋销售价格指数序列

应用 HP 滤波法对季节调整后的北京房屋销售价格指数序列进行因素分解,将分解出的长期趋势因素记为 indexbjt,循环因素记为 indexbjc(见图 3-10 和图 3-11)。

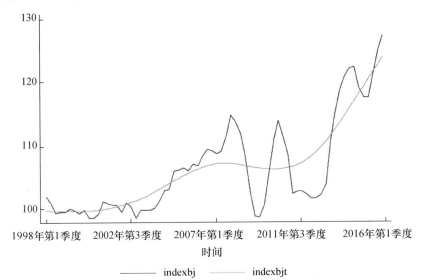

图 3-10 北京房屋销售价格指数长期趋势分解

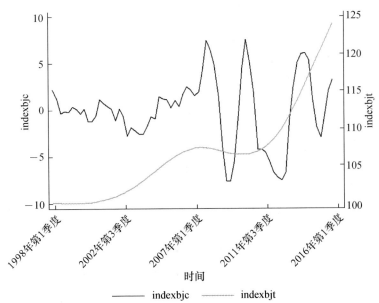

图 3-11 北京房屋销售价格指数循环因素与趋势因素

由图 3-11 循环因素可见,1998—2015 年,北京房地产产业大致经历了 10 个周期(见表 3-7)。根据测算的结果,1998—2015 年,北京房地产周期平均历时 21.75 个月;目前房地产业正处于一个新的周期运行之中,按照上述测算,预计本次房地产周期将结束于 2017 年 4 月左右。

表 3-7 北京房地产周期测算

周期	开始	结束	历时(月)
1	约 1997 年年末	1999 年 12 月	—
2	1999 年 12 月	2001 年 6 月	18
3	2001 年 6 月	2003 年 3 月	21
4	2003 年 3 月	2004 年 12 月	21
5	2004 年 12 月	2006 年 9 月	21
6	2006 年 9 月	2008 年 9 月	24
7	2008 年 9 月	2010 年 6 月	21
8	2010 年 6 月	2012 年 3 月	21
9	2012 年 3 月	2014 年 6 月	27
10	2014 年 6 月	至今	—

在本章第四节对于中国房地产周期的主要影响因素分析中,可以发现政策是直接影响房地产业发展的最主要因素。就宏观经济与北京房地产周期波动的关系来看(见图 3-12),总体发展趋势上二者存在同步;而房地产投资的波动幅度远大于宏观经济发展的波动。这与北京市地方的房地产政策推动相关,除了受到国家各年度房地产政策、规定的调整,北京市出台了落实国家政策的限购等地方规定。

以 2011 年"京十五条"为例,国家层面推动对房地产市场的严厉控制,北京市出台该执行细则,对于购房条件、限购房屋、家庭已有住房等均进行详细规定,极大地影响了北京房地产业的发展,有效地控制房地产投资,维持房地产市场秩序。而从微观层面看,人才与资源向北京集中的过程中,自然而然伴随着房地产业发展脚步的前进。无论是个人住宅的买卖、租赁,还是商业用房的蓬勃发展,都是北京房价居高不下的主要推动力量。

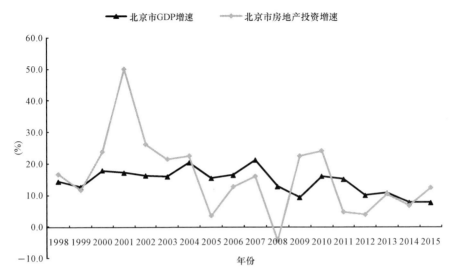

图 3-12 北京市经济发展与房地产投资情况
资料来源:北京市统计局。

第六节 本章总结

本章从理论和实证两方面对房地产周期进行了研究,基于 HP 滤波法周期测算方法的结果表明:(1)从我国房地产周期看,1998—2015 年,我国房地产周期平均历时约 37.2 个月,目前房地产业正处于一个未完成的周期运行之中,预计本次房地产周期将持续至 2018 年 5 月左右;(2)从宏观经济与我国房地产周期波动的关系来看,房地产行业周期性考察房地产业的周期波动基本与国家宏观经济的周期波动同步,政策周期是影响我国房地产周期波动的重要因素;(3)从北京房地产周期看,1998—2015 年,北京房地产周期平均历时 21.75 个月,目前房地产业正处于一个新的周期运行之中,预计本次房地产周期结束于 2017 年 4 月左右;(4)从宏观经济与北京房地产周期波动的关系来看,总体发展趋势上二者存在同步,而房地产投资的波动幅度远大于宏观经济发展的波动。

第四章 宏观经济对房地产价格运行的影响

房地产价格受到其内在价值影响的同时,与宏观经济因素有着非常紧密的联系。宏观经济基础变量的变化会引起人们的预期变化,从而产生房地产供求力量的失衡,引发房价的剧烈波动。近年来,随着中国经济进入新常态,作为国民经济支柱产业的房地产也进入下行周期中,面临去库存、去泡沫、防风险、防崩盘的任务。因此,深入了解宏观经济发展对房地产价格变动的影响,不仅能促进房地产行业的稳定发展,而且对宏观经济目标的实现具有重要作用。

本章安排如下:第一节是相关的文献综述;第二节是宏观经济基本面与房地产价格关系的定量分析;第三节是影响房价的宏观经济因素分析,构建了一个房价、利率、房地产开发投资额和国内生产总值之间的 VAR 模型;第四节是房地产调控政策对房价影响的实证分析。

第一节 相关文献综述

一、宏观基本面对房地产价格的影响

自从 1998 年国内实行房改、取消"实物分配福利房"政策之后,我国房地产行业迎来了 10 年高速发展。但随着 2008 年金融危机席卷全球,我国实体经济遭到严重冲击,结束了持续 5 年的 GDP 两位数增长,GDP 增速在 2008 年第四季度下跌到 6.8%,全年增长 9.0%,GDP 增速创历史新低。此时我国房地产由于长期制度不完善、投资过热、投机炒作严重、房价飙升等不良现象的积累,在国家六次加息、十次提高银行存款储备金率、严格限制外商投资房地产等一系列房地产宏观调控出台之后,房价开始大幅下跌,销售面积迅速萎缩,市场萎靡,宏观经济对房地产的影

响表现显著。紧接着,长期拉动我国经济增长的"三驾马车"开始不同程度地出现问题。为了保证 GDP 的高速增长,四万亿救市计划横空出世,大量救市资金与房地产行业直接或间接相关的领域,为房地产行业复苏道路打入一剂强心针。

从 2008 年 10 月下旬开始,央行降息 0.5 个百分点,同时存款储备金率下降 0.27 个百分点,免征利息税。2008 年 11 月,央行降息 1.08 个百分点,同时存款储备金率从 12 月开始下降 1 个百分点。救市政策的频频出台不仅刺激了现时的买房需求,还强化了房价不断上涨的市场预期。宽松的货币政策为市场注入了高流动性,客观上为楼市回暖"推波助澜"。此外,土地成交量也开始回暖,各地"地王"屡见报端,成交额惊人,同比涨幅达 159%,环比涨幅达 37.8%,屡创新高。商品房、经济适用房、限价性住房的成交量均大幅走高,房价一路高歌猛进。

可见,宏观经济对房地产价格有重要影响,虽然对两者关系进行讨论的理论文章数量众多,但从实证方面检验两者关系的文章相对较少,且由于计量方法的局限性,已有文章得出的结论也不够稳健。因此,进一步的实证分析尤为必要。

(一)国外研究动态

发达国家的房地产行业起步比较早,发展也比较完善,所以国外学者对房地产价格形成机制的理论研究较早也较为全面。综合来看,发达国家对房地产价格形成方面的研究,一方面注重"有形之手"的作用,另一方面更注重"无形之手"的作用,从政府和市场两个角度研究房地产价格的影响因素。

第一,在房地产市场需求、供给以及均衡价格研究方面,DiPasquale 和 Wheaton(1996)通过把蛛网理论模型引入到房地产市场中,用来分析房地产市场的均衡并解释房地产市场的价格波动。同时,将房地产市场分为资产市场和使用市场,并从房地产资产市场和使用市场的概念出发,论述了关于资产市场和使用市场互动关系的四象限模型;Watkins(1999)研究了土地费用对房地产市场均衡的影响;Somerville(1999)讨论了土地供应、土地管理与房地产开发规模之间的关系;Mayer 和 Somerville(2000)认为有效的土地管理机制减少了房地产增量的数量。

第二,在房地产的价格影响因素方面,多数研究者认为经济基本面及其变动是房地产价格波动的主要原因,从人口因素角度,Mankiw 和 Weil

(1989)通过建立美国房地产价格走势预测模型,分析得出美国人口老龄化增长速度放缓,这将影响未来房地产价格的走势。除了人口因素外,居民收入也是一个很重要的影响因素,Kenny(1999)研究了爱尔兰长期住宅市场的供求关系,结论表明居民收入的增加会导致房地产价格的上涨,而且房地产价格与房地产住宅建设成本之间存在相对稳定的比例关系。同时很多学者也认为虽然人口数量、居民收入的影响对房地产价格非常重要,但是并不能仅仅通过单变量预测房地产价格,房地产价格受到多种因素的共同影响,其中比较经典的就是Pain和Westaway(1997)提出的存量—流量模型。该模型揭示了房地产市场和物业市场之间的价格、租金、新增房屋数量等变量之间的相互影响并最终达到均衡状态的过程。此外,文章还认为房地产具有投资兼消费的功能,在房地产的消费使用过程中,房屋的屋龄也会对房地产价格产生一定的影响。

第三,在土地价格与房地产价格之间的相关关系方面,Nellis和Longbottom(1981)把土地视作房地产的生产要素,研究英国住宅价格的影响因素。Malpezzi(1999)的研究发现前期的收入水平的变化会影响房地产价格,且在短期内房地产的价格供给弹性比较小。Kenny(1999)在比较英国和美国房地产时,发现两个国家的短期收入及恒久收入对于房地产价格的弹性都有比较大的影响。

第四,Hedonic关于住宅价格模型的描述,总结前人的经验,Hedonic给出了住宅价格模型的公式:住宅价格$P=f(L,S,N)$,换而言之,他认为住房价格是关于区位、建筑结构、周边环境等相关变量的函数,从而搭建了分析住宅价格的分析框架。

第五,在房地产宏观调控方面,Malpezzi和Wachter(2005)研究政府在房地产宏观调控中发挥的作用。他们认为过度的政府干涉会导致"供给不畅"的问题,引起房地产价格的上升。如果政府的调控措施过于严厉,房地产市场将会出现更剧烈的波动,房地产市场是否产生泡沫的关键在于供给因素。

(二)国内研究动态

相比之下,国内学者对于房地产市场内部机制的研究的起步较晚,国内学者主要从土地市场、增量市场和存量市场的相互作用角度分析房地产价格的。

第一,在研究房地产市场的供求力量时,刘波和刘亦文(2010)从我国房地产的供求模型和均衡价格模型的计量分析中得出当前我国房地产需求中投资需求占主导地位,且投资需求对价格拉动力度远远大于消费需求的结论。常伟等(2012)等认为房地产虽然是一种特殊的商品,但是其定价机制与其他商品是一样的,都是由供给和需求的关系决定的,其供给和需求在不同时期对房地产价格的影响是不一样的。

第二,运用博弈论分析方法的研究,王玉堂(1999)认为在体制转型过程中,灰色土地市场是制度安排的非均衡结果,残缺的土地产权可以引发诱致性创新,但政府组织对国家效用函数的偏离带来了创新阻碍。刘安英和仲维清(2006)研究住宅市场中的竞争战略,他们发现在住宅市场中,无论是产量竞争还是价格竞争的效率都较低,这是因为市场主体之间存在相互合作的可能性。周丽萍和何东慧(2011)利用博弈论分析方法,从供给—需求层面上对房地产市场的参与主体构建博弈模型,以房地产价格为主线,探索房地产价格持续走高的原因。

第三,在研究房地产价格的影响因素方面,郑捷(2007)从土地要素和建筑成本两方面对影响房地产价格的成本因素进行了分析,并从居民收入增长和流动性过剩两方面对其需求因素进行了探讨,结论表明土地交易价格和居民收入是影响房地产价格波动的主要因素。闫之博(2007)主要分析了GDP和FDI对我国房地产价格的影响,得出GDP对房地产价格有显著影响,而FDI有很小的影响的结论。白霜(2008)基于中国31个省份面板数据的实证研究表明消费者购买力、产品成本、企业数量、资源占有量、投资和税收等因素是影响房地产价格波动的主要因素。姜玉砚和段燕临(2009)认为影响我国房地产价格波动的因素主要有经济因素、金融政策、市场预期、税收政策四大方面。周海波(2009)认为影响我国房地产价格波动的主要影响因素是人口数量和物价指数。李文斌(2008)以"存量—流量"模型为基础,通过研究房地产价格、建设量以及存量的动态变化过程,揭示了增量房地产的滞后效应是导致存量房地产调整时间过长的重要原因,进而带来了价格和成交量的大幅波动。苏亚莉和张玉(2011)首先分析了房地产价格波动及其调控的理论关系,然后建立了双弹性面板数据模型检验了上述关系。实证研究结果表明:建筑成本、可支配收入以及居民储蓄等因素对房地产价格有显著正向影响;土地供给量对房地产价格有显著负向影响。

综合以上对房地产价格机制方面的研究,大多沿着房地产商品价格的决定机制和因素而展开:通过分析微观主体行为特征和宏观政策性因素,进一步探讨房地产市场对于经济的影响。虽然研究的大方向一致,但由于房地产市场的复杂性,现有研究对于房地产价格的形成机制并没有形成一个统一而系统的分析框架。现有研究的局限性,制约了学界对于房地产价格走势的合理预期,不利于相关政策的调整和作用,因此,很有必要进行进一步研究。

二、影响房地产价格的宏观经济因素分析

房地产价格是市场供求双方博弈的结果,房地产价格的阶段性与宏观经济的周期性波动是密切相关的。房地产价格与宏观经济基本变量之间的交互关系表现在:一方面,宏观经济中的经济变量可能会引起房地产价格的变动;另一方面,房地产行业的系统重要性又会反过来引起宏观经济的波动。

(一)国外的相关研究

国外学者对房地产价格宏观因素的分析主要是从均衡理论角度展开的。

首先,宏观经济基本面通过影响供求双方的博弈进而影响市场均衡的价格和成交量。Iacoviello(2005)通过建立 SVAR 模型研究六个欧洲国家过去 25 年的影响房价的宏观经济因素,发现利率与各国的房地产价格均呈反向相关关系,只是弹性不同。Seko(2001)在分析日本房地产行业时同样利用了 SVAR 模型。他发现日本的房地产价格和宏观经济变量之间的相关性较强,宏观经济变量的变化对预测房地产市场的发展有较强的先导作用。不仅如此,房地产价格还对宏观经济运行有重要影响。Chirinko 等(2004)在对 13 个发达国家进行研究时,也运用了 SVAR 模型。实证表明:相比于股票市场,房地产市场对消费、产出等实际经济变量有更大的促进作用。

其次,关于房地产需求,学界基本达成共识,认为居民收入是影响房地产需求的主要因素。但由于不同宏观经济理论对收入的内涵有不同理解,研究房地产需求的文献也往往关注如何度量居民收入。Meen(2002)通过比较英国、美国住宅价格时发现,短期收入和恒久收入均能振奋房地产需求,对房价有显著的影响。相比之下,恒久收入的影响程度高于短期收入,因为英、美房地产市场的供给弹性欠佳。Abraham 和 Hendershott(1994)的研究指出住宅价格上涨与住宅建设成本、就业率和收入呈正相

关,与利率变化呈负相关。

最后,关于房地产供给,宏观经济与利率之间的关系进一步影响实际的房地产投资。Giuliodori(2005)以九个欧洲国家为对象,研究了利率和房地产价格的反向关系。研究表明,利率与房价存在显著的负向关系,但受其他因素影响,这一负向关系的程度随国别的变化而变化。Case 和 Shiller(2003)发现以"追涨"为特征的正反馈交易同样可能出现在楼市当中,研究证实了房地产价格与房地产投资回报率之间存在正向自相关关系,这种自相关性推动实际房价向公众预期的高房价发展,加剧"追涨"活动,并有可能吹大价格泡沫。

(二)国内的相关研究

伴随着我国经济的高速增长,国内的房地产行业也取得了飞速的发展,并逐渐成为国民经济的支柱行业。但过快的发展也带来了很多问题,比如房价上涨过快直接加大了老百姓的生活成本。房价问题的重要性和敏感性吸引了大量学者的广泛关注。目前,国内学者就房地产价格受宏观经济影响方面达成一些共识,但是大都从理论上来进行分析,进行实证研究的文章比较少,随着时间的推移,越来越多的学者开始使用计量模型分析宏观经济因素对房地产价格的影响,他们主要是从以下几个方面展开研究的。

首先,宏观经济基本面及其波动是房地产价格波动的主要来源,鉴于此国内很多学者将研究目光投向这里,采用适当的数据、建立严谨的模型、使用有效的统计分析方法,例如时间序列回归分析、截面数据分析、最小二乘法等对宏观经济基本面因素对房地产价格波动的影响做出实证分析研究。

沈悦和刘洪玉(2004)认为城市总人口、可支配收入以及失业率影响住房需求,而商品房空置率和建筑成本直接影响住房供给。基于理论分析,他们利用 1995—2002 年国内 14 个城市的房地产价格指数和宏观经济变量数据构建计量模型,实证表明:宏观经济变量显著地影响城市房地产价格水平。崔光灿(2009)运用面板数据模型,通过 OLS 和 GMM 回归对我国 1995—2006 年 31 个省份选取的宏观经济指标进行分析,研究结果表明影响我国房地产价格的主要因素是利率和通货膨胀,而且从中长期来看,也会受到可支配收入、物价和房地产供给等宏观经济基本因素的影响。王红玲和李洁(2011)认为人均可支配收入和土地价格是影响房地产价格的显著性因素,根据这两个宏观经济基本指标可以预测未来房地产价格的走势,政府有针对性地采取相应对策调节房价,可以有效地引导我国房地产市场朝着健康的方向发展。贾晓惠(2010)基于1991—2009年共18年的上海市宏观经济指标时间序列数据,运用多元回归模型、多重共线性以及Granger因果检验,得出上海市房地产价格上涨是受宏观经济基本面支撑的。

其次,银行信贷投放规模直接影响到房地产行业的资金来源,鉴于此,部分文献着眼于利率的影响。周京奎(2006)在房地产价格与利率关系的计量分析中,以2001年9月到2005年12月的北京、上海、天津、南京、重庆等12个城市的季度面板数据为基础做实证分析,结果表明,银行利率的提高会增加房地产投资成本,并减少房地产市场的供求量,平抑房产市场的热度,2005年下半年的房地产价格下降就与利率不断调整有直接关系。同时,通过回归结果分析,利率滞后4期对房地产价格有显著影响,说明我国利率传导机制不健全,金融体系仍不完善。宋志勇和熊璐瑛(2009)的研究发现利率与房地产价格呈现负向关系主要是通过汇率市场和证券市场体现的,当其他条件不变的情况下,利率的提高将导致汇率上升,大量国外短期投机性资本涌入国内主要投向房地产市场,分享房地产价格上涨和人民币升值的双重利益,等到国际资本达到预期收益时,会迅速撤资,导致房价暴跌,从而影响房地产市场价格的波动。而利率通过证券市场影响房地产主要是影响上市房地产企业的融资成本,从而减少供给。然后通过1996—2008年季度利率与房地产价格的实证分析得出利率的时滞性和利率政策效果的逐渐累积递增性决定了利率变动对房地产价格的影响在短期内难以体现。周建军等(2011)通过对1998—2009年实际贷款利率和全国房地产销售价格指数的季度数据的实证分析验证了利率变动对房地产市场主体参与者均有显著影响,从而影响到房地产价格的波动以促使其进行调整,反映出中短期利率对与房地产价格变化呈正向关系,而长期利率对房地产价格变化呈负向关系,从而说明长期的利率紧缩政策有利于抑制房价过快上涨。而一些学者也持不同观点,我国房地产价格持续走高,而多次提高利率并没有抑制住房地产价格的上涨趋势,没有能够达到预期的抑制效果,从房地产开发商的角度来看,国内低水平利率导致资本使用成本很低,相比民间资本的高利率,银行的利率提高无关痛痒,反而会让开发商将成本的提高转移到房价上,进一步推高房价。刘雪梅(2005)从房屋需求者角度分析,上调利率也并没有真正地

第四章
宏观经济对房地产价格运行的影响

降低他们的购房欲望,无论是中低档房屋的需求者还是高档房屋的需求者对于利率的提高敏感度都不大。同时,梁云芳等(2006)发现,由于国内利率缺乏弹性,通过利率调节房地产市场成效不大。

最后,房价的走高导致住房支出占居民总支出的比重提高,过于高企的住房支出一定程度上挤出了其他居民支出,从而影响到扩大内需的实现。姚玲珍和刘旦(2007)通过构造居民资产与人均消费之间的关系模型,验证了住房支出对人均消费的不利影响。宋勃(2007)使用Granger因果检验对我国的房地产价格和居民消费的关系进行实证检验,发现短期上看两者之间互为Granger因果关系,长期上看房地产价格是居民消费的Granger原因。

就我国国情而言,宏观经济政策在房地产市场上具有重要作用。宏观调控主要着眼于改变房地产市场供求关系,因为房地产价格的变动主要是通过房地产市场供求关系的变化而调整的。周京奎(2005)认为宽松的货币政策会导致房地产价格上涨,通过货币政策中的存款储备金率和利率调节货币流动性过剩,可以有效地减少货币流通量,加大房地产企业融资成本,一定程度上能够遏制资金向房地产市场流动,从而影响房地产市场的供给和投机型需求;孙焱(2011)分析了税收政策对房地产价格的影响,发现主要影响因素是包括土地增值税、物业税、营业税等在内的税收制度。土地增值税会抑制房地产投机需求,但是长期下来房地产开发商会把其转化为成本转嫁到消费者身上,进一步加剧房地产价格上涨;同时住房租赁税等税收又会影响消费者的持有成本和需求,从而影响到房地产价格的波动。

三、宏观调控政策对房地产影响的研究综述

由于房地产业与宏观经济联系密切,房地产业的波动可能会对经济波动产生较大影响,因此,保证房地产业的平稳健康发展具有重要意义。但是房地产本身具有资产和生产生活资料的双重属性,不能单纯以市场手段对房地产市场进行调节,必须由政府介入,对房地产业进行宏观调控。目前,国内外的房地产宏观调控政策主要可以分为土地政策、金融政策和税收政策。具体内容第一章已经有所阐述,此处不再具体介绍。

第二节　宏观经济基本面与房地产价格关系的定量分析

一、宏观经济指标的选取

宏观经济基本面主要是指国内经济形势的一般情况,通过采用适当的数据、建立严谨的模型、使用有效的统计分析方法,例如时间序列回归分析、截面数据分析、最小二乘法等对宏观经济基本面因素对房地产价格波动的影响做出实证分析研究。一般而言,反映我国经济基本面的指标有国内生产总值、居民消费价格指数、城镇居民可支配收入、城镇总人口、利率、通货膨胀率等。

面对众多宏观经济指标,如何合理科学地选择指标是首要的任务。我们根据以下几个原则选取宏观经济指标。

1. 科学性

指标的科学性是指选取指标的概念要准确,数据要正确,选取范围要明确。指标能够充分反映房地产行业与宏观经济之间的关系。

2. 全面性

选取指标要全面体现经济的运行状况,根据宏观经济基本面与房地产行业相关的指标主要涉及产出、消费、收入、投资以及人口等,所选取的指标能够包含以上方面。

3. 代表性

所选取的指标能够代表各个宏观经济方面,比如选取国内生产总值代表了产出,选取城镇居民消费价格指数代表了消费。同时在选取指标的时候还要考虑选取指标之间的重复性。

二、宏观经济基本面指标的选取

本着科学性、全面性、代表性等原则选取宏观经济指标因素,本节主要从以下几个方面选取宏观经济指标。

第一个指标:北京市国内生产总值(GDP)。

该指标反映了一个地区经济总体水平,是宏观经济基本面的最基础指标,是衡量一个地区经济运行状况的最重要指标,宏观经济的快速发展必然离不开国民经济各行业的高速发展,而且房地产业成为我国国民经济的支柱产业,所以房地产价格与国民生产总值存在一定的相关性。

第二个指标:北京居民消费价格指数(CPI)。

城镇居民消费价格指数是在消费方面与房地产价格最为密切的因素,代表着城镇居民的消费结构和消费能力。

第三个指标:北京城镇居民人均可支配收入(CI)。

随着国内生产总值的不断增加,城镇居民人均可支配收入不断提高,从而导致城镇居民实际购买力的提高,在此基础上将会影响购房需求,需求供给关系的改变将会影响房地产的价格,所以房地产价格与城镇居民可支配收入之间有一定的联系。

第四个指标:北京房地产开发投资完成额(INV)。

房地产开发投资完成额是房地产开发商在进行房屋建造及土地开发过程中发生的相关费用的总称。就定义而言,该指标包括房屋开发和土地开发两方面的投资,它主要通过供给层面影响房地产价格。

三、实证分析方法

(一) 多重相关性判断

所谓多重共线性是指经济变量之间具有共同变化趋势从而存在部分或者完全的相关性。为了考察文章所选定的反映宏观经济基本层面的变量是否存在多重共线性,首先我们对指标数据采取了对数处理,处理后的数据分别记做 LnHP、LnGDP、LnCPI、LnCI、LnINV,根据 2005 年第一季度到 2014 年第二季度数据建立商品房平均销售价格与四个指标之间的多元线性回归方程,数据来自国家统计局,得出回归结果如表 4-1 所示。

表 4-1 多元线性回归结果

变量	系数	T 统计量	P 值
LNCI	0.616857	3.057348	0.0044
LNCPI	2.533655	1.920734	0.0634
LNFI	0.030980	0.541524	0.5918
LNGDP	0.367267	2.106659	0.0428
C	−10.882760	−1.823485	0.0773
R^2			0.847851
F 统计量			45.973090
DW 统计量			0.801363

估计的方程为：

$$LNHP = 0.617 \times LNCI + 2.534 \times LNCPI + 0.031 \times LNINV + 0.367 \times LNGDP - 10.883$$

我们可以看到模型的 R^2 和 F 值较大，但是各参数估计值的 t 检验值较小，说明各解释变量的联合线性作用显著。但从方差膨胀因子来看，该方程存在多重共线性，检验结果如表 4-2 所示。

表 4-2　多元线性回归方程的方程膨胀因子

变量	系数	VIF	VIF
LNCI	0.040708	4 425.4320	5.328806
LNCPI	1.740046	51 667.4000	1.107960
LNFI	0.003273	235.6457	2.111634
LNGDP	0.030393	2 705.0320	7.543642
C	35.618330	49 337.4300	NA

由于存在多重共线性，解释变量对被解释变量的单独影响难以分离，故回归系数不显著，需要对回归方程进行调整。因此，我们采用逐步回归法寻找最佳回归方程，将解释变量由少到多逐步增加。最终可以得到克服了多重共线性的多元回归方程为：

$$LNHP = 0.460 \times LNGDP + 0.579 \times LNCI + 0.655$$

其中，$R^2 = 0.829$，$F = 84.951$，R^2 是显著的。另外回归方程系数都通过了检验，得到的回归方程模型是有效的。逐步回归的结果说明在选择的五个宏观经济指标中，北京城镇居民人均可支配收入及国内生产总值对房地产价格的波动影响最大，北京城镇居民人均可支配收入每增长 1%，房屋销售价格增长 0.46%。北京国内生产总值每增长 1%，房屋销售价格增长 0.579%。

四、变量的 Granger 因果检验

变量间是否存在统计上的因果关系需要 Granger 因果检验测量。在借助 EViews 7.0 完成单位根检验和 Granger 因果关系检验时，格外依赖滞后期数的选择。本检验依据 SIC 准则进行判断，选择滞后三期作为待检验的滞后期数。

(一) 单位根检验

我们采用单位根来检验三组数据的平稳性。通过 EViews 7.0 软件对北京商品房平均销售价格、北京国内生产总值与北京城镇居民人均可支配收入的一阶差分序列进行单位根检验，结果如表 4-3、表 4-4 和表 4-5 所示。

表 4-3 北京商品房平均销售价格单位根检验结果

		T 统计量	P 值
Augmented Dickey-Fuller test statistic		−5.613518	0.0000
Test critical values：	1% level	−2.630762	
	5% level	−1.950394	
	10% level	−1.611202	

表 4-4 国内生产总值单位根检验结果

		T 统计量	P 值
Augmented Dickey-Fuller test statistic		−3.688476	0.0006
Test critical values：	1% level	−2.636901	
	5% level	−1.951332	
	10% level	−1.610747	

表 4-5 北京城镇居民人均可支配收入单位根检验结果

		T 统计量	P 值
Augmented Dickey-Fuller test statistic		−1.702266	0.0837
Test critical values：	1% level	−2.636901	
	5% level	−1.951332	
	10% level	−1.610747	

通过以上结果我们可以看出，在一阶差分序列单位根检验中，北京城镇居民人均可支配收入、北京国内生产总值和商品房平均销售价格均通过了平稳性检验，三个指标序列均是平稳序列，不存在单位根，可以直接对其进行 Granger 因果关系检验。

(二) Granger 因果关系检验

回归模型表明变量间是否存在相互关系，而变量间是否能够构成因果关系还需要进一步验证。Granger 提出的因果关系检验则可以对变量间因果关系进行检验。通过 EViews 软件对变量 HP、GDP 和 CI 进行 Granger 因果关系检验,选取的滞后期数为一至三期,结果如表 4-6 所示。

表 4-6 Granger 因果关系检验结果

Null Hypothesis	T 统计量	P 值
GDP does not Granger Cause HP	4.05775	0.0519
HP does not Granger Cause GDP	16.0536	0.0003
CI does not Granger Cause HP	1.77816	0.1912
HP does not Granger Cause CI	2.74077	0.1070
CI does not Granger Cause GDP	17.9331	0.0002
GDP does not Granger Cause CI	17.7333	0.0002

从以上 Granger 因果关系检验结果中我们可以看出,在滞后一期中,GDP 是 HP 的 Granger 原因,而 HP 也是 CI 的 Granger 原因,同理在滞后二期、滞后三期得到的结论均为 CI、GDP 不是 HP 的 Granger 原因,而 HP 不是 CI 的 Granger 原因。由此可见,在过去短时间内(滞后一年),国内生产总值和商品房平均销售价格相互影响,商品房平均销售价格不影响城镇居民人均可支配收入的走势。而在较长时间内(滞后二年以上)城镇居民人均可支配收入与商品房平均销售价格的过去数据都则没有相互影响其当前值。

五、政策与建议

文章在理论研究的基础上,选取影响房地产价格的宏观经济基本面的关键指标进行定量分析,通过对 2005 年第一季度到 2014 年第四季度的时间序列数据运用多元回归模型、多重共线性及单位根检验以及 Granger 因果检验分析,揭示了经济基本面对房地产价格波动的影响。通过分析,可以认为房地产价格的上涨是由国内生产总值支撑的,北京国内生产总值短时期内会影响房地产价格。

第三节 影响房价的宏观经济因素分析: 房价、利率、房地产开发投资额和 国内生产总值之间的 VAR 模型

向量自回归(VAR)的基本原理是,把系统中每一个内生变量作为系

统中所有内生变量的滞后值的函数来构造模型，从而将单变量自回归模型推广到多元时间序列变量组成的"向量"自回归模型。VAR 模型常用于预测相互联系的时间序列系统及分析随机扰动对向量系统的动态冲击，从而解释各种经济冲击对经济变量形成的影响。

我们将使用 2004 年第一季度到 2014 年第一季度的季度数据，利用 VAR 模型对北京房价、房地产开发投资额、国内生产总值和利率关系进行实证研究。选取六个月至一年(含一年)人民币贷款基准利率作为利率指标，商品房销售价格作为房价指标。国内生产总值、房地产开发投资额表现出明显的季度性波动，我们使用 Census X12 方法对其处理。利率、商品房销售价格、国内生产总值、房地产开发投资额，分别用 r、price、gdp、inv 表示。本节使用的数据来自中国人民银行网站、国家统计局和 ceic 统计数据库。

首先使用 EViews 软件对以上时间序列进行 ADF 单位根检验，结果如表 4-8 所示。其中 dprice、dr、dinv、dgdp 分别为 price, r, inv, gdp 的一阶差分。

表 4-8　各时间序列的 ADF 检验结果

变量	检验类(c,t,k)	ADF 值	5% 临界值	P 值	结论
price	(c,0,3)	1.455046	−1.949319	0.9616	不平稳
r	(c,0,1)	−0.064068	−1.949609	0.6552	不平稳
inv	(c,0,1)	2.172371	−1.949856	0.9917	不平稳
gdp	(c,0,1)	2.144283	−1.949856	0.9911	不平稳
dprice	(c,0,1)	−6.444272	−2.938987	0.0000	平稳
dr	(c,0,3)	−3.807236	−1.949609	0.0003	平稳
dinv	(c,0,3)	−9.969069	−1.949609	0.0000	平稳
dgdp	(c,0,3)	−8.251899	−1.949609	0.0000	平稳

注：c 和 t 表示带有常数项和趋势项，0 表示不带；k 表示所采用的滞后阶数，滞后期的选择标准参考 AIC 和 SC 准则。

可以看出各时间序列均为一阶单整，进一步对变量进行 Johansen 协整检验，结果如表 4-9 所示，发现五个变量存在 1 个协整关系。综合考虑 LR 值和 AIC、SC，本书选取滞后阶数 1 为最大滞后阶数。VAR 模型的估计稳定性检验结果如图 4-1 所示，全部根都在单位圆以内，满足模型的稳定性条件，所以据此进行脉冲响应函数分析和方差分解的结果是稳健和可靠的。

表 4-9　Johansen 协整检验结果

Hypothesized No. of CE(s)	Eigenvalue	Trace Statistic	0.05 Critical Value	Prob.
None	0.586210	64.86845	55.24578	0.0056
At most 1	0.274835	30.45499	35.01090	0.1416
At most 2	0.252311	17.92211	18.39771	0.0582
At most 3	0.155299	6.582146	3.841466	0.0103

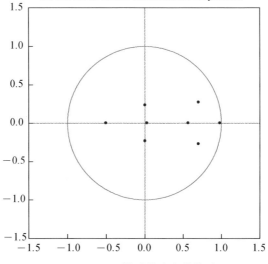

图 4-1　VAR 模型的稳定性检验

房价、利率、房地产开发投资额、地价和国内生产总值是否构成因果关系以及因果关系的方向如何，还需做进一步分析。对模型的相关变量进行 Granger 因果关系检验，结果如表 4-10 所示。

表 4-10　Granger 因果关系检验结果

Null Hypothesis	F 统计量	P 值
R does not Granger Cause HP	0.60185	0.4428
HP does not Granger Cause R	0.00797	0.9293
INV does not Granger Cause HP	0.72357	0.4004
HP does not Granger Cause INV	11.1518	0.0019
GDP does not Granger Cause HP	5.56430	0.0237

（续表）

Null Hypothesis：	F 统计量	P 值
HP does not Granger Cause GDP	3.29300	0.0777
INV does not Granger Cause R	0.41092	0.5255
R does not Granger Cause INV	0.52716	0.4724
GDP does not Granger Cause R	0.03178	0.8595
R does not Granger Cause GDP	0.07264	0.7890
GDP does not Granger Cause INV	12.7364	0.0010
INV does not Granger Cause GDP	8.10830	0.0072

可以看出，在10%的显著性水平下，GDP 是房价上涨的 Granger 原因，房价是房地产开发投资和 GDP 的 Granger 原因。房价上升带动地价上升，导致经济增长和房地产投资额的增加。

为分析利率、房地产开发投资额、地价和国内生产总值对房价的冲击动态影响过程，本节进一步生成基于 VAR 模型的脉冲响应函数，结果如图 4-2 所示。

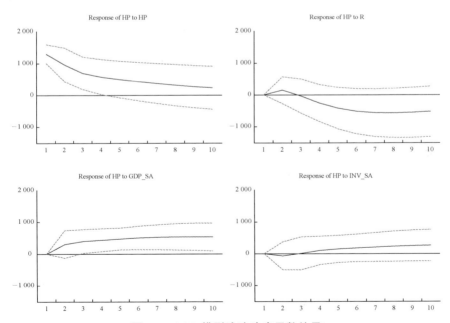

图 4-2　VAR 模型脉冲响应函数结果

可以看出，房价受到自身一个标准差冲击后下降，在第五期达到最低值后极其缓慢地上升。受到利率一个正向冲击后,房价上升在第二期达到最高点,之后下降。受到房地产开发投资额一个标准差冲击后,房价在第二期内下降迅速,然后几乎保持不变。受到国内生产总值一个标准差冲击后,房价上升,在第三期之后趋于平稳。

然后我们对房价进行方差分解,结果如图 4-3 所示。

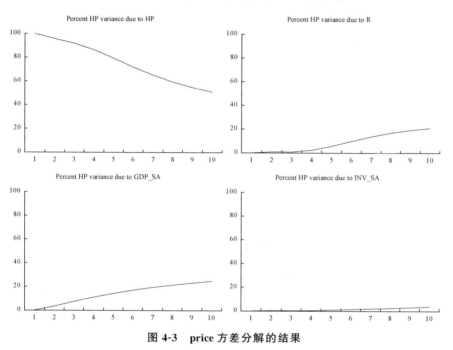

图 4-3　price 方差分解的结果

可以看出房价变动方差由房地产开发投资额和国内生产总值变动解释的部分都在第十期达到峰值;由房地产投资变动解释的部分非常小。在第十期,房价自身变动能解释 50% 的房价变动方差,利率变动能解释 20% 的房价变动方差。

本节进一步建立变量间的 VEC 模型:

$$
\begin{aligned}
D(HP) = & 0.00467 \times (HP(-1) + 264.36 \times R(-1) + 12.798 \times GDP(-1) \\
& - 39.203 \times INV(-1) + 7504.801) - 0.0537 \times D(HP(-1)) \\
& + 0.0172 \times D(HP(-2)) + 1164.962 \times D(R(-1)) \\
& - 1331.913 \times D(R(-2)) + 0.473 \times D(GDP(-1)) \\
& + 0.215 \times D(GDP(-2)) - 0.164 \times D(INV(-1)) \\
& - 0.636 \times D(INV(-2)) + 370.258
\end{aligned}
$$

第四节 房地产调控政策对房价的影响

一、房地产调控政策对房价的影响

1998—2012年,我国实施了多个有关房地产调控的重要政策,具有代表性的有1998年颁布的"23号文件"(《关于进一步深化城镇住房制度改革、加快住房建设的通知》)、2005年3月底的"国八条"(《关于切实稳定住房价格的通知》)、2010年"国十条"(《国务院关于坚决遏制部分城市房价过快上涨的通知》)。政府房地产政策总是根据不同的市场状况加以调整,对房地产行业以及房价等产生重要影响。本节考虑到数据的可得性,利用2004年第一季度至2014年第一季度数据考察"国十条"房地产调控政策对北京房价的影响。

这些宏观调控措施对房价抑制的效果如何,学术界多从定性方面讨论,我们通过建立带有政策虚拟变量的计量经济模型来分析政策因素对房价的影响。我们采用的数值型变量为经过季节调整后的季末广义货币供应量(M2)和国民生产总值(gdp),因其时序图呈现明显的季节波动性,我们使用Census X12方法对其调整后用gdp表示;房价仍为上文使用的房屋平均销售价格(price)。2010年第一季度作为房地产政策实施前后的转折点。数据来自国家统计局和CEIC数据库。

首先构建回归模型:$Price_t = a_0 + a_1 m_2 t + a_2 gdp + \varepsilon_t$,回归后进行Chow突变点检验,结果如表4-11所示。

表4-11 Chow突变点检验结果

政策转折点	F统计量	F检验的概率P值
2010年第一季度	15.60536	0.0000

由2010年第一季度这个转折点的F检验概率P值,可以看出在95%的置信概率下拒绝该时期不是政策转折点的零假设。因此本节建立以下模型:

$$Price_t = b_0 + (b_1 + b_2 D_1) m_2 t + (b_3 + b_4 D_1) gdp_t + \varepsilon_t$$

其中,

$$D_1 = \begin{cases} 0, & 2010年第一季度之前(不含2010年第一季度) \\ 1, & 2010年第一季度之后(不含2010年第一季度) \end{cases}$$

参数 b_1、b_3 分别表示广义货币供应量和国内生产总值对房价的影响;b_2、b_4 分别表示 2010 年第一季度实施新的调控政策后,广义货币供应量和国内生产总值不变时政策对房价的影响。

模型回归结果为:

$$\text{Price} = 1785.929 + (0.0047 - 0.0118 \times D_1) \times M_2 + (1.137 + 7.130 \times D_1)\text{GDP}$$
　　　　　(0.0032)　　(0.0228)　　(0.0014)　　(0.0981)

括号内为参数估计值的概率 P 值,调整后的拟合优度为 0.899506,F 统计量概率 P 值为 0.000000,可以看出模型较好地拟合了政策调控对房价的影响。

根据模型中参数的经济含义可知:在实施 2010 年宏观调控政策之前,广义货币量每增加 1 亿元,使得房价增加 0.004 元/平方米。国内生产总值每上升 1 亿元使得房价上升 1.137 元/平方米。实施调控政策之后,广义货币供应量每增加 1 亿元使得每平方米房价下降 0.0071 元/平方米;国内生产总值每上升 1 亿元使得房价上升 8.267 元/平方米。

至此可以看出,在广义货币供应量不变的前提下,"国十条"对房价是负向抑制作用,在真实国民收入既定的前提下,房地产政策反而提高房价。

二、房价、房地产贷款余额之间的分布滞后模型

房地产贷款是房地产业获得的金融支持,其中开发贷款影响房地产市场的供给方面,购买贷款影响房地产市场需求方面。房地产贷款不仅影响当年的房地产价格,还影响今后房价。本书通过建立阿尔蒙(Almon)分布滞后模型考察房地产贷款的长远影响。我们使用的数据包括购房贷款余额和开发贷款余额的房地产贷款余额,用 loan 表示,房价仍为前文使用的 price。房地产贷款数据来源于 CEIC 数据库。

首先对变量进行 ADF 单位根检验,结果见表 4-12。

表 4-12　各时间序列的 ADF 检验结果

变量	ADF 值	5%临界值	P 值	结论
loan	1.239639	-2.981038	0.9423	不平稳
price	3.399023	-2.926622	0.9996	不平稳
dloan	-6.288850	-3.540328	0.0000	平稳
dprice	-3.985318	-3.557759	0.0196	平稳

注:滞后期的选择标准参考 AIC 和 SC 准则。

通过检验,发现两个经济指标序列都为一阶差分平稳序列。进一步进行 Johansen 协整检验,结果如表 4-13 所示。

表 4-13   Johansen 协整检验结果

Unrestricted Cointegration Rank Test (Trace)				
Hypothesized No. of CE(s)	Eigenvalue	Trace Statistic	0.05 Critical Value	Prob.
None	0.317975	13.84111	12.32090	0.0276
At most 1	0.001784	0.064289	4.129906	0.8353
Unrestricted Cointegration Rank Test (Maximum Eigenvalue)				
Hypothesized No. of CE(s)	Eigenvalue	Max-Eigen Statistic	0.05 Critical Value	Prob.
None	0.317975	13.77682	11.22480	0.0174
At most 1	0.001784	0.064289	4.129906	0.8353

在 5% 的显著性水平下,两个变量存在一个协整关系。用 EViews 做出 price 和 loan 的交叉相关图,如图 4-4 所示。

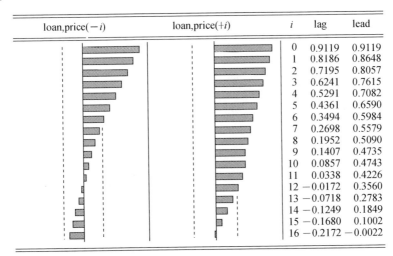

图 4-4   price 和 loan 的交叉相关图

图 4-4 中第一栏是 price 与 loan 各滞后期相关系数的直方图。可以看出,房地产价格与当年及前 7 期的房地产贷款余额相关。因此我们做分布滞后回归模型时选择滞后期从 7 年开始,各不同滞后期回归结果参数如表 4-14 所示。

表 4-14 不同滞后期的回归结果

参数类型	调整后的拟合优度	AIC	SC
PDL(loan,7,2)	0.887146	17.23530	17.42033
PDL(loan,8,2)	0.899805	17.08210	17.26892
PDL(loan,9,2)	0.908945	16.95255	17.14114
PDL(loan,10,2)	0.931730	16.62985	16.82017

确定最优滞后期为 10。模型回归结果如表 4-15 所示。

表 4-15 滞后 10 期时的回归结果

Variable	Coefficient	Std. Error	t-Statistic	Prob.
C	−4014.406	930.9460	−4.312179	0.0002
PDL01	0.018528	0.021565	0.859163	0.3988
PDL02	0.001376	0.005139	0.267806	0.7911
PDL03	0.006812	0.002101	3.241337	0.0035
R-squared	0.939316	Mean dependent var		9533.611
Adjusted R-squared	0.931730	S.D. dependent var		3541.661
S.E. of regression	925.3815	Akaike info criterion		16.62985
Sum squared resid	20551943	Schwarz criterion		16.82017
Log likelihood	−228.8179	Hannan-Quinn criter.		16.68803
F-statistic	123.8301	Durbin-Watson stat		0.251563
Prob(F-statistic)	0.000000			

Lag Distribution of LOAN	i	Coefficient	Std. Error	t-Statistic
. * |	0	0.18193	0.04245	4.28614
. * |	1	0.12201	0.02647	4.61010
. * |	2	0.07570	0.01829	4.13888
. * |	3	0.04302	0.01824	2.35860
.* |	4	0.02396	0.02072	1.15644
.* |	5	0.01853	0.02157	0.85916
.* |	6	0.02672	0.01965	1.35944
. * |	7	0.04853	0.01566	3.09838
. * |	8	0.08396	0.01417	5.92532
. * |	9	0.13302	0.02274	5.84957
. * |	10	0.19570	0.03956	4.94739
	Sum of Lags	0.95308	0.05582	17.0735

根据表 4-15，Almon 滞后模型的表达式为：

$$\begin{aligned}\text{PRICE}=&-4014.406+0.1819\times\text{LOAN}+0.122\times\text{LOAN}(-1)\\&+0.0757\times\text{LOAN}(-2)+0.043\times\text{LOAN}(-3)\\&+0.02396\times\text{LOAN}(-4)+0.0185\times\text{LOAN}(-5)\\&+0.0267\times\text{LOAN}(-6)+0.0485\times\text{LOAN}(-7)\\&+0.08396\times\text{LOAN}(-8)+0.133\times\text{LOAN}(-9)\\&+0.196\times\text{LOAN}(-10)\end{aligned}$$

其中，0.1819 是即期乘数，表示即期贷款余额增加 1%，当期房价上升 0.1819%，0.122、0.0757、0.043、0.02396、0.0185、0.0267、0.0485、0.08396、0.133、0.196 分别反映的是当期贷款余额变动一个单位，对以后 1—10 期影响的程度。0.03168 是长期乘数，表示当期贷款余额上升 1%，房价在当期和以后 9 期内总共上升 0.95308%。

第五节　本章总结

本章讨论了宏观经济对房地产价格运行的影响，在介绍相关理论基础上，对宏观经济基本面与房地产价格关系、影响房价的宏观经济因素、房地产调控政策对房价的影响均进行了定量分析，结果发现：(1) 宏观经济基本面与房地产价格的关系上，房地产价格的上涨是由国内生产总值支撑的，北京国内生产总值短时期内会影响房地产价格。(2) 影响房价的宏观经济因素上，房价变动方差由房地产开发投资额和国内生产总值变动解释的部分都在第 10 期达到峰值，由房地产投资变动解释的部分非常小。在第 10 期，房价自身变动能解释 50% 的房价变动方差，利率变动能解释 20% 的房价变动方差。(3) 房地产调控政策对房价的影响上，在广义货币供应量不变的前提下，"国十条"对房价是负向抑制作用，在真实国民收入既定的前提下，房地产政策反而提高房价。房价与房地产贷款余额的关系上，当期贷款余额上升 1%，房价在当期和以后 9 期内总共上升 0.95308%。

第五章　土地供给与房地产行业发展

房地产市场的发展基于土地供给,我国土地市场的双头垄断格局决定了土地供给对房地产行业具有重大的影响。2003年以来,土地政策变成了货币政策以及财政政策之后的新的宏观调控手段,有着极其重要的地位。所以梳理土地供给与房地产行业的关系,对于地产市场的宏观调控有着极其重要的作用。

本章的框架如下:第一节对国内外相关研究进行简单总结;第二节对相关概念进行简单总结;第三节对房价地价的相互影响进行理论分析;第四节在此基础上进行实证检验;第五节进行本章的总结。

第一节　国内外研究现状

国外关于房价与地价之间关系的研究讨论开始得比较早,而且由于房价与地价关系的复杂性导致研究结果各异,但研究方式大致可概括为从以下三个角度的分析:

一是空间经济学的角度。基于这一角度进行研究的学者通常都以"土地供给缺乏弹性"为假设的前提条件,且通常只考虑了购房者间的需求竞争。Pogodzinski(1990)通过构建环形城市的空间竞争模型,认为房价的持续上涨的主要推动力为房地产开发用地在空间上的垄断。Kim(1993)在研究韩国房价时也认为地价过高是推动房价上涨的关键原因。

二是引致需求角度。O'sullivan(2007)通过引致需求来分析两者之间的关系,并得出地价对房价无影响,但是房价会影响地价的结论,被学者们广泛接受。

三是运用经济计量分析工具。这一研究方向的学者多用计量工具去探索房价地价的关系。Dowall(1991)对房价和地价进行回归分析,得出房价只是地价影响因素之一,土地收益率、贷款利率等其他因素对房价均有影响。与此同时,部分学者检验房价与地价的 Granger 因果关系,认为二者没有必然的联系。Tse 等(1999)对香港的房价与地价关系进行了 Granger 因果检验,研究结果表明地价与房价之间没有直接的因果关系。Glaeser 等(2008)用回归分析也证实了该结论。另外,学者们认为房价与地区 GDP 成正相关。美国经济学教授 O'sullivan(2007)认为,由于房价的上升会导致开发商拿地的时候报价更激烈,从而影响地价。

国内学者大多认同土地的限制供给会导致地价上升。况伟大(2005)建立了一个城市内的土地市场和住房市场模型,研究了空间竞争条件下的房地价关系,得出了供不应求时候房价地价是正相关,反之是负相关,另外,他对中国的房价和地价数据进行 Granger 检验,发现短时期内无关,长期内地价影响房价。另外,有学者从理论分析的角度论证地价对房价的影响,较有代表性的研究结论为张清勇和丰雷(2005)的观点,若承认经典的李嘉图模型,地价上升是房价上涨的结果,而不是原因的结论,我们可以得出类似"房价上涨是地价上涨的诱发因子"的结论,政府出让土地的行为就会依据市场行情做出相应的调整,在房价上涨较快的时段,政府应适当增加土地供给,同时鼓励建筑容积率的提升,但由于开发商捂盘惜售等行为,弱化了土地供给数量对房价的影响。沈兵明等(2002)对杭州市进行实证分析并用 SPSS 统计,得出杭州市土地供给规模与节奏对房地产供给量有直接影响,土地供给量的增加使地价呈抛物线增长,是最近几年房价稳步上升的原因之一。

第二节 地价、房价的定义及形成机制

一、地价的定义及内涵

土地价格就是土地权益和收益的当期折现值,即土地租金的资本化。

而经济的发展带来了对土地利用程度和投入程度的增加,土地价格的内涵也在演变。现在的土地价格内涵可以从以下几个方面去解释。

首先,土地价格实际上是土地的产权所对应的价格。因为土地的相关特殊属性,土地本身不可被交易,所交易的是土地的相关权利。在我国土地全部为国有,交易市场上交易的其实是土地的使用权。其次,土地价格包含着土地开发中投入的劳动及资金成本。从成本看,随着土地开发程度的加强,投入在土地利用上的劳动及资金的成本呈现增加趋势。再

次,土地的价格内在包含土地权益收益的折现价值。随着开发利用程度的增加,土地权益收益呈现增加趋势,因此,土地的权益收益折现价值也会进一步提升。直观体现就是土地价格的上升。

在下文中提到的土地价格,一般指相关土地使用方(如地产企业)通过公开转让市场拍卖或者转让取得的土地成本,其具有公允性。

二、房价的定义及内涵

房价是指房产使用权转移时双方支付的交易对价。

从房价的内涵来看,房价是房产价格及地产价格的合并,不可分开处理。房价的内涵可以从以下几个方面来理解。

首先,房价是房产消费者、供地者及房产开发商的博弈结果。房产作为一种可被消费的商品,其有自己独特的供需关系。房产这种商品不可能脱离土地而存在,因为土地的稀缺性导致房产商品的稀缺性,而政府作为供地者控制着土地的稀缺性,房产开发商作为追求利益最大化的经营者会影响这种稀缺性,三者的博弈形成了最终的房产价格。其次,房价是土地价格和建筑价格的结合。土地有着自己独立的价格存在,而建筑不可以脱离土地单独存在,所以,房产价格中的土地价格和建筑价格不可单独剥离,土地价格和建筑价格的结合是一个不可逆的过程。例如,土地价格和建筑成本价格的变动会推动房产价格的变化,但是房产价格的变化不可直接得出是由于土地价格和建筑成本价格的变动引起的。再次,房产价格是房产权益的收益现值,与地产价格一致,房产价格是房产权益带来的收益的现值,换种方式表达,建筑物按照土地使用年限内的权益内带来的收益进行折现就是房产价格的体现。

在下文中,房产价格一般指房产的市场化交易价格。

第三节 地价与房价因果关系分析

对地价与房地产价格关系的解释,实际上就是回答究竟是房地产的价格高导致了土地的价格高,还是土地的价格高导致了房地产的价格高。

一、地价受房价的影响分析

地价和房价,从实际上看都是其产权或者使用权的价格,都是由市场来决定的。但是,从价格的形成方式来看,主要为以下几种途径。

（1）房价的上涨带来土地需求的上涨，从而带动土地价格的上涨。土地的市场供给是由政府决定的，也受到自然供给条件的限制，总体来讲，土地的供给是缺乏弹性的，在此条件之下，土地的价格变化在很大程度上是由土地的需求决定的。而土地的需求直接来自房地产需求。房价的上涨带来了对土地的需求，从而带来了土地价格的上涨。

（2）房价上涨带来拆迁成本的上涨，影响土地获取成本从而推高地价。土地获取的一个重要途径就是拆迁，而通过拆迁手段获得的土地成本很大程度上决定于土地上原有地产的价格。原有建筑无论是住宅地产还是商业用地产，其拆迁补偿的价格都是与原有地产价格息息相关的。因此，房价的上涨通过影响土地拆迁成本影响地价（见图5-1）。

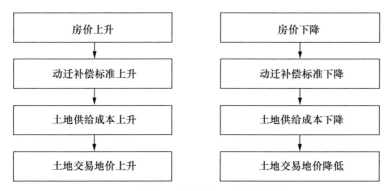

图5-1　房价通过影响拆迁成本影响地价

（3）房价的上涨影响了地产开发商的盈利预期，从而影响了土地的成交价格。我们之前提到，房地产消费者、开发商、政府三者的博弈形成了房产最终的价格。这三者在房产及土地市场中都扮演了重要的角色。当期房价的上涨会直接影响地产商的盈利预期，从而在开发商下一步的土地竞拍中提高对土地的出价，这个也在很大程度上影响了土地的最终成交价格（见图5-2）。

二、房价受地价影响分析

相比土地市场来看，房产价格不仅取决于其需求，也取决于其供给。房产市场的供给相比土地市场来看要大得多。当市场疲软、价格有下降趋势时，首先减少的是交易量，卖房会减少房产的供给量。因此，房价的形成是由需求和供给形成的。

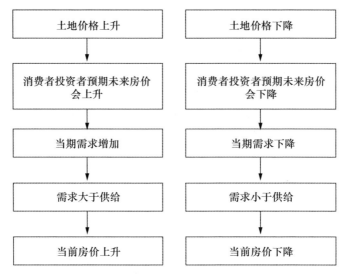

图 5-2 地价通过改变预期影响房价

1. 开发商转移拿地成本从而影响房价

从房价的销售构成来看，分为土地成本、建筑成本、财务成本几个部分。从各自的占比来看，土地成本占房价的一个重要组成比例。作为开发商来说，其会将土地的成本加入房价中，从而转移给房产消费者，只要市场需求不是完全弹性，地产商就会有转移土地成本的动力。但是，这个转移也会受到几个方面的影响，首先，取决于土地成本占房价的比例，占比越高，土地成本的变化影响地价的变化越大。这个比例在不同地区之间往往差别很大。其次是市场需求的价格弹性不同，只要不是市场需求完全无弹性，地价的上涨就不会完全转嫁到房价上，地产商也是追求利润最大化的个体，其会选择利润最大的方式进行定价（见图 5-3）。

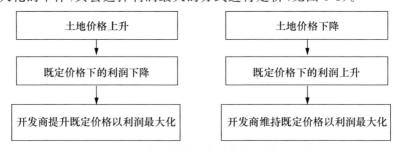

图 5-3 开发商转嫁地价成本从而影响房价

2. 房产价格预期的改变

土地价格的变化对市场最直观的信息传递就是成本的上升，会对现行市场上的消费者的预期形成影响，从而改变既定价格下的需求水平，最后影响房价。

当然，前文中也提到，地产商会根据市场需求水平的不同来决定转嫁地价上升的比例，所以，地价的升高不完全确定会推高房价。

第四节 房价与地价关系实证检验

一、全国房价与地价关系实证分析

（一）指标选择

为了明确房价与地价之间的相互影响因果关系，我们利用季度的房产与地产数据，用 Granger 检验对其关系进行检验。在这里我们选取的数据为全国商品房销售价格指数与全国居住用地价格指数。其时间跨度为 2004 年第一季度到 2015 年第四季度。将这两个指标分别记作 HP 和 LP。由于地价与房价具有很高的波动性，为消除异方差将各变量取对数，得到新变量 LNHP、LNLP（见表 5-1）。

表 5-1 全国 2005—2009 年季度新建住宅销售价格指数和住宅用地价格指数（定基比）

时间序列	房价指数 HP	地价指数 LP
2004Q1	1.000000000	1.00
2004Q2	1.014592348	1.14
2004Q3	1.080591946	0.93
2004Q4	0.992552094	1.13
2005Q1	1.126143423	1.12
2005Q2	1.099828064	1.16
2005Q3	1.277149692	0.99
2005Q4	1.126939878	1.22
2006Q1	1.260946455	1.43
2006Q2	1.316751269	1.37
2006Q3	1.290268130	1.45
2006Q4	1.209663661	1.53
2007Q1	1.427474871	1.53

（续表）

时间序列	房价指数 HP	地价指数 LP
2007Q2	1.423186996	1.87
2007Q3	1.543349797	2.63
2007Q4	1.395895515	2.53
2008Q1	1.469502270	2.04
2008Q2	1.503387545	2.19
2008Q3	1.437791430	1.73
2008Q4	1.338436560	1.87
2009Q1	1.671052127	1.73
2009Q2	1.759868993	2.14
2009Q3	1.806425468	2.71
2009Q4	1.727312484	2.81
2010Q1	1.939911506	2.86
2010Q2	1.844058154	3.08
2010Q3	1.898905904	3.35
2010Q4	1.867614425	3.67
2011Q1	2.149566757	3.60
2011Q2	2.014226397	3.42
2011Q3	2.046833444	3.65
2011Q4	1.891223998	3.23
2012Q1	2.125838162	3.17
2012Q2	2.212233310	3.38
2012Q3	2.235300408	3.35
2012Q4	2.100636042	3.42
2013Q1	2.501118971	3.64
2013Q2	2.371528696	3.77
2013Q3	2.341378741	4.10
2013Q4	2.217119449	4.29
2014Q1	2.463617949	4.20
2014Q2	2.362711390	4.38
2014Q3	2.349748081	4.09
2014Q4	2.323425697	4.55
2015Q1	2.460466717	4.17
2015Q2	2.595104630	4.80
2015Q3	2.573140481	4.68
2015Q4	2.502330485	5.47

（二）ADF 检验

计量经济分析参数估计及相关检验与随机变量统计推断密切相关。时间序列数据作为随机过程的一个实现，如果生成时间序列数据的过程是平稳或趋势平稳的，那么因为平稳时间序列围绕一个中心趋势随机波动，可以用时间序列数据的样本均值和方差推断各时点随机变量的分布特征，时间序列数据计量经济分析的参数估计和统计推断可以得到解决。为此，传统计量经济分析隐含假设时间序列数据或者说生成这些时间序列数据的随机过程是平稳的。

非平稳时间序列违反了古典线性回归模型的基本假设，用这样的模型进行回归得到的一些统计量都是失效的，在此基础上，检验以及预测结果都是无效的，很有可能还会导致错误的结论和预测。还有更严重的一种情况便是有时时间序列数据即使是非平稳的，检验结果中的一些相关指标却很好，这种结果极易造成误导，有很大的欺骗性。

现代计量经济学和时间序列分析判断平稳性最广泛的检验方法是"单位根检验"(Unit Root Test)。其基本思路是，包含单位根过程是大多数经济时间序列非平稳性的原因，因此可以通过检验是否存在单位根来检验时间序列过程的平稳性。检验单位根最常用的方法是迪基-富勒检验(Dickey-Fuller Test, DF)，或扩展迪基-富勒检验(Augmented Dickey-Fuller Test, ADF)。

检验时间序列 $\{y_t\}$ 是否属于最基本的单位根过程，也就是随机游走过程 $y_t = y_{t-1} + a_t$，其中 a_t 为白噪声过程。检验思路如下：首先，y_t 服从自回归模型 $y_t = \xi y_{t-1} + a_t$，如果其中 $\xi = 1$，或者变换成如下的回归模型：$\Delta y_t = \lambda y_{t-1} + a_t$，其中 $\lambda = 0$，那么时间序列 $\{y_t\}$ 就是最基本的单位根过程 $y_t = y_{t-1} + \varepsilon_t$，肯定是非平稳的。因此对上述差分模型中 λ 的显著性检验，就是检验时间序列是否存在上述的单位根问题。

根据线性回归分析中显著性检验的方法，可以先用最小二乘法估计 λ，再计算相应的 t 统计量值，再根据样本容量等确定 t 分布临界值，并判断 λ 的显著性。但问题是如果时间序列确定是非平稳的单位根过程，那么上述回归分析得到的 t 统计量不服从 t 分布，因此不能用 t 分布表的临界值判断 λ 显著性。

检验方法是以上述回归模型为基础，用模型中回归分析能得到 ξ 统计量和 DF 临界值表（迪基和富勒通过蒙特卡罗模拟方法构造了专门的统计分布表,给出了包括10%、5%、1%几个显著性水平的临界值,称为DF临界值表)。将ξ统计量与临界值$ξ_a$(a是显著性水平)进行比较,$ξ<ξ_a$时,认为λ具有显著性,时间序列数据不服从上述单位根过程,时间序列数据是平稳的;反之则认为λ不显著,时间序列数据服从上述单位根过程,时间序列数据是不平稳的。检验过程运用EViews 7.0统计分析软件。得到检验结果如表5-2所示。

表5-2 ADF检验结果表

数据	检验类型	T统计量	显著性水平%	临界值	结论
LNLP	原始数据	−0.999833	1	−3.577723	接受零假设,为非稳定序列
			5	−2.925169	接受零假设,为非稳定序列
			10	−2.600658	接受零假设,为非稳定序列
	一阶差分	−7.816791	1	−3.581152	拒绝零假设,一阶差分为稳定序列
			5	−2.926622	拒绝零假设,一阶差分为稳定序列
			10	−2.601424	拒绝零假设,一阶差分为稳定序列
	二阶差分	−13.06066	1	−3.584743	拒绝零假设,二阶差分为稳定序列
			5	−2.928142	拒绝零假设,二阶差分为稳定序列
			10	−2.602225	拒绝零假设,二阶差分为稳定序列
LNHP	原始数据	−1.495983	1	−3.610453	接受零假设,为非稳定序列
			5	−2.938987	接受零假设,为非稳定序列
			10	−2.607932	接受零假设,为非稳定序列
	一阶差分	−2.180588	1	−3.610453	接受零假设,为非稳定序列
			5	−2.938987	接受零假设,为非稳定序列
			10	−2.607932	接受零假设,为非稳定序列
	二阶差分	−6.755678	1	−3.610453	拒绝零假设,二阶差分为稳定序列
			5	−2.938987	拒绝零假设,二阶差分为稳定序列
			10	−2.607932	拒绝零假设,二阶差分为稳定序列

由结果我们可以看出:由单位根检验结果可知,原序列LNHP和LNLP及一阶差分序列DLNHP都是非平稳序列,而D2LNHP和DLNLP均已平稳。可以判定DLNHP和LNLP为一阶单整序列,满足协整检验前提。

(三)最大滞后期选择

由于VAR模型对滞后期的选择比较敏感,故先采用AIC或SC最小原则确定最佳滞后期。在5个评价指标里有3个认为应该建立VAR(3)

模型,因此可确定建立 VAR(3)模型(见表 5-3)。

表 5-3 Lag Length Criteria 滞后期选择

Lag	LogL	LR	FPE	AIC	SC	HQ
0	22.51713	NA	0.00129	−0.977006	−0.89426	−0.946676
1	85.81452	117.5523	7.67E-05	−3.800691	−3.552453	−3.709702
2	89.22076	6.001484	7.90E-05	−3.772417	−3.358686	−3.620769
3	105.3298	26.84842*	4.46E-05*	−4.349039*	−3.769816*	−4.136731*
4	106.8162	2.335785	5.06E-05	−4.229344	−3.484629	−3.956376
5	112.643	8.601458	4.69E-05	−4.316334	−3.406126	−3.982707

(四) 协整性检验

协整检验的目的是决定一组非平稳序列的线性组合是否具有稳定的均衡关系,伪回归的一种特殊情况即两个时间序列的趋势成分相同,此时可能利用这种共同趋势修正回归结果使之可靠。

Johansen 协整检验,又称 JJ(Johansen-Juselius)检验,是 Johansen 和 Juselius 一起提出的一种以 VAR 模型为基础的检验回归系数的协整检验,是一种进行多变量协整检验的较好方法。在这里对 DLNHP 和 LNLP 进行双变量 Johansen 协整性检验。协整检验结果显示,似然比检验统计量的值远远大于 5% 显著下的临界值 15.49471,因此 DLNHP 和 LNLP 之间存在协整关系(见表 5-4 和表 5-5)。

表 5-4 双变量 Johansen 协整性检验

零假定	统计量	5%临界值	P 值
rk(Ⅱ)=0	42.30592	15.49471	0
rk(Ⅱ)≤1	1.911151	3.841466	0.1668

表 5-5 协整检验相关参数

未标准化的协整参数		标准化的协整参数	
DLNHP	LNLP	DLNHP	LNLP
25.5232	0.178190	1.000000	143.2359
1.464854	2.105197	(18.3964)	
		似然率=96.37385	

注:带括号值为 t 统计值;检验允许数据有线性决定趋势,在协整分析中无截距项和趋势项。

（五）Granger 因果检验

Granger 检验是使用统计进行因果研究的方法。其原理是，利用滞后效应，根据各变量的上期指标影响其他指标的显著性来判断因果（见表5-6）。

表 5-6　Granger 因果关系检验结果表

滞后阶数	零假设	F 统计量	P 值
1	DLNHP does not Granger Cause LNLP	3.10770	0.0850
1	LNLP does not Granger Cause DLNHP	1.10420	0.2992
2	DLNHP does not Granger Cause LNLP	3.85585	0.0294
2	LNLP does not Granger Cause DLNHP	1.28132	0.2888
3	DLNHP does not Granger Cause LNLP	3.22165	0.0336
3	LNLP does not Granger Cause DLNHP	3.97025	0.0150

以上的检验结果，分别为滞后 1 期到滞后 3 期的房价与地价的因果关系。

滞后 2 期、滞后 3 期检验结果表明，对于"DLNHP（房价的增长率）不是 LNLP（地价）的 Granger 原因"的假设，是可以拒绝的，如果拒绝规范第一类错误的可能性为 0.02 和 0.03；滞后 1 期、滞后 2 期的结果可以表明"LNLP（地价）不是 DLNHP（房价的增长率）的 Granger 原因"不可以被拒绝，因为如果拒绝，则规范一类错误的可能性为 0.2992、0.2888。滞后 3 期的结果可以表明"LNLP（地价）不是 DLNHP（房价）的 Granger 原因"可以被拒绝，因为如果拒绝，则规范一类错误的可能性为 0.01。

我们可以这么理解：从短期来看，全国范围的房价和地价没有因果关系，但从长期来看，地价和房价存在相互影响的关系，也就是说高地价会导致房价的增长加速，同时，房价增长率的提升也会带来地价的快速上升，两者互为因果。

（六）VAR 模型平稳性分析

图 5-4 为 VAR 模型的单位圆曲线及全部特征根的位置图。此 VAR 模型中不存在大于 1 的根，是一个平稳系统（见表 5-7）。

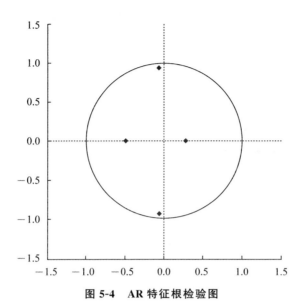

图 5-4 AR 特征根检验图

表 5-7 VAR 模型单位根

单位根	模量
0.955089	0.955089
−0.422238−0.369023i	0.560770
−0.422238+0.369023i	0.560770
0.067491	0.067491

上述的实证检验客观上反映了全国房价与地价的相互关系。

二、北京房价与地价关系实证检验

(一) 指标选择

通过构建房价与地价的数学模型,推导出房价与地价是同向的线性关系,为了明确两者之间的相互关系,本部分使用北京市房产及地产的季度数据,利用 Granger 因果检验方法对北京市房地产市场的房价与地价关系进行实证性检验。我们在这里对房价的讨论主要限于北京市新建商品住宅销售价格指数,地价使用北京市土地交易价格指数。我们选取的数据为 2003 年第一季度到 2015 年第四季度的北京市新建商品住宅销售价格指数和北京市土地交易价格指数,分别记作 HP 和 LP。由于地价与房价具有很高的波动性,为消除异方差将各变量取对数,得到新变量 LN-HP、LNLP(见表 5-8)。

表 5-8　北京 2005—2010 年季度新建住宅销售价格指数和住宅用地价格指数(定基比)

时间序列	房价指数 HP	地价指数 LP
2003Q1	1.000000000	1.000000000
2003Q2	0.875073645	0.878557716
2003Q3	1.025710628	0.634600502
2003Q4	0.952596717	0.927507262
2004Q1	0.952376147	2.937100784
2004Q2	1.036510565	1.139049568
2004Q3	1.072879955	5.668567058
2004Q4	1.023840451	0.669825622
2005Q1	1.058684595	2.141576601
2005Q2	1.115506357	2.469190204
2005Q3	1.527464140	4.330811695
2005Q4	1.492504571	1.199896105
2006Q1	1.458315353	5.926431501
2006Q2	1.686859896	13.98029952
2006Q3	1.705306080	6.011567141
2006Q4	1.787391074	−7.260967413
2007Q1	2.096543473	2.586264407
2007Q2	2.245013061	4.315351842
2007Q3	2.456922744	4.933295709
2007Q4	2.446249819	4.261267495
2008Q1	2.326320268	2.467578898
2008Q2	2.605330422	2.394405900
2008Q3	2.980848278	6.322050133
2008Q4	2.357500545	4.994210339
2009Q1	2.340895808	13.870266210
2009Q2	2.514713732	13.807893870
2009Q3	2.963488185	3.467831559
2009Q4	3.121717504	4.098775199

(续表)

时间序列	房价指数 HP	地价指数 LP
2010Q1	3.584164811	11.792490390
2010Q2	4.284485629	8.636805539
2010Q3	3.888736624	8.694895908
2010Q4	3.141343466	6.623126672
2011Q1	3.954389733	12.096920260
2011Q2	3.810257046	12.150929010
2011Q3	3.574670010	18.406133680
2011Q4	2.835779962	13.416205750
2012Q1	2.992541370	16.849374190
2012Q2	3.813664073	33.145745680
2012Q3	3.805862965	35.321154700
2012Q4	3.174540201	10.538996170
2013Q1	3.909122626	3.526930196
2013Q2	3.873488310	15.234585280
2013Q3	3.899350289	14.134983640
2013Q4	3.478685816	5.393261596
2014Q1	4.383861544	6.984764811
2014Q2	3.792105334	15.688156710
2014Q3	3.528205611	14.009037240
2014Q4	3.775934455	16.136932920
2015Q1	4.008515017	28.717899570
2015Q2	4.533101995	40.456631880
2015Q3	5.043767155	61.675089760
2015Q4	4.539516864	16.810767300

（二）ADF 检验

由结果我们可以看出：由单位根检验结果可知，原序列 LNHP 和 LNLP 及一阶差分序列 DLNHP 和 DLNLP 都是平稳序列，而 DLNHP 和 DLNLP 均已平稳。可以判定 LNHP 和 LNLP 为一阶单整序列，满足协整检验前提（见表 5-9）。

表 5-9 ADF 检验结果表

数据	检验类型	T统计量	显著性水平%	临界值	结论
LNHP	原始数据	-1.373251	1	-3.600987	接受零假设,为非稳定序列
			5	-2.935001	接受零假设,为非稳定序列
			10	-2.605836	接受零假设,为非稳定序列
	一阶差分	-7.248394	1	-2.617364	拒绝零假设,一阶差分为稳定序列
			5	-1.948313	拒绝零假设,一阶差分为稳定序列
			10	-1.612229	拒绝零假设,一阶差分为稳定序列
	二阶差分	-9.752092	1	-2.622585	拒绝零假设,二阶差分为稳定序列
			5	-1.949097	拒绝零假设,二阶差分为稳定序列
			10	-1.611824	拒绝零假设,二阶差分为稳定序列
LNLP	原始数据	-1.354286	1	-3.571310	接受零假设,为非稳定序列
			5	-2.922449	接受零假设,为非稳定序列
			10	-2.599224	接受零假设,为非稳定序列
	一阶差分	-7.282827	1	-3.571310	拒绝零假设,一阶差分为稳定序列
			5	-2.922449	拒绝零假设,一阶差分为稳定序列
			10	-2.599224	拒绝零假设,一阶差分为稳定序列
	二阶差分	-9.095292	1	-3.577723	拒绝零假设,二阶差分为稳定序列
			5	-2.925169	拒绝零假设,二阶差分为稳定序列
			10	-2.600658	拒绝零假设,二阶差分为稳定序列

(三)最大滞后期选择

由于 VAR 模型对滞后期的选择比较敏感,故先采用 AIC 或 SC 最小原则确定最佳滞后期。在 5 个评价指标里有 5 个认为应该建立 VAR(1)模型,因此可确定建立 VAR(1)模型(见表 5-10)。

表 5-10 Lag Length Criteria 滞后期选择

Lag	LogL	LR	FPE	AIC	SC	HQ
0	-69.62862	NA	1.13E-01	3.494079	3.577668	3.524518
1	-14.59751	102.0089*	0.009368*	1.004757*	1.255523*	1.096072*
2	-13.7702	1.452842	1.10E-02	1.159522	1.577466	1.311714
3	-10.28548	5.779527	1.13E-02	1.184658	1.76978	1.397727
4	-6.049069	6.612941	1.12E-02	1.173125	1.925425	1.447071
5	-4.813734	1.807807	1.30E-02	1.307987	2.227465	1.642810

第五章 土地供给与房地产行业发展

（四）协整性检验

在这里对 DLNHP 和 DLNLP 进行双变量 Johansen 协整性检验。协整检验结果显示，似然比检验统计量的值大于 5% 显著下的临界值 15.49471，因此 LNHP 和 LNLP 之间存在协整关系（见表 5-11 和表 5-12）。

表 5-11　双变量 Johansen 协整性检验

零假定	统计量	5%临界值	P 值
rk(Ⅱ)＝0	15.8503	15.49471	0.0065
rk(Ⅱ)≤1	2.253832	3.841466	0.1333

表 5-12　协整检验相关参数

未标准化的协整参数		标准化的协整参数	
LNHP	LNLP	LNHP	LNLP
−3.113778	1.894527	1	−0.608433
1.978759	−0.028017	(0.08392)	
		似然率＝ −14.85337	

注：带括号值为 t 统计值；检验允许数据有线性决定趋势，在协整分析中无截距项和趋势项。

（五）Granger 因果检验

表 5-13 的检验结果，分别为滞后 1 期到滞后 3 期的房价与地价的因果关系。

表 5-13　Granger 因果关系检验结果表

滞后阶数	零假设	F-Statistic	P
1	LNLP does not Granger Cause LNHP	0.08327	0.7742
	LNHP does not Granger Cause LNLP	11.3953	0.0015
2	LNLP does not Granger Cause LNHP	0.37691	0.6883
	LNHP does not Granger Cause LNLP	3.24475	0.0489
3	LNLP does not Granger Cause LNHP	0.43762	0.7274
	LNHP does not Granger Cause LNLP	1.27051	0.2983

滞后 1—3 期检验结果表明，对于"LNLP（地价）不是 LNHP（房价）的 Granger 原因"的假设，是不可以拒绝的，在第一期，如果拒绝规范第一类错误的可能性为 0.7742；而在第二期，如果拒绝规范第一类错误的可

能性为 0.6883;在第三期,如果拒绝规范第一类错误的可能性为 0.7274。因此,LNLP 不是 LNHP 的 Granger 原因。

而"LNHP(房价)不是 LNLP(地价)的 Granger 原因"可以被拒绝,如果拒绝,则规范这一类错误的可能性为 0.0015、0.0489,说明 LNHP(房价)是 LNLP(地价)的 Granger 原因。

综上所述,从短期来看,房价会影响地价,而长期则变得不显著。无论是长期还是短期,地价对房价都没有影响。

(六)VAR 模型平稳性分析

VAR 模型单位圆曲线及 VAR 模型全部特征根的位置图如图 5-5 所示,显示此 VAR 模型中不存在大于 1 的根,是一个平稳系统(见表 5-14)。

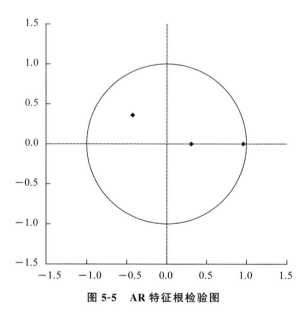

图 5-5　AR 特征根检验图

表 5-14　VAR 模型单位根

单位根	模量
0.958820	0.958820
0.300021	0.300021

通过上述的实证检验,客观上反映了北京房价与地价的相互关系。

从短期来看,房价会影响地价,而长期则变得不显著。无论是长期还是短期,地价对房价都没有影响。

三、结果对比分析

由全国和北京的对比可以发现,无论全国还是北京,房价变动都是造成地价变动的原因。全国和北京对比,我们可以发现,在全国,地价变动是房价变动的原因,而在北京,地价变动不是房价变动的原因。这可以归结到北京开始土地招拍挂进程较早,北京的土地交易市场市场化程度比较高,垄断现象相对全国不严重。因此,土地价格变动对房价变动的影响较低。

第五节 本章总结

本章就土地供给结构与房地产行业发展的关系展开了深入分析,对低价与房价相互影响的途径、地价与房价的关系进行了理论分析,同时也进行了实证研究,其结果表明:(1)从短期来看,全国范围的房价和地价没有因果关系;从长期来看,地价和房价则相互影响,高地价会导致房价的增长加速。同时,房价增长率的提升也会带来地价的快速上升,两者互为因果。(2)具体到北京,从短期来看,房价会影响地价,而长期则变得不显著。但无论是长期还是短期,地价对房价都没有影响。(3)对比分析看,无论全国还是北京,房价变动都是造成地价变动的原因。就统计意义而言,北京市房价每上升1%,地价将上升0.6084%。

第六章 人口结构与房地产价格波动

房地产价格受供求比例、居民收入、人口结构、信贷规模、宏观政策等多种因素影响。但由于房地产尤其是住宅地产的最终属性是满足居住,人口数量、结构及迁徙与房地产联系密切。按照生命周期理论,不同年龄阶段的人口有着不同的住房需求,因而人口结构的变化会影响房地产的整体发展状况。1978—2010年,我国劳动年龄人口稳步增长,促进了房地产行业的快速发展。2010年后,劳动年龄人口比重下降,老龄化趋势明显,对房地产市场将带来一定冲击。因此研究人口结构与房地产价格波动的关系意义深远,通过预测未来人口结构来预测住房需求的变化,为房地产市场转型与人口转变协调发展提供研究支撑。本章利用向量自回归(VAR)模型探究我国人口结构以及信贷规模作为影响我国房地产价格长、短期波动的因素对房地产价格波动的贡献度以及解释力度,并以此为依据,为我国房地产业的宏观调控从长期、短期目标两个角度提供理论支撑以及政策建议。

本章安排如下:第一节是相关的文献综述;第二节是房地产价格供求理论的具体分析,提出人口结构与房地产价格波动的理论假设;第三节是我国及北京市人口结构与房地产价格现状概述;第四节是利用 VAR 模型进行实证分析;第五节给出对我国房地产未来发展的政策建议。

第一节 文献综述

从人口年龄结构与房地产价格波动的关系看,一般研究认为,年轻人比重上升拉动住房需求,老龄人比重上升则抑制住房需求。Mankiw 和 Weil(1989)研究了美国人口结构与房地产价格的关系,发现 20 世纪 40、50 年代出生的"婴儿潮"一代成为购房主力是导致 70 年代美国房价上升的主要原因,60、70 年代的"出生低谷"一代成为购房主力使得 90 年代的房价增长缓慢。Holly 和 Jones（1997）利用英国 1939—1994 年的数据进行实证研究，发现真实收入是影响房价的最主要因素，但随着 20—29 岁人口的比重增加，住房需求也会增加。但也有学者提出不同看法。例如，Poterba（1991）的实证结果表明，真实收入和建筑成本的变化是城市住宅价格上涨的主因，人口结构则影响较小。

除年龄结构外，家庭结构、教育结构也与房地产需求密切相关。Muth（1960）和 Olson（1969）认为家庭规模、家庭生命周期等家庭特征是影响住宅需求的主要因素。Horioka（1988）研究日本住房消费选择与住房需求时发现，家庭规模越大，非房屋资产的需求越高，对房价的推高效应会相应削弱。Lauf 等（2012）利用德国的数据发现，虽然人口数量下降，但家庭规模的缩小使得住房需求上升。生育也与住房需求紧密相关。例如，Öst（2012）的研究发现，购买住房与生育几乎是同一时间发生的，即年轻夫妇买房很大程度是生育小孩带来的需求。

也有学者对人口迁徙与住房需求的关系进行了研究。Lee 等（2001）对奥地利房地产市场的研究发现，成年人净移民是解释住房需求的关键因素。Saiz（2003）就美国人口迁移与房地产销售价格的关系进行了研究，结果发现移民每增长 1%，住房价格增长 5%。人口的城镇化同样会导致住房需求的上升。Chen 等（2011）认为，当前中国快速的城镇化会推动城市商品需求的上升，拉高房地产价格。

第二节 房地产价格供求理论分析

由供求理论可知，房地产市场的价格也是由供给与需求的相互作用所形成的。

一、房地产需求端分析

房地产需求形成条件为：一是有房屋购买意愿，二是有房屋购买能力。根据房地产需求的弹性可以大致将房地产需求分为刚性需求、弹性需求两类。

房地产的刚性需求主要由房地产的生产性需求以及消费性需求构成。房地产生产性需求是指物质生产部门和服务部门为满足生产所必需的对房地产的需求，主要表现在工业用房上。消费性需求是指为居民居住生活提供便利的场所，具体按不同部门可以分为居住用房、商业用房以及公共事业部门用房三类。生产性和消费性需求是保证人们生活生产所必需的需求部分,因此具有受房地产价格波动的影响较小的特点,这部分需求构成了对房地产市场的有效需求。

房地产的刚性需求主要受到人口流动、置业人数以及家庭结构的分化等基本面的影响。首先,从城镇化带来的人口流动的角度来看,随着城镇化进程的不断发展,工业住房需求随之增加,同时带来劳动力要素的跨区域流动;而劳动力从一个地方向另一个地方聚集的过程中,就产生了对居住用房的需求以及对商业用房的需求的增加;同时,人口流动带来的人口聚集,也会相应催生出对城市基础设施建设的需求,因此带来公共事业服务的房地产需求。可见,城镇化的发展将推动工业住房、居住用房、商业用房以及公共事业用房需求的同向增加。其次,考虑在房地产需求中占有70%—80%绝大比重的居住性住房需求,居住用房需求主要有两部分人群构成,一部分是具有首次置业需求的人群,这部分人群在年龄结构上主要集中于20—35岁;另一部分是具有改善性置业需求的人群,这部分人群在年龄结构上主要集中于35—50岁。这两部分的人群具有一定经济实力,并具有稳定的未来预期现金流,处在20—50岁的人数越多,对住房的需求量也会相应增大,因此构成了购房的主力人群,所以这部分人群总量将会对住房需求产生较大影响。此外,从家庭结构的角度来看,原有核心家庭(即由父母、子女两代人构成的家庭)分化重组成两个家庭的过程中,也将产生新的住房需求。

由此可见,房地产的这部分需求直接反映了对房地产生产、消费等实体功能性的需求,是支撑房地产发展的有效需求部分。房地产的这部分需求与供给相互作用形成房地产实物资产的均衡价格,此时的价值具有存在长期基本面支撑的特点。

房地产的弹性需求主要由房地产投资性需求以及投机性需求构成。房地产投资性需求是指,由于房地产的财富效应,人们出于资产保值增值的目的而持有房地产,以期通过租金等方式获得其资本收益,由此产生的房地产需求为房地产的投资性需求。房地产投机性需求是指,人们出于投机的目的期望从房地产的价格波动中获得资本收益而持有房地产,由此产生的需求即为房地产的投机性需求。房地产投资性和投机性需求的产生,主要是由于房地产具有金融资产的属性,因此具有同其他金融资产类似的价值形成方式,也就是其价值由未来现金流的贴现值构成。同样,由于未来的不确定性,房地产的价格往往因人们对未来预期的变化而产生较大的波动;同时,由于人们对房地产未来的预期受到房地产当期价格影响较大,即当期房价的上涨,将会导致人们对下一期房价上涨的预期提高,使当期以获得资本收益为目的的投资投机性购买需求激增,从而推动下一期房价的实际上升,这也就表现为房地产的价格黏性。由此可见,房地产的投资和投机性需求因其对资本收益的追逐性,会表现出随房地产价格波动极为敏感的特点,也就是房价越高,相应的投资、投机性需求将会激增;房价越低,对投资、投机性需求的挤出也将更加明显。也就是表现出类似于资本市场的"追涨杀跌"的现象。

房地产的弹性需求除了对房价具有较高敏感性的特点,还表现为对资金面松紧极为敏感的特点。当货币政策较为宽松,特别是信贷政策较为宽松的条件下,人们的融资成本将相应降低。因此,在追逐资本收益过程中的高杠杆偏好下,人们的投资以及投机性需求会随资本可得性的变化而迅速变动,表现为对资金面情况变动的高度敏感性。

因此,房地产的投资与投机性需求表现为对房价以及资本可得性的高度敏感性,即这部分需求具有较大的弹性。房地产的弹性需求也使房地产价格波动表现出短期波动剧烈以及振幅增大的特点。

二、房地产供给端分析

房地产供给的形成条件为:一是有房屋出售意愿,二是有提供出售房屋的能力。考虑房地产供给者收益最大化的特点,房地产的供给主要受成本和收入两方面的影响。

从房地产生产角度来看,根据生产理论可知,房地产的生产主要受土地、劳动力、资本、技术等影响。其中,作为房地产生产最主要的生产资料——土地,一方面,土地供给量的多少直接影响房地产商的开发行为;另一方面,由于我国土地财政的特点,房地产商缺少对土地的定价权,土地价格将会对房地产商的投资决策带来影响。另外,由于房地产业具有投资金额大、生产周期长的特征,影响房地产投资行为的另一大因素就是资本,资本的可得性直接影响房地产投资开发商的资本流动性,从而对整个房地产开发投资周期进程产生影响。

从房地产销售角度来看,房地产收入主要受房价以及销售量的影响较大。房地产销售价量的升高,会带来房地产当期开发投资的增加,这部分会形成房地产的未来供给。

因此,房地产供给主要受制于土地价格、资本可得性以及房价等因素。

三、理论假设

基于以上对房地产市场的供求分析,本章提出以下假设:

假设1:作为房地产价格基本面支撑的人口结构是推动房地产价格长期趋势形成的主要因素。其中,人口结构具体表现为人口流动结构以及人口年龄结构两个方面。具体来说,城镇化进程带来的人口跨区域的流动带来对当地房地产的新增需求;而20—50岁年龄段的主力购房人数的增加将会带来对房地产的首次或改善性住房需求的提高。

假设2:房地产的金融资产属性会带来巨大的投资投机性需求,这部分需求受资金面,特别是信贷支持力度影响较大,表现出房地产价格波动的短期性,推动房价泡沫的产生。具体来说,就是随资金面的宽松,房地产需求上升;随资金面的收紧,房地产需求相应下降。

假设3:房地产价格具有黏性的特点,且这种黏性具有短期强效果和长期持续作用的特点。具体来说,当期房价上涨会形成人们对未来房价上涨的预期,从而产生两方面的效果:一方面,预期房价的上涨会催生当期对房地产的投资和投机行为的激增,需求的迅速上升会带来下一期房价的实际上涨,表现出短期价格黏性的特点;另一方面,预期房价的上涨同时会提高房地产商对房地产开发投资行为的积极性,而房地产开发投资的增加将会形成未来房地产供给的增量部分,从而表现为对房地产价格的长期作用效果。

综合以上假设,本章接下来拟通过对房价、信贷规模以及人口结构建立VAR模型,探究影响房地产价格波动的长短期因素。

第三节 人口结构与房价现状概述

就我国目前的房地产形势来看,从有效需求上,一方面,根据国家统计局最新数据显示,2015年我国城镇化率为56.1%,对比世界各国的城镇化发展进程可知,城镇化率在60%—70%时会进入缓慢增加的阶段,而城镇化率在70%以上则会进入后城镇化阶段,可见,我国城镇化率即将面临由高速到中低速增长的换挡阶段。另一方面,从年龄结构来看,国家统计局统计表明,2014年我国60周岁以上人口占总人口比重高达15.5%,已经超过了1956年联合国规定的老龄人口占比10%为进入老龄化的标准,这说明我国已进入老龄化社会。

如图6-1所示,2011年以来,无论是我国的人口流动结构还是我国人口年龄结构都发生了显著变化,呈现出明显的下跌态势。

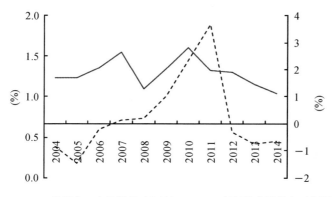

----- 购房人口占比增长（左轴） —— 城镇化率增长率（右轴）

图6-1 2004—2014年我国人口结构变动

资料来源:根据Wind数据库整理。

从北京市的具体情况来看,北京市商品房销售价格与北京市人口流动结构(用城镇化率表示)以及北京市人口年龄结构的波动表现出高度一致性。特别是自2011年以来,北京市的人口流动结构与人口年龄结构显著下滑,表现出与全国一致的变动情况(见图6-2和图6-3)。

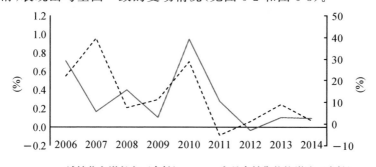

—— 城镇化率增长率（左轴） ----- 商品房销售价格增速（右轴）

图6-2 2006—2014年北京市房价与城镇化率变动

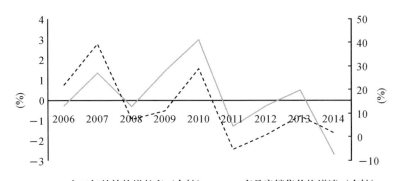

图 6-3　2006—2014 年北京市房价与人口年龄结构变动

可见,支撑房价长期趋势的人口结构(包括人口流动结构以及人口年龄结构)均已发生改变。同时,从供给的角度来看,我国目前房地产库存高企严重,去库存周期长,特别是部分区域的去库存任务更为艰巨。可见,我国房地产市场的有效需求持续弱化,供需结构错配现象严重。随着我国房地产发展的基本支撑逐步弱化,供需逆转已然开始,伴随着我国经济发展进入"新常态",我国房地产价格也已经开始出现松动。

第四节　VAR 模型的实证分析

一、VAR 实证模型的建立

VAR 模型是基于数据的统计特征而建立的回归模型,于 1980 年被 Sims 引入到经济学的研究范畴之内。VAR 模型主要考量的是所有内生变量的滞后项对于每个内生变量的影响情况,并据此构造形成函数,最终实现了由单变量自回归模型向多变量的时间序列组合的"向量"自回归。VAR 模型的应用使得对互相相关的变量系统的预测以及随机扰动对变量系统的动态冲击的刻画成为可能。

VAR 模型结构式的表示为:

$$B_0\, x_t = \Gamma_1\, x_{t-1} + \Gamma_2\, x_{t-2} + \cdots + \Gamma_p\, x_{t-p} + \mu_t, \quad t = 1,2,3,\cdots,T$$

其中,

第六章
人口结构与房地产价格波动

$$x_t = \begin{bmatrix} Y \\ CITY \\ AGE \\ CRED \\ GDP \\ LAND \\ M2 \\ CPI \end{bmatrix}, \quad B_0 = \begin{bmatrix} 1 & -b_{12} & \cdots & -b_{1k} \\ -b_{21} & 1 & \cdots & -b_{2k} \\ \vdots & \vdots & \ddots & \vdots \\ -b_{k1} & -b_{k2} & \cdots & 1 \end{bmatrix}$$

$$\Gamma_i = \begin{bmatrix} \tau_{11}^{(i)} & \tau_{12}^{(i)} & \cdots & \tau_{1k}^{(i)} \\ \tau_{21}^{(i)} & \tau_{22}^{(i)} & \cdots & \tau_{2k}^{(i)} \\ \vdots & \vdots & \ddots & \vdots \\ \tau_{k1}^{(i)} & \tau_{k2}^{(i)} & \cdots & \tau_{kk}^{(i)} \end{bmatrix}, \quad i=1,2,3,\cdots,p, \quad \mu_t = \begin{bmatrix} \mu_{1t} \\ \mu_{2t} \\ \vdots \\ \mu_{kt} \end{bmatrix}$$

二、数据选取说明

考虑到我国房地产发展周期以及数据的可得性问题，在时期选择上本节选取了自 2005 年第一季度至 2014 年第四季度这段时期的季度数据。这段时期恰逢 2003 年以来我国房地产业进入高速发展的黄金时期，同时又涵盖了近几年房地产市场增速放缓的调整时期，可以说相对完整地描绘了我国房地产市场的一个发展周期，因而更具研究性和说服力度。受制于北京市人口数据缺失的限制，实证部分将主要对全国房价与人口结构的互动情况进行分析。本节的原始数据均来自中经网统计数据库、Wind 数据库、国家统计局等数据库。

具体来说，在解释变量上，本节采用城镇化率、劳动年龄人口结构作为人口流动结构以及置业年龄人口结构的指标，两者共同作为人口结构的替代变量；同时，采用 3—5 年期贷款基准利率作为我国房地产业资本可得性的替代变量。另外，本节还加入了经济发展水平指标（GDP）、土地价格（LAND）、物价水平指标（CPI）以及货币供应量（M2）等控制变量。

表 6-1 中详细对数据指标的构造进行了详细说明，另外，在数据调整上，本节对个别缺省数据采取拉格朗日插值法进行估算，同时，通过移动平均法对以下各个数据进行了季节性调整，消除季节性波动影响。

表 6-1 数据指标构造

数据	变量	相关指标	具体指标	计算公式
被解释变量	房地产价格	商品房销售价格（Y）		商品房销售价格＝销售额/销售面积
解释变量	人口结构	城市化水平（CITY）	城镇化率	城镇化率＝城镇人口/总人口
		购房主力年龄人口结构（AGE）	购房主力占比	购房人口＝20—50岁人口/总人口
	信贷支持力度	信贷可得性（CRED）	贷款利率	3—5年期贷款基准利率
控制变量	经济发展水平（GDP）		GDP增速	GDP同比增速
	土地价格（LAND）		土地购置价	土地购置价＝土地购置费/土地购置面积
	货币政策：货币供应量（M2）		M2增速	M2作为货币供应量的代理变量
	通货膨胀（CPI）		消费价格指数	CPI

三、实证结果分析

（一）单位根检验

为确保模型的有效性并避免出现伪回归情况的出现，本节首先对房地产价格以及与其相关的影响变量进行了 ADF 单位根检验。表 6-2 检验结果表明，这些变量原阶序列均不平稳，因此对这些变量做一阶差分。经一阶差分后的所有变量均拒绝了存在单位根的原假设，表明这些变量均为一阶单整序列，因此，需要对模型中各个变量之间进行协整检验。

表 6-2 各变量平稳性的单位根检验结果

变量	ADF 值	P 值	变量	ADF 值	P 值
Y	－0.500931	0.8803	D(Y)	－3.129134	0.0350
DCITY	－1.825248	0.3632	D(DCITY)	－6.013426	0.0000
DAGE	－1.733949	0.4068	D(DAGE)	－6.014607	0.0000
CRED	－1.520938	0.5124	D(CRED)	－3.656712	0.0090
GDP	0.894684	0.9943	D(GDP)	－4.005989	0.0036

(续表)

变量	ADF 值	P 值	变量	ADF 值	P 值
LAND	0.285216	0.9745	D(LAND)	−6.444069	0.0000
M2	3.338641	1.0000	D(M2)	−3.123449	0.0342
CPI	−1.506858	0.5197	D(CPI)	−3.111097	0.0368

注：D(Y))、D(DCITY)、D(DAGE)、D(CRED)、D(GDP)、D(LAND)、D(M2)、D(CPI)表示原序列的一阶差分序列。

（二）协整关系检验

为判断这些同阶单整序列之间是否存在长期协整关系，本节采取了 Johansen 协整检验来对其协整关系进行检验。表 6-3 检验结果表明，在 5% 的显著水平下存在 3 个协整关系，即至少具有 1 个协整关系，说明各变量之间存在长期均衡关系。考虑到 VAR 模型不涉及向量的选择问题，因此在各变量之间存在协整关系的情况下，可以建立 VAR 模型进行分析。

表 6-3　Y、DCITY、DAGE、CRED、DGDP、LAND、M2、CPI 的 Johnsen 协整关系检验结果

零假设 H_0	特征值	迹统计量	5%水平临界值	P 值
$r=0^*$	0.770271	175.1092	125.6154	0.0000
$r \leqslant 1^*$	0.689392	119.2168	95.75366	0.0005
$r \leqslant 2^*$	0.536367	74.78628	69.81889	0.0190
$r \leqslant 3$	0.455604	45.57708	47.85613	0.0806
$r \leqslant 4$	0.373291	22.47009	29.79707	0.2731
$r \leqslant 5$	0.115116	4.713710	15.49471	0.8384
$r \leqslant 6$	0.001745	0.066360	3.841466	0.7967

注：迹统计量显示在 10% 水平下存在三个协整方程，* 表示在 5% 水平下拒绝零假设。

（三）Granger 因果检验

Granger 因果检验用于检验一个变量是否受另一个变量滞后项的影响。表 6-4 中数据表明以下变量均拒绝了不是房价 Granger 原因的原假设，因此城镇化率以及人口年龄结构的增长率、贷款利率、GDP 是房价的 Granger 原因。

表 6-4　Granger 因果检验结果

零假设 H_0	F 统计量	Prob.
城镇化率增长率不是房价的 Granger 原因	5.35373	0.0097
人口年龄结构增长率不是房价的 Granger 原因	4.97716	0.0129
贷款基准利率不是房价的 Granger 原因	6.60769	0.0039
GDP 不是房价的 Granger 原因	3.57009	0.0395

（四）实证结果分析

经过不断对模型进行调试发现，VAR(3)与 VAR(2)模型 AIC 指标相差不大，因此认为两者模型在结论上不具有显著差异。出于节约数据的考虑，本节选取了 VAR(2)模型进行研究分析。

1. 脉冲响应函数

由于 VAR 模型非理论模型的特点，因此不对一个变量对另一个变量的作用情况进行分析，而是考虑随机扰动对系统的动态冲击情况。脉冲响应函数，就是对扰动在模型系统中每个变量的传导情况进行分析的。

为利用脉冲响应函数对各个影响因子对房地产价格的动态冲击进行刻画，首先要对 VAR 模型进行平稳性检验，经过检验发现，VAR 模型通过了平稳性检验，说明模型是稳定的，因而可以进行脉冲响应分析和方差分解。

图 6-4 至图 6-9 分别表示城镇化率的增幅 DCITY、人口年龄结构增幅 DAGE 冲击、房地产贷款支持力度 CRED 以及房地产价格的滞后期和国内生产总值 GDP 对房地产价格的动态影响。其中，图中实线表示脉冲响应函数，虚线为正负 2 个标准差的偏离范围。

（1）人口结构对房地产价格冲击分析。

图 6-4 和图 6-5 分别表明我国房价受人口因素的影响，主要对人口流动结构以及人口年龄结构的变化对房价的动态影响情况进行描述。由图中结果可以发现，城镇化率以及适龄人口规模的增加都会对房地产价格带来正向且持续的影响。在社会生产力快速发展的背景下，人口迅速由农村向城市聚集，伴随着城市数量增加、规模扩大的城市化进程，城市基础设施建设、居民住房需求的增加以及因人口流动而带来的配套设施完善及相关产业的发展都极大地推动着房地产业的发展。人口因素的另一个维度就是人口的年龄结构，有意愿并且有能力购买住房的适龄人口规

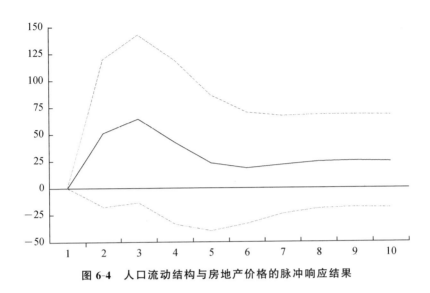

图 6-4 人口流动结构与房地产价格的脉冲响应结果

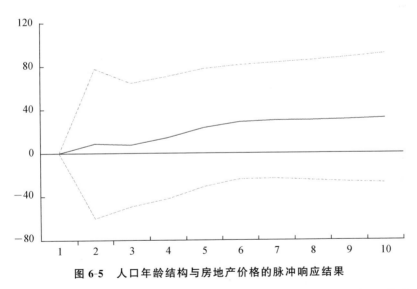

图 6-5 人口年龄结构与房地产价格的脉冲响应结果

模决定着对房地产的需求规模,适龄人口规模越大,有购房需求和能力的人数越多,对房地产的有效需求越高,这将带来房价的持续性、长期性上涨。假设 1 得以证明。

(2) 房地产贷款支持力度对房地产价格冲击分析。

图 6-6 表明人民币贷款基准利率冲击会对房地产价格带来显著的负向效应,且这种效应在长期具有明显的衰减性,该冲击对房地产价格具有短期效果。3—5 年期人民币贷款基准利率同时对房地产投资开发贷款规模以及个人购房贷款规模带来限制,利率越高,对于房地产商而言,其融资成本越高,也就是资本可得性越差,房地产商受制于资金状况的恶化,将会在一定程度下丧失对房地产的议价能力,对房价造成负面影响;对于住房需求方而言,购房贷款利率的提高,一方面会对具有真实住房需求的有效需求带来抑制作用,另一方面会导致因高杠杆而对资金成本极为敏感的房地产投资投机性需求的迅速挤出,致使购房需求降低,从而导致房价下跌。因此,利率的提高,带来房地产供给和需求双方资金面状况的恶化,从而对中短期房价带来负向冲击。假设 2 得以证明。

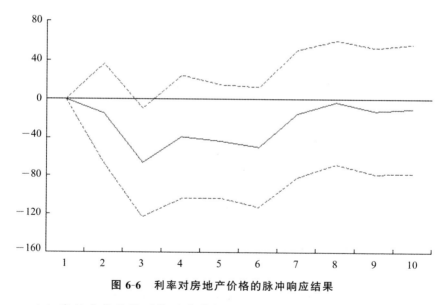

图 6-6 利率对房地产价格的脉冲响应结果

(3) 房地产价格滞后期冲击分析。

从图 6-7 中可以发现,房地产价格的滞后期对房价的短期影响较大,说明房地产价格具有较高的价格黏性。这说明房地产作为金融资产,其本身可以带来保值增值的财富效应,房价的上升会引发人们对未来房价走势的心理预期的变化,从而带来投资、投机性需求的迅速增加,而这些需求又将推动房价的继续上扬,表现为房地产市场上价格的"追涨杀跌"。假设3得以证明。

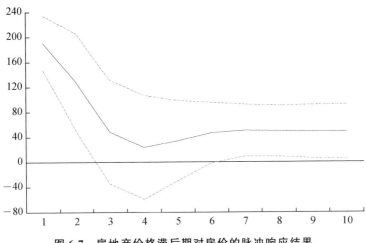

图 6-7 房地产价格滞后期对房价的脉冲响应结果

(4) 经济发展水平与房价的互动性分析。

考虑国民经济水平 GDP 对房价的影响发现,GDP 对房价具有正向冲击的效果;同时,考虑房价对于 GDP 的冲击效果可以发现,房价对 GDP 的正向冲击效果更为明显,这说明房价与 GDP 之间具有高度的正相关性。同时这种相互作用表现为长期影响持续上升,说明这种相互作用具有长期性。这说明 GDP 作为反映一国经济活动能力的重要指标,其增长反映了这一时期国内经济发展的活力。GDP 与房价的这种高度正相关性主要在于:GDP 的增加表明国家整体经济水平的上升,说明人民生活条件的改善,这会带来居民对于消费品特别是耐用品等刚需的增加,同时,由于房屋保值增值的效应以及我国居民投资渠道十分有限的影响,居民生活水平的上升会带来对房地产投资性需求的增加。GDP 增加带来我国居民对房地产消费性需求以及投资性需求的同时增加共同推动房地产价格的上升。另外,房价的上升会引发房地产商对于房地产投资的增加,这会带来房地产相关的前向、后向以及侧向等产业的关联发展,从而推动国民经济水平继续上升(见图 6-8 和图 6-9)。

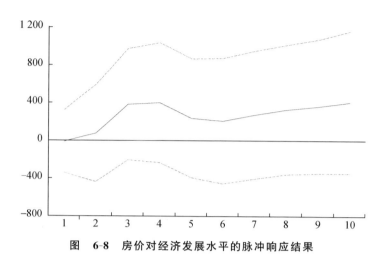

图 6-8 房价对经济发展水平的脉冲响应结果

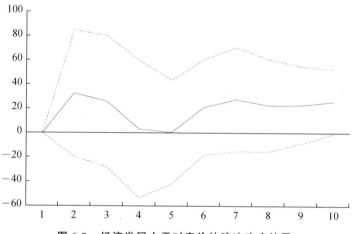

图 6-9 经济发展水平对房价的脉冲响应结果

2. 方差分解

脉冲响应函数研究了内生变量的扰动对于所有变量的冲击情况,而方差分解则可以用于考察每个结构冲击对每个内生变量变化的贡献情况,用于评价所有内生变量对某一内生变量作用的重要程度,体现了各个变量的相对重要性。

为进一步考察各个因子对房价波动的贡献度,以便于对解释变量对房价波动的重要程度进行评价,本节将通过方差分解的方式进行分析。表 6-5 为各个变量对房价波动的贡献率。

表 6-5 房地产价格波动方差分解结果

时期	Y	DCITY	DAGE	CRED	GDP	M2	LAND	CPI
1	100.0000	0.0000	0.0000	0.0000	0.0000	0.0000	0.0000	0.0000
2	75.7713	3.5323	0.1560	0.9480	15.3882	3.5619	0.0703	0.5720
3	44.8158	11.9234	1.0587	10.6092	25.1803	2.1041	0.7365	3.5721
4	40.0513	13.3341	1.2544	12.6656	25.5814	2.9271	0.8255	3.3606
5	36.0369	14.9862	2.7728	14.3212	22.4950	2.5227	3.4097	3.4556
6	29.1742	17.4489	8.5077	14.6676	19.8333	1.9926	3.8427	4.5329
7	26.4622	20.6108	11.6246	13.1897	18.5657	1.8801	3.4520	4.2150
8	24.6900	23.5575	14.5879	11.8575	16.6891	1.6949	3.1245	3.7987
9	23.6692	24.1724	17.1361	11.2043	15.6979	1.6299	2.9175	3.5728
10	23.1171	23.9608	18.4796	10.9476	15.6235	1.5790	2.8326	3.4597

由表 6-5 数据可知,房价自身对房价波动起着极为重要的作用,并且这种影响的短期冲击极为强烈。在前 2 期内,房价自身对房价波动的贡献度高达 75% 以上,说明房价的价格黏性强,这也就反映了人们对未来房价的心理预期对短期房价的波动影响十分明显,因此,在房地产市场的调控方面,要特别注意对人们心理预期的管理与调控。

从人口结构上,无论是人口流动结构还是人口年龄结构对房价均表现出了较大的影响力,两者对房价的贡献度之和超过三成,且在长期内具有逐步增强的效应。在信贷支持力度上,利率对房价的贡献具有明显的短期效果,且其贡献度至第 5、6 期时达到峰值,而后开始逐期衰减。同时,从表中数据还可看出,作为我国国民经济发展水平代表的 GDP 增速在长期内也保持了对房价较高的贡献度。

由此可见,伴随着我国城镇化而来的人口流动以及置业年龄人口规模等人口结构、经济发展水平等基本面因素是推动房地产市场发展的长期推动力,而房地产价格黏性以及房地产信贷支持力度等因素,则对房地产价格的短期波动具有较高影响效应。

四、小结

综上可知,影响我国房地产价格波动的主要因素,在短期来看,按贡献度大小依次是,房价自身、房地产信贷规模以及物价水平;在长期来看,按贡献度大小依次是,城市化水平、适龄人口结构以及经济发展水平。这说明我国房地产价格短期主要是资金面的影响,而长期主要是人口因素以及城市化进程的影响,这与本章之前的判断基本一致。

一旦房地产供给需求结构发生逆转,房价下跌,会对房地产的供给和需求都带来强烈冲击。

从房地产供给端来看,房价下跌,会带来房地产开发商的资金流断裂。具体来说,一方面,房价下跌后,其持有的不动产资产将会缩水,资产缩水对于上市公司而言会导致股价下跌,从而带来资本市场的融资困难;另一方面,对于以不动产做抵押获得银行贷款的房地产开发商而言,房价下跌,抵押品质量下降,银行出于谨慎的考虑会要求房地产开发商提前还款,带来房地产开发商资金面的进一步恶化。因此,房价下跌会带来房地产开发商的直接和间接融资的双重困难,而这种状况一旦继续恶化,将会导致房地产开发商因资金流断裂而面临倒闭的风险。

从房地产需求端来看,房价下跌,会对房地产消费需求与投机需求都带来抑制作用。一方面,房价下跌,会导致贷款买房的居民的收支状况恶化,这是由于居民借款买房,在房价下跌的过程中,居民的不动产财富降低,资产下降,而其负担的负债却没有变化,因此会带来居民相对的负债压力增大,这会对其消费需求带来很大的抑制作用;另一方面,以获得资本收益为目的的投资和投机性购房需求则会随着房价下跌迅速撤离,对房价泡沫产生迅速挤出的效果,严重时会导致房价的断崖式下跌。

在房价的下跌过程中,这种负向效应将从对房地产业的冲击迅速向金融系统传递,形成链式反应,最终对实体经济产生强烈冲击。因房价上涨过程中带来的银行机构对房地产业的超额房贷,会在房价下跌中形成大量呆账坏账。为保证银行资产的安全,银行会对抵押不动产采取变卖的措施进行处理,这会进一步增加房地产供给,从而使供求缺口扩大,造成房价的继续下跌,形成恶性循环。同时,银行还将为防范风险采取对贷款更加审慎的态度,那么具有较高风险的中小企业的融资境况将持续恶化,而由中小企业提供的大量就业将逐渐减少,导致人们生活收入水平降低,抑制消费需求,从而使经济开始发生衰退。而对于国家而言,一旦此时通过发行国债等方式大量提供资金以刺激需求,从而达到提振经济的目的,那么也将有因此而背负巨额负债的压力。

可见,房地产的有效需求和供给结构是房地产价格的基本支撑,一旦房地产供求缺口过大,这种失去基本面的房价会通过金融系统的加速传导产生放大式的冲击效应,并且原有房地产价格泡沫越大,在房价下跌时泡沫的挤出效应将会越强,由此带来的冲击强度越高、范围越广,从而迅速传导到实体经济的方方面面,严重时将会导致经济危机的发生。

第五节 本章总结

本章通过构建 VAR 模型,对房地产价格的主要影响因素进行了分析。通过本章的分析,将更容易对房地产的波动周期进行长短期的把握,进而对房地产市场的调控做到有的放矢。比如,解决当前我国房地产库存高企的短期见效快的方式主要就是通过金融政策,解决资金面的问题,当然这会带来对未来房地产需求的透支,并推高房地产价格泡沫,使金融系统的风险加大。而对房地产市场进行调控,从长期来看主要就是依赖城市化进程以及人口政策的变化,从扩大需求的角度根本上解决因我国人口拐点到来,人口红利逐渐消失而导致的房地产有效需求趋向不足的问题。

第七章 理性预期、投资与中国房地产价格

自1998年的住房改革开始进入市场化运作模式,房地产行业在中国迅速走热,近二十年来,房地产投资额快速增加,对于我国经济的发展做出了重要的贡献。房地产行业与其他的相关产业联系紧密,据顾云昌(1998)利用1996年的数据,认为中国住宅建设的生产诱发系数为1.93,住宅建成销售后对消费的带动系数为1.34,而李启明(2002)认为房地产投资对建材制造业的诱发系数为1.236,对建筑业的诱发系数为0.908。也正因如此,在地方政府的GDP竞标赛竞争过程中,房地产行业往往被当作推动经济增长的万能药,同时受益于房地产行业的发展,快速上升的地价带来的土地出让金也占据了地方政府财政收入的半壁江山,可以认为房地产的发展基本推动了一个城市的基础设施建设以及其他众多的公共事业的发展,因而地方政府往往在融资、审批等众多环节都给予房地产相关的行业非常优厚的条件,从而进一步促进了房地产的繁荣。

但是一直保持两位数增速的房地产行业无疑会导致社会经济结构的畸形,过高的回报率往往会以挤出其他行业的投资为代价,不利于新兴产业的发展,而与之相伴,过高的商品房售价也无疑是不利于人民生活水平的提高的。无论是从国内的历史还是国际上其他国家的经验来看,我国目前的商品房售价都已经处于高位,这不能不引起人们对于房地产市场泡沫的担忧。

第一节 文献综述

国内外对于房地产泡沫一般有以下几种度量方法:

(一)资本边际收益率法

资本边际收益率法其核心就是通过一个预先设定的理论模型,利用

经济中实际存在的数据,计算出均衡状态下房地产的基础价格(用资本的边际收益进行度量),这也就是我们认为的理论价格,然后再将其与实际公布的房地产价格指数进行对比,两者之间的差距就可以看作房地产市场泡沫化的度量,并同时可以判断出泡沫化的严重程度。但是,这种方法的缺陷也很明显,主要体现在两个方面:一是理论模型的假设是否合理将对结果产生比较大的影响。当前学界的研究大多以 Ramsey 模型作为研究的基础,例如,叶卫平等(2005)以 Ramsey 模型为基础,计算出我国2000—2004 年的资本收益率,并计算出房地产市场的泡沫化程度。杨灿和刘赟(2008)通过加入新的变量,包括 TFP、资本折旧率以及新的家庭效用函数等,改进 Ramsey 模型,计算出我国在 1991—2006 年的资本边际收益率与房地产泡沫度。但是 Ramsey 模型是以一般均衡作为潜在条件,而房地产市场实质上是一个局部均衡,这样的替代显然会存在偏差。二是当前数据统计的限制也会对实证结果的精度造成较大的影响,例如我国的利率市场化尚没有完全完成,房地产价格指数统计开始得也较晚,这些问题都会让房地产泡沫的测量存在诸多纰漏,进而会让得出的实证结果不够稳健。

(二)房地产收益贴现法

另一种学界较为常用的度量方法是基于金融中收益折现的原理,也就是将房地产在未来一段周期内具体收益的折现加总价值作为房地产的真实价值,或者说是基础价值,然后将计算出的真实价值与当前房地产市场的市场价值进行比较,市场价值超出真实价值的部分就可以看作房地产市场泡沫的一种度量。这种方法最为核心的是要找准房地产在某段时期内的可能的真实收益及贴现率,由于存在预测的部分,因此,也会存在一定的偏差。除此之外,由于房地产市场投资动机的多样性、购买者偏好的异质性、房地产市场的地理分割以及信息的不对称都会使房地产市场更容易出现套利受到限制,这又进而会导致市场本身的价格纠偏需要更多的时间,让无效率的价格持续时间更久等一系列问题。例如,Lavin 和 Zorn(2001)就从土地的角度指出,直接利用收益贴现的方法实质上难以准确测定土地的基本价值。该结论是基于他们对美国爱荷华州及内布拉斯加州的农业土地价格的变化状况的研究。他们通过对八十多年的数据进行测算后发现,土地价格的变化在长期中并非由泡沫而是由非随机性决定的。但是,具体来看,由于目前并没有公认的最好方法,短期看,收益贴现法仍然不失为一个较好的替代,学界对其研究也比较多,竹内宏(1999)采用非常详细的收益还原模型计算东京商业用地的理论价格：

$$P = R/(I_1 + I_2 + I_3)$$

其中,P 表示理论价格,R 表示纯收益,I_1、I_2、I_3 分别表示安全资产利率、风险补偿率、租金预期上涨率。野口悠纪雄(1997)认为资产价格直接取决于此项资产的预期及未来收益的信息,他用收益还原法来计算房地产的理论价格,把现实地价和房地产使用收益的贴现值进行比较,并使用不同的贴现利率分别计算了住宅用地和商业用地的理论价格。Chan 等(2001)是以将来房地产的各期预期租金作为当前房地产收益的一个替代变量,他通过以往的数据,测算出了各期未来可能的租金,并利用一个确定的贴现率,将各期的租金进行贴现加总,实证计算出香港地区1985—1997年房地产市场的真实价值与泡沫状况。考虑到未来租金的预测难度,Black 等(2006)则通过构建一个关于实际房价、可支配收入与市场上的房价综合指数的理论模型,利用它们之间的固定关系,避免了直接测算预期收益的问题。同时,他们也没有直接用一个固定的贴现率,而是根据CAPM 模型计算出各期的贴现率,通过 VAR 计算了英国1973—2004年的泡沫程度。中国的学者如况伟大(2008)从供给和需求的角度出发,构建了住房基础价值模型和住房泡沫模型,采用 GMM 实证检验了我国1996—2006年31个省份住房泡沫的大小,认为住房市场达到均衡且在房价完全由需求决定的前提下,当投机者信心完全丧失时,房地产泡沫破灭。王维(2009)则在 Black 等研究的基础上计算了上海市商品房市场的泡沫程度,该研究指出,上海市的房地产存在泡沫但并非爆炸性的,同时由于内生性的存在,因此实际的趋势性泡沫要低于预期。

(三)经济基本因素回归法

第三种学界常用的量化房地产市场泡沫程度的方法是基本因素回归法,该方法是将房地产价格的变化趋势分为两部分,其中一部分是基础价值的变化,另一部分则是价格本身的动态偏差。将房地产价格变化进行这两种区分,其实就是认为房地产市场的泡沫是由价格本身的动态变化机制决定的,而房地产的真实价值并不发生变化。因此,基于该原理,测算的方式自然也需要分别计算这两种变化。首先是对房地产基础价值的测算,一般从供给和需求两方面进行研究。从供给的角度入手,Capozza等(1989,1990)研究土地市场的价格变化,他们通过构建一个包括多种宏观变量的模型,计算了有关实际地价的变化趋势。Abraham 等(1996)则利用美国 70 年代以来近 20 年的数据,具体测算了两者的变化,并得出结果,两种变化趋势共同解释了美国房地产泡沫 20% 的成因。王辉龙(2009)通过借鉴以上的研究,再结合我国的实际情况,选择了城镇居民人均可支配收入、城市人口密度、房屋建造成本等变量作为决定房地产基础价值的因素,利用上海、杭州和南京近十年的面板数据,实证研究了这几个城市房地产泡沫状况。该研究的结论指出,长三角地区的房地产泡沫存在一个加速、到顶然后回落的过程。从需求的角度分析来看,Levin 等(1997)指出投机行为将极大地影响房地产市场的泡沫,因此,他引入投资价值作为对房地产价格偏差的度量,然后又用实际可支配收入等来度量房地产价格的基本价值,同时,再加入了一系列的控制变量,包括二手房购买者比例等诸多因素,实证研究了英国房地产市场的相关变化状况。该研究也证实了他的假设,即投机成分确实在很大程度上影响了英国房地产市场的价格变化,同时,该模型甚至可以对房价变化的拐点也进行较为准确的预测。在他们研究的基础上,我国的学者如胡建颖(2006)对中国的状况也进行了类似的分析,但是结果却完全相反,该研究指出,1990—2005 年我国房地产市场价格的变化主要不是由于投机导致的,而是市场本身基本经济因素的影响。

总体来看,这种方法最大的优点在于简单,对房地产泡沫度量的因素并不需要复杂的经济理论模型支持,主要是利用计量方法进行测算,同时也比较容易分析各个因素对房价的具体影响。但是这同样也是其缺点所在,由于没有一个统一的理论框架,导致测算的结果由于各个学者指标选用的差异其结果也存在较大的差异,同时价格偏差仅用价格序列来反映也导致了影响泡沫的因素难以确定,进而不能准备甄别出泡沫存在的严重程度。

(四)房地产市场局部均衡模型法

房地产市场局部均衡模型也是一种常用的测定房地产市场泡沫的方法,与前几种方法不同的是,它最主要的特点是将房地产市场作为一个局部均衡的商品市场,这就更为精确地模拟了房地产市场的价格变化,其中最为著名的模型当属蛛网模型,通过将房地产市场的价格模型设定为其自身价格及相应滞后项,从而通过判定其价格的发散程度来测定房地产市场的泡沫。但该方法也并非完美无缺,蛛网模型最大的问题在于将房地产市场的价格变化简单化,导致得出的结果也比较粗糙。一种更为精确的考量应该从供求双方的效用函数及利润函数出发,这样才能得到较为完善的结论。具体到学界的研究:高汝熹和宋忠敏(2005)利用2004年的数据,用蛛网模型实证检验了上海市房地产市场的泡沫程度,指出2004年上海市房地产的价格已经进入了危险区。袁志刚和樊潇彦(2003)以是否存在银行贷款为出发点,分别求出了在不同情况下房地产市场的均衡价格,并通过构建的模型得出了计算房地产泡沫的公式。在此基础上,姜春海(2005)测度了我国1990—2008年房地产泡沫度的绝对规模和相对规模。袁志刚等(2003)还利用传统方法构建了一个买房者的效用函数,并通过该模型测算了房地产市场的泡沫。

总体来看,房地产泡沫这四种测度方法本身也存在某种理论联系。例如从宏观的层面上考虑,资本边际收益率法和基本经济因素回归法都比较看重反映了房地产泡沫的宏观决定因素,而房地产收益贴现模型和局部均衡模型法则更多地反映了房地产泡沫的本质内涵,因此,在测算的时候应该根据具体情况,进行更为细致的考察。

第二节 中国房地产行业的基本情况

一、房地产行业投资

1998年,全国房地产业的增加值仅有3434亿元,而到了2003年,全国房地产业增加值已达6173亿元,比1998年翻了将近一倍;2006年该增加值突破了万亿元;2012年,全国房地产业增加值已高达29005亿元。从增长率的角度来看,十几年来,房地产业增加值年均增长率为16.5%,除了1997年和2009年受到区域或者全球经济危机的影响之外,在其余的年份房地产投资额的增长率都是要高于GDP的增长率的,这就说明,房地产业增加值在国内生产总值中的占比是稳步增加的,也说明房地产业在国民经济中的贡献度是不断增加的。从相对数值来看,房地产开发投资占固定资产投资的比重大约为18%,占据GDP的比重约略少于15%。随着房地产业的日益发展,房地产对国民经济的带动作用明显,拉动了我国经济的稳步增长。但是值得注意的是,我国的房地产市场目前仍然主要由新建商品房组成,与之相伴随的便是大量的投资建设,因而房地产行业的快速发展也带动了我国的全社会固定资产投资总额处于高位,事实上自 1999 年至今,固定资产投资占当年 GDP 的比重一直远远超过了国际上认可的宏观经济过热的警戒线,而这个比例还在不断增加的过程中(见图 7-1 和图 7-2)。

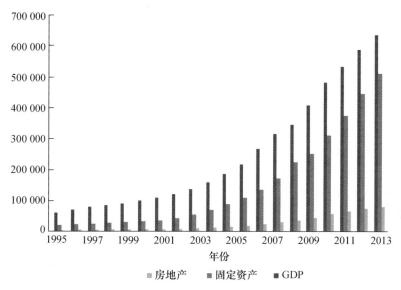

图 7-1 中国房地产、固定资产投资与 GDP 增加值情况

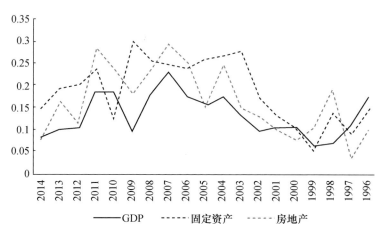

图 7-2 中国房地产、固定资产投资与 GDP 增速变化

二、房地产价格

市场中的投资投机热度急剧增加,房地产价格也呈现出持续上涨的态势,导致居民购房压力不断增大。2000年以来,全国商品房的销售均价不断增长,商品房价格从2000年的2 112元/平方米增长至2013年的6 237元/平方米,年均增长率为8.6%;商品住宅均价也从2000年的1 948元/平方米增至2013年的5 850元/平方米,每年平均增长8.8%,略快于城镇居民人均可支配收入的增长率,而在一些大型城市中,房价的增长速度甚至可以达到更高的水平,如在表7-1中体现的,以2004年作为基准时,到2010年为止,我国几个主要的一线城市的商品房售价/收入之比都有幅度不小的增加,其中深圳、北京和上海的增加都超过或者接近1.5倍。根据IMF给出的报告显示,在四大一线城市中,每套房售价与一个家庭的平均收入的比值达到了15—20,在全世界范围来看都处于房价最高的城市的行列(见图7-3)。

表7-1 热点城市房价收入比情况

城市	2003	2004	2005	2006	2007	2008	2009	2010	2011	2012
北京	10.2	9.7	11.5	12.4	15.0	14.3	14.7	17.4	14.6	13.2
天津	7.3	8.1	9.6	10.0	10.7	9.3	9.7	10.2	9.7	8.3
上海	10.3	10.5	11.0	10.4	10.6	9.2	13.4	13.6	12.1	10.5
南京	9.3	9.2	8.2	7.7	7.8	6.6	8.5	10.1	8.7	8.4
福州	6.9	6.8	7.6	9.2	9.3	8.7	9.6	10.9	11.5	11.2
厦门	7.8	8.6	10.1	10.3	11.5	6.6	9.1	9.1	9.4	9.8
广州	8.4	8.1	8.8	9.9	11.6	10.8	10.2	11.7	10.5	10.4
深圳	7.9	7.8	7.9	8.8	12.5	14.2	15	17.8	17.5	14.4
海口	7.5	7.5	8.2	7.8	8.6	9.6	10.5	14.8	9.9	9.2

资料来源:《中国统计年鉴》《中国房地产统计年鉴》。

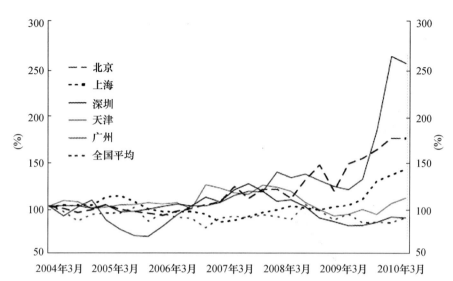

图 7-3 主要一线城市商品房售价/收入比变化(2004 年为基期)

三、房地产行业投资的资金来源

我国房地产开发的资金主要有企业自筹资金、国内贷款以及其他三个方面的来源,从图 7-4 中我们可以看出,在这三个来源中,国内贷款占据了相当高的比重,而相关的研究表明,在其他的资金来源中大部分也是来自购房者的首付款和应收账款,而应收账款几乎全部由消费者的购房贷款组成,因而如果将这两项来源进行加总,实际上房地产行业对于银行

图 7-4 1995—2014 年我国房地产行业贷款比例

贷款的依赖程度约为60％,这反映出房地产行业与金融行业高端而紧密的联系,也反映出房地产背后的风险,一旦房地产行业出现问题,很有可能导致对整个金融业的灾难性冲击,进而导致实体经济难以发展。

第三节 理论预期、投资与房地产价格实证关系检验

一、模型构建

泡沫经济的一个显著的特征在于其自我实现机制,即投资者购买这种投资品是由于预期其价格的上涨,而随着投资者的大量买入在市场上出现供不应求的现象,最终导致了这种投资品的真实价格上涨,更进一步,我们假定投资者对于这种投资品的价格上涨的预期是来自这种投资品之前的价格表现,也即通过一个适应性预期模型来反映模型的基本框架,即:

$$p_t - p_{t-1} = \gamma(p_{t-1} - p_{t-2})$$

将适应性预期反映到计量模型中,将在第 t 期的房产价格 P_t 分解为围绕基本面的价格和由于适应性预期导致的价格偏离,便可以得到:

$$\text{Ln}P_t = \beta_0 + \lambda_t + \sum_{j=1}^{k} \beta_i x_{j,t-1}^i + \theta \frac{(p_{t-1} - p_{t-2})}{p_{t-2} r_t} + \delta_t^i$$

其中, i 代表每个城市, λ_t 是一组城市固定效应,代表一些可以反映城市经济基本面可以对房地产价格造成影响,但是值不随时间变化的变量; $x_{j,t-1}^i$ 为这个城市在上一期的特征变量;而 δ_t^i 是残差项,代表了其他可能影响房地产价格的变量。Gallin(2006)指出了城市的经济基本面的变化可以在一定的程度上解释该城市房价的变化状况,考虑到模型所带有的预期含义以及购房行为本身具有的迟滞性,我们统一使用了上一期的变量作为本期房价的预测,依照 Fama 等人的模型,我们在解释变量中加入了该市的人均 GDP、人口增长率、失业率、租金/价格比等作为控制变量。在这个计量模型中, $\frac{(p_{t-1} - p_{t-2})}{p_{t-2} r_t}$ 是我们感兴趣的关键变量,其系数就反映了在基本面之外,适应性预期对于房地产价格的影响的大小,也即价格决定过程中投机因素所占据的比例。

在本节中我们使用了1999—2012年我国34个大中型城市(包括北

京、上海、广州、深圳、天津、重庆、杭州、青岛、大连、南京、乌鲁木齐、福州、武汉、厦门、宁波、成都、太原、郑州、哈尔滨、长春、西安、合肥、南昌、石家庄、苏州、兰州、沈阳、济南、昆明、长沙、无锡、呼和浩特、贵阳、洛阳)的分季度房地产价格以及其他相关指标的数据,其中1999年和2000年的数据仅用于构造下一年的适应性预期变量,不出现在被解释变量中,所有的数据指标来自《中国房地产统计年鉴》和《中国统计年鉴》。同时为了系数大小的统一,我们对于不同变量的单位进行了变换,使其数值落在0—10区间内。

二、回归结果

通过在保持关键变量的同时不断尝试不同的控制变量我们可以得到如表7-2所示的基本的回归结果,在所有的回归结果中我们均加入了城市固定效应来控制不同的地区固有的差异对回归的影响。我们可以看出6个不同模型的回归的拟合优度均超过了0.80表明我们的模型对于房价的决定有较好的解释效果,同时要研究的关键变量泡沫的回归系数在6个模型的回归结果中均在0.01的显著水平下显著,同时具有较高的边际贡献值,其在样本中的34个城市房价的决定中贡献了近30%,通过这一点我们基本上可以判断在样本城市中,房价确实已经偏离了基本面,其中有泡沫的成分。

再来看其他的回归系数,收入和GDP增长率作为反映一个地区经济基本面的最主要的指标,很显然也会是房价高低的一个十分重要的决定因素,但要注意北京、上海等特大型城市的经济发展已经处于较高的水平,相比其他城市处于经济发展的不同阶段反而在GDP增长率方面有所不及,因而我们可以看到这两项指标上,人均收入对于房价的影响是更为重要的。

人口是一个城市潜在的购房需求的一个较为模糊的度量,一般来说人口更多的大型城市的房价也会相应更高,但是由于一个城市往往包含了众多的县级行政区,同时各个城市的流动人口数量也有所不同,因而在以上的几个模型中,人口的回归系数并不显著;失业率在国外的研究中往往被证实同宏观经济期的基本情况有密切的联系,从而与房价也应该有较为密切的联系,但是由于在我国的相关数据中,失业人员一般被界定为城镇登记失业人口,而登记工作则是建立在失业人员自愿的基础上,因而很显然这一项指标同真实的就业情况可能会存在较大的出入。

表 7-2 模型回归结果

变量	(1)	(2)	(3)	(4)	(5)	(6)
泡沫	0.428*** 0.090	0.430*** 0.094	0.407*** 0.088	0.407*** 0.081	0.382*** 0.067	0.344*** 0.052
人均收入	0.323** 0.138	0.309*** 0.077	0.312*** 0.084	0.302*** 0.064	0.292*** 0.070	0.256*** 0.056
购房成本		0.278** 0.124				0.304*** 0.072
人口增长率		0.042 0.072	0.040 0.073			0.035 0.059
失业率				−0.003 0.005		−0.001 0.002
租金/价格比率					0.315** 0.153	0.302** 0.142
GDP增长率	0.018* 0.010	0.019** 0.009	0.017* 0.009	0.019** 0.009	0.015** 0.007	0.013* 0.007
城市固定效应	YES	YES	YES	YES	YES	YES
观测值	408	408	408	408	408	408
R^2	0.843	0.902	0.877	0.884	0.892	0.944

注:*** $p<0.01$,** $p<0.05$,* $p<0.1$,Robust standard errors clustered in city level。

三、稳健性检验

在以上的回归结果中均使用了异方差稳健的标准误,同时为了防止回归的结果是由于某些异常的观测值造成的,还进行了进一步的稳健性检验,第一个检验的方式是每次去掉一个城市的观测值重复模型(6)的回归,最终发现系数落在0.335—0.358这个区间,且在所有的回归中,系数均在0.01的水平下是显著的。第二个检验来自分样本回归,依据我们样本空间中的34个城市的空间分布,我们依次分沿海内陆城市、东部中西部城市、高收入城市与低收入城市三种不同的类别重复了以上的回归,其中,

沿海城市(11):上海、广州、深圳、天津、杭州、青岛、大连、南京、福州、厦门、宁波;

内陆城市(23):北京、重庆、南京、乌鲁木齐、武汉、成都、太原、郑州、哈尔滨、长春、西安、合肥、南昌、石家庄、苏州、兰州、沈阳、济南、昆明、长沙、无锡、呼和浩特、贵阳、洛阳;

东部城市(22):北京、上海、广州、深圳、天津、杭州、青岛、大连、南京、福州、武汉、厦门、宁波、哈尔滨、长春、合肥、南昌、石家庄、苏州、沈阳、济南、长沙、无锡;

中西部城市(12):重庆、乌鲁木齐、武汉、成都、太原、郑州、西安、兰州、昆明、呼和浩特、贵阳、洛阳;

高收入城市(16):北京、上海、广州、深圳、天津、杭州、青岛、大连、南京、福州、武汉、厦门、宁波、苏州、济南、无锡;

低收入城市(18):重庆、乌鲁木齐、成都、太原、郑州、哈尔滨、长春、西安、合肥、南昌、石家庄、兰州、沈阳、济南、昆明、长沙、无锡、呼和浩特、贵阳、洛阳。

回归结果(只列出了关键变量的回归系数以及结果)如表7-3所示。

表7-3 模型检验结果

变量	沿海城市	内陆城市	东部城市	中西部城市	高收入城市	低收入城市
泡沫	0.377*** 0.049	0.287*** 0.038	0.302*** 0.037	0.243*** 0.042	0.407*** 0.033	0.169*** 0.037
城市固定效应	YES	YES	YES	YES	YES	YES
观测值	132	276	264	144	192	216
R^2	0.969	0.981	0.977	0.975	0.968	0.972

同样我们可以看出在进行了分区域、分特征的回归之后,每一个回归结果仍然是高度显著的;另外一个值得注意的地方是我们可以发现在居民人均收入水平较低的地区以及中西部地区、内陆地区,泡沫一项的系数绝对值要小于在居民人均收入水平较高的地区以及东部地区、沿海地区,并且在以人均收入为标准进行的分类回归中这一差距也是显著的,即说明虽然我国的房地产市场普遍存在由于适应性预期导致的价格上涨这种资产泡沫,但是资产泡沫的程度在不同的地区之间是有所不同的,与直觉相符合的是,在收入较高的地区、东部沿海地区泡沫较大,而在其他地区泡沫相对较少。

四、房地产泡沫成因分析

在前面的部分我们对于我国的 34 个城市的房地产泡沫进行了计量检验,得出的基本结论是我国的大中型城市在 2001—2012 年存在较为明显的泡沫现象,同时泡沫的程度呈现较强的区域性差异,受作者能力以及时间等因素的限制,本书在此处并没有应用不同的理论对我国的房地产泡沫的形成机制给出明确的答案,而是对于目前已有的研究进行了分类与总结,供读者进一步研究使用。

目前关于房地产市场非理性泡沫成因的原始理论研究主要来自欧美经济学界,其中一种解释来自房地产开发商预期和房地产价格的关系,主要逻辑为,开发商预期通过影响开发商的供给行为,导致市场供应量的变化,进而影响房地产价格的变化。Clayton(1997)指出,房价的激增部分是由非理性预期引起的,预期和风险偏好程度共同影响房地产投资人决策。Malpezzi 和 Wachter(2005)从供给的角度在适应性预期假设下构建了一个动态的住房市场流量—存量均衡模型,考察了投机对房地产价格的影响。研究结果表明,如果假定供给是富有弹性的,则开发商预期的改变会导致产量(供给)的改变,从而导致房价的波动;而如果假定供给缺乏弹性,供给的限制导致了房价的波动。另一支文献被称为噪声购房者模型,Black(1986)首先将噪声的概念引入泡沫的研究中,他指出噪声交易使得股票价格成为噪声价格,因此不能充分反映信息所包含的全部内容。噪声交易者通过交易不断地将噪声累加到资产价格中,使得资产价格持续偏离其基础价值,从而形成资产泡沫。Delong、Shleifer、Summers 和 Wakimann(1990b)从微观行为的角度解释了资产市场价格相对于基础价值的持续偏离,认为噪声投资者信念的不可预期性会给资产价格带来巨大风险,而套利者的风险规避态度以及短期界限又限制了他们纠正错误定价的能力,加上噪声交易者还会对信息做出过度反应或采用正反馈交易的策略,这些因素都导致了市场价格的剧烈波动,资产价格持续偏离基本价值,从而导致了泡沫的形成和建立。另一个同样重要的解释途径在于强调机构的信贷支持在房地产泡沫的形成和膨胀过程中的作用,这一点在课程内容中有较多的涉及,在此不做过多的叙述。同时在分析中国的房地产市场泡沫的时候,往往还需要考虑中国的政策制度以及中国国内传统的对于土地以及房产的偏好。

第四节 本章结论

本章回顾了中国房地产市场的发展状况,并对于泡沫的经济学分析框架进行了一定的介绍,在此基础上对于中国的房地产市场的发展进行了数量分析。根据34个城市的数据分析我们发现,目前表现为自实现的适应性预期大约贡献了整体房价的30%左右,因此从这个角度来看,中国房地产市场应当是存在相当的泡沫成分。同时通过分组回归我们发现,各区域房价泡沫的大小存在较大的差异。其中,人均收入水平较高的,如东部与沿海地区的泡沫化程度要明显高于居民人均收入水平较低的中西部及内陆地区。最后本章对于已有的解释房地产泡沫形成原因的研究进行了简单的回顾总结,下一章理论部分还将对这个问题进行更为详细的阐述。

第二部分

理论研究篇

第八章　国内外房地产行业发展的对比及其对北京市的启示

在西方发达国家的房地产行业与市场的发展过程中,绝大多数国家都出现过泡沫现象。房地产市场中所谓的泡沫,其实本质上就是一种经济现象。我们可以这样理解,如果相对泡沫而言的正常价格是由房地产市场一系列的供需所决定的理论价格,那么泡沫实质上就是一种经济失衡的现象,而这种不平衡的趋势也就是房地产市场的实际价格相对于正常的理论价格向上偏移,偏移的程度越高,其泡沫化的程度也就越高。当该价格上升到不可控的程度时,泡沫就会破灭,从而引起该资产价格迅速下跌,并产生一系列连锁反应,甚至危及整个国民经济,产生严重的经济危机。由于泡沫而导致的经济由繁荣转向衰退的过程,即为"泡沫经济"(Foam Economy)。泡沫经济有两大特征:一是商品供求关系严重失衡,需求量过高,而供给量远不足以满足需求量;二是投机交易气氛非常浓厚。

房地产作为一种产品,其价格的确定同样遵循价值规律,因此房地产市场同样也会产生泡沫现象。由于房地产业的过度投机,导致房地产价格与价值严重背离,房价在没有需求支撑的情况下过快上涨,最终酿成泡沫破灭。从历史上看,房地产泡沫并非在近年才产生,早在20世纪初期,1923—1926年美国就产生过佛罗里达房地产泡沫(Property Bubbles),这次事件不仅直接带来了美国房地产市场的崩溃,还进而传导到金融市场,引起股市的大幅动荡,并最终产生了以美国为首的全球经济大危机,其直接后果就是导致了第二次世界大战的爆发。在此次房地产泡沫之后,下一次最为知名的房地产泡沫则要属20世纪90年代的日本,从1991年泡沫破灭至今,日本经济始终没有走出萧条的阴影,甚至一度被认为是日本自第二次世界大战之后的又一次"战败"。

从形成原因上看,房地产泡沫首先起于房价的连续上升,在初期这种上升趋势未必是畸形的、不健康的,但在这一过程中,人们对房价上涨的预期不断增加,不断吸引新的投资者进入,将需求与供给之间的缺口不断拉大,并最终引起泡沫破灭,造成金融危机。丰雷和林增杰等在《房地产经济学》一书中对房地产泡沫有如下描述:房地产泡沫本质上是由投机行为决定的,当市场上的投机者达成同方向的预期时,其共同的行为可能导致房地产价格持续高速地上升,进而极大地偏离由正常的房地产市场经济基础所决定的理论价格。

第一节　美　　国

一、美国 21 世纪初期房地产市场泡沫的形成和破裂

虽然经历了 20 世纪 90 年代日本房地产泡沫之后,全球的房地产市场均受到了不同程度的影响。但仅从美国房地产市场的数据来看,90 年代后半期,美国房地产市场还保持着相对良好的态势:1995—1999 年房价涨幅基本保持在 5% 以内,新建单户住宅平均售价与人均可支配收入的比率稳定在 7.9 左右的合理水平。但是,从 2000 年开始,美国房价再度飞涨,涨幅从 2000 年的 6.5% 提高到 2005 年的 11.6%(见图 8-1)。

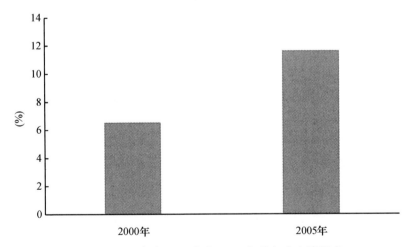

图 8-1　美国房价 2000 年和 2005 年的年度上涨幅度

新建单户住宅平均售价与人均可支配收入的比率在 2000 年 1 月为 8.03%,2003 年 8 月为 8.45%,而 2005 年 8 月和 2007 年 3 月都曾达到

9.9%的历史最高水平,美国21世纪初房地产的泡沫自此形成(见图8-2)。

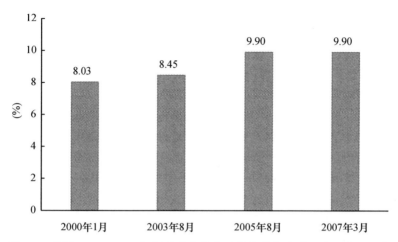

图8-2 美国2000—2007年新建单户住宅平均售价与人均可支配收入比率

当房地产泡沫日趋膨胀,最终的结果即为泡沫破灭。自2006年第一季度起,美国房价涨幅开始回落,次贷延期还款率和止赎率大幅度提高,次级抵押贷款证券市场首先爆发危机,并迅速向投资银行、银行、保险等金融领域蔓延,引发了美国自1930年以来的最大金融危机。

二、房地产泡沫形成原因分析

(一)美联储不当的货币政策

21世纪初,美国经济受到了网络泡沫破灭和"9·11"恐怖袭击事件的两次冲击,而为了防止这两次事件引起经济的实质性衰退,美联储迅速推出宽松的货币政策,大幅降息,将联邦基准利率从2001年1月的6.5%降至2003年6月的1%,创下了40年来新低。降息政策一出,经济衰退的趋势被有效遏止,但由此引发的一系列负面影响开始逐渐显现,房地产泡沫即是其中之一。

首先,随着名义利率的一再降低,若从实际利率看,美国已经进入创纪录的负利率时代,使得数百万美国人的储蓄资产瞬间失去价值。

其次,利率的降低大幅缩减了融资成本,无论从供给端还是需求端,都因贷款成本的降低而得到迅速扩张。举例来看,30年期固定房贷利率从2001年1月的7.07%降至2003年6月的5.21%,即便在2005年仍保持着低于6%的低利率水平。与此同时,一年期可调整抵押贷款利率大幅跳水,从6.68%降至3%,如果扣除通货膨胀率,贷款基本可以认为是零成本。

基于上述两点影响,激进的货币政策打破了谨慎储蓄与投机风险之间的平衡,刺激了房地产市场的投机心理。在低资金成本的推动下,美国住宅中间价从2001年年初到2006年7月飙升了50%,每套价格从17.13万美元升至25.70万美元,而同期美国家庭平均收入仅增加了9.45%,导致平均房价收入比从3.62倍骤增至5.60倍,购房成本与租金之比由1.0倍升至1.2倍。根据之前几次房地产泡沫的经验,上述数据均表明,美国的房地产市场已经产生了泡沫的前兆,对此美联储理应调整货币政策加以抑制。然而,从美联储的反应来看,其并没有停止货币政策的激进方向,而是一味地追求经济扩张,任由低利率影响着房地产市场的走势。直到2004年6月,美联储才转变政策方向,首次将短期利率小幅调高,但彼时房地产泡沫已成事实,货币政策的收紧也没能扭转泡沫的不断膨胀。不仅如此,美联储官员还利用其自身的影响力为房地产投机火上浇油,向市场传递模糊信号,甚至鼓励投资者承担更大的风险。

2004年2月,美联储前主席格林斯潘发表演讲,意图将房地产借贷双方引至风险更高的调整利率抵押贷款(ARMs)领域,并表示:"如果房贷机构能用创新的房贷金融产品来替代传统的固定利率房贷,那么美国消费者将从中受益。从一定程度上讲,家庭对月供的波动表示恐惧,但他们更愿意管理所面临的利率风险,相比之下传统的固定利率房贷对家庭更高。"不仅如此,格林斯潘还对次级抵押贷款赞赏有加,认为随着技术的进步,贷款机构已经能通过信用评分模型对借款人的资质进行评估,从而给予科学定价。正是因为这一技术,次级抵押贷款规模迅速扩张,在房贷规模中占比逐渐提高。然而,在实际情况中,房贷机构并没有此类成熟的风险评判系统,加之当时房地产市场正值火热,所有人都认为房市会持续繁荣,导致房贷机构没有激励去审慎核查借款人资质,而是轻易地把大量资金借给不合格借款人,最终导致违约率和丧失抵押品赎回权的大幅上升。

其实,从数据上看,2004年年初各种数据都已经表明,美国房地产市场的发展出现了泡沫,但美联储却错误地判断了房市投机的火热程度,坚定不移地否认房市出现泡沫的可能性,实体经济也不会受其影响,甚至将抑制泡沫与自身职责撇清关系。因此,面对房价的不断走高,美联储不仅没有及时出台相关的政策纠正房价的错误走势,甚至为泡沫的膨胀推波助澜,最终导致泡沫破灭,并酿成了金融危机。

(二) 其他银行监管机构监管不力

美联储作为美国银行业的主要监管机构,对房地产泡沫的责任也最大。但与此同时,还有许多其他监管机构,这些机构在泡沫产生期间的不作为同样应为泡沫负责。对此,美联储消费者与团体事务部主任 Braunstein 曾经披露了银行监管机构的不当反应。

1. 没有进行严格的例行监督审查

对于银行和银行控股公司,美联储未能对其进行有效的例行监督审查。这些审查主要包括组合风险管理、对第三方的质押控制过程等涉及信用风险管理状况的内容。在审查方式上,检查人员应运用压力测试、经济资本和其他风险计量方法对其风险进行评估。一旦发现问题,按照当时惯例,检查人员会通知银行管理层,并允许银行内部自行解决。这一处理方式在当时并没有产生问题,然而一旦问题暴露,就凸显出了处理方式的无效性。

2. 没有制定公开的行业指引

在审查过程中,如果检查人员发现银行机构在风险管理和业务合作中存在问题,那么监管当局应当及时发布公开的行业指引,来规范银行业的业务流程。

3. 没有及时修订原有监管措施

2002 年美国政府推出了《住宅所有权与权益保护法案》,但随着时间的推移,房地产市场的变化已大大超过原法案的适用范围,因此美联储应及时、有效地对原有法案进行修订,推出新的监管措施,而不是使用陈旧的法案来应对最新的市场状况。

(三) 贷款机构未能采取有效的保护措施

前两点原因都是基于美联储等监管机构的角度,除此之外,贷款机构的失职同样也是推动房地产泡沫形成的原因之一。

在房地产泡沫形成初期,房价不断上升,购房需求也不断增加,市场对未来房价继续上升的预期较高,因此不断吸引新的投资者进入市场。然而,随着价格的提升,购房成本也会水涨船高,因此大部分购房者都会选择采用住房贷款。面对不断增加的贷款需求,贷款机构有两种选择。

1. 严格推行借款人资质审查

对于资质较差的借款人给予较低的贷款额度,减少坏账的产生。然而,只要市场上有一家贷款机构不遵循这一原则,放宽借款人的资质审查,就会吸引大部分低资质的借款人,从而占有更高的市场份额。这对于遵守原则的贷款机构来说无疑会产生利益损失。

2. 放宽资质标准

大幅增加贷款额度,抢占市场份额,实现利润提升,但同时贷款机构会面临更大的风险,一旦借款人无力偿还贷款,即便能够对其进行破产清算,仍然会造成巨大损失。

面对这两个选择,市场上几乎所有的贷款机构都选择了后者。不仅如此,各个机构还争相设立新型的贷款产品来吸引更多的借款人,通过美化包装的手段,将这些产品描述为拥有更低的风险和更小的偿还压力。这些创新的房贷品种包括:

(1)声明收入抵押贷款,顾名思义,其特点在于借款人对自身的收入水平只需做出声明即可,而不需要提供相关的收入证明。在这一情况下,借款人拥有虚报收入的激励,因为更高的收入水平能够换取更高的贷款额度,但此举必然会增加贷款风险。此类房贷产品是为无法提供完整、高额收入证明的群体准备的,本质上相当于放宽了对借款人的资质审查。根据抵押贷款研究所(MARI)的研究,在100名被试者中,有90%的借款人将自身收入夸大了5%以上,而60%的借款人夸大了50%以上。

(2)调整利率抵押贷款,意为在还贷过程中,借款人可以通过调整贷款利率来改变每一期支付的利息,从而达到最大限度避税的目的。此外,利用这一产品,借款人可以在收入较低的时期负担较少的利息,而在收入较高时选择连本带息一起偿还,因此调整利率抵押贷款也被称为自由选择月供贷款。这一产品在初期是专门为经济实力较强、财务管理经验丰富的群体设计的,但自2003年起,选择这一产品的借款人越来越多,但大部分只是支付最低利息,而将差额利息不断转化为本金,无形中增加了未来的偿还压力。

贷款标准的降低,不仅在泡沫初期有所体现,在泡沫开始破灭,房地产市场开始衰落时期同样如此。以"ALT-A"贷款为例,"ALT-A"贷款是一种介于优质贷款和次级贷款之间的住房贷款,主要适用群体是那些不能或不愿意申请优质抵押贷款的人,但这个群体一般都拥有良好的信用记录,因此"ALT-A"贷款的审核标准仍属较高,在整个房贷市场上的份额也一直较低。然而,自 2000 年起,"ALT-A"贷款的审核标准大大降低,通过贷款业绩公司公布的统计数据可以证实:2000 年,申请"ALT-A"贷款的家庭平均债务收入比为 34.7%,而到了 2006 年,这一比例增至 37.8%;2000 年调整利率抵押贷款占"ALT-A"贷款的比例仅为 12.7%,而到 2006 年这一比例增至 69.0%。与此同时,"ALT-A"贷款中信用记录较差和无信用记录的借款人比例由 62.9%增加到了 83.5%;而这一原本不受欢迎的房贷品种,其市场份额也由 0.2%大幅提高至 38.7%。

(四)房贷证券化助长了泡沫的形成

在资本市场的发展历程中,资产证券化并不是一个全新的概念,经过多年的演变,资产证券化产品已经拥有了大量品种,涵盖多个行业和大部分产品。自 20 世纪 70 年代起,住房贷款的证券化开始起步,房贷证券化产品如雨后春笋般不断出现。随着房地产市场的火热程度不断增加,房贷余额不断扩张,相应地,房贷证券化规模也不断提高,至 2006 年,美国的抵押贷款证券发行量就达到 2.4 万亿美元,而 2000 年仅为 7 380 亿美元,年均增幅高达 122%。虽然房贷证券化规模的增加为房地产市场注入了流动性,使得市场资金面大幅宽松,但同时也促进了泡沫的产生,并通过杠杆增加了泡沫的大小。具体来看,房贷证券化会导致以下几方面的问题。

1. 房贷证券化加大了房贷机构的道德风险

房贷证券化使不良抵押贷款后果与贷款决策相分离,割断了传统的借贷双方的联系,即贷款发放人将贷款卖给新的所有者债券发行人,后者再把以房贷为抵押的债券卖给投资者,投资者购买这些债券,获得从房贷债务人获取利息的权利。贷款机构一旦将贷款售给债券发行人,就不再有权对贷款进行调整、监督,它们只承担起服务机构的责任,即负责从借款人处收取还款转交给债券发行人,由后者支付给投资者。如果借款人不能按时还款,债券发行人有责任采取措施获取资金支付债券利息。因此,在现有抵押融资体制下,不良房贷的后果反馈需要数月、数季度甚至数年,在这期间,数百万笔不良房贷被发放,从而导致了房地产市场的恶性循环。

2. 房贷证券化更强调数量而非质量

目前的抵押贷款证券化使房贷最终的结果很少影响参与各方的收益:房贷机构的收入不再依赖贷款的利差,而是通过获取发行费来赚钱,并把这些贷款在二级市场销售；房贷经纪人组织了美国约三分之二的抵押贷款，只是根据房贷的利率、类型、金额收取佣金和手续费，而与贷款最终违约与否无关；投资银行和信用评级机构主要通过购买、打包、评级和出售抵押贷款支持的债券盈利，它们更关注的是成交量，而不是抵押贷款最终的表现。

相对而言，在房贷证券化的食物链中，债券投资者无疑处于末端，他们直接受到不良贷款的影响。然而，投资者同时又是距离最远的参与者，因此，他们对房贷的质量几乎没有影响。

3. 证券化的繁荣使房贷机构和经纪人更加有利可图

贷款机构和经纪人在房价飘升、购房支付能力下降时热衷于向借款人兜售昂贵的房贷，部分原因是借款人需要创新型贷款来满足他们购买超出支付能力的住房。

房贷机构和经纪人之所以能获得成功不仅是因为满足了借款人的购房需求，更重要的是有投资者愿意以高价购买高风险、高收益的抵押债券。于是，房贷机构和经纪人通过出售高风险抵押债券获得了丰厚利润，但借款人和投资者却为之付出了高昂的代价。

4. 在流动性过剩时期房贷证券化大行其道，扰乱了市场价格信号

理论上讲，经验老到的投资者在二级市场购买住房贷款中拥有丰富的知识、严格的纪律和过硬的专业技术来进行风险和价格评估，但最近的实践中这些投资者未能坚守原有的投资原则。

全球流动性所导致的资本市场狂热，使房贷二级市场在明显出现违约率上升和抵押品赎回权丧失增加的情况下仍有大量资金长期流入，主要原因是投资者错误判断了次级债市场隐藏的风险，最终导致投资机构损失惨重，陷入财务危机。

第二节　日　　本

一、日本房地产泡沫的形成

日本土地价格的急剧上涨始于《广场协议》之后。以 1993 年 3 月日本六大主要城市建筑用地平均指数为基准（100）向前倒推，我们发现 1986 年中期的指数仅为 40，而到 1990 年中期指数飙升至 110，涨幅达到 200%。地价的猛涨始于东京，大阪地价的爆发性上涨要推迟到 1989 年。

1985年,日本全国地价的上涨率为1.4%,东京为8.3%。面对居高不下的房地产价格,日本政府从1986年开始出台相应的调控措施给地产市场降温,如逐日盯市、控制成交量等。

尽管如此,1986年中期,全国地价仍持续上涨,住宅用地全国平均上涨3.7%,商业用地上涨8%,东京都的涨幅分别为10.7%和19.2%,东京最好的高级住宅区地价上升90%以上。截至1987年,日本全国范围内地价一路高歌猛进,各类用途土地价格平均涨幅达到21.7%,首都东京的地价抬升尤为夸张,住宅用地上涨约65.6%,商业用地上涨约61.6%,双双超过历史最高水平,前者的涨幅更是首次超过后者。这一年,日本政府实施了一项《完善综合休养地区法》,提出将日本国土的20%改变为国民休养地的美梦般的目标,法律采取政府补助和税收优惠措施,通过鼓动在全日本范围内完善生活休闲设施,以达到振兴地方经济和刺激国内需求的目的,引得企业以及自治体竞相开发休闲疗养地,进一步推动土地热的升温。伴随地价上涨的是建筑热,自1984年开始的数年,东京、大阪、名古屋等地办公用房面积已增长一倍,1990年东京的开发商着手建设的办公用楼房总面积相当于已有面积的11%。地价泡沫的急剧累积带来的后果令人瞠目:1985年年末日本全国土地资产总额合计数为1 004万亿日元,而到1990年这一数字飙升至2 389万亿日元,相当于同期美国土地资产总额的4倍,新增土地资产净额相当于日本当年名义GDP的3倍!

如果将20世纪80年代至90年代的日本土地资产总值与GDP进行比较(见表8-1),可以看出,在1985年之前,土地资产总值接近于GDP的近1/2,尚处于正常水平。随着时间推移,土地资产总值在80年代后半期也不断上升。1987年年末,东京的住宅用地资产额为449万亿日元,首次超过当年日本GDP(354万亿日元),接下来连续5年东京地区的住宅用地资产额均大于当年的日本GDP。

从1986年9月到1991年9月,日本全国市区地价指数上涨54%,在此期间日本全国土地资产的价格增加了一倍以上。于是出现了反常的现象:日本的国土面积只相当于美国的1/25,但其国土的总地价竟相当于5个美国的国土。这说明日本的房地产价格远远高于欧美各国。同时,高额的地价会以其资本额应收的利润率为比例,提高房地产的租金,而地租高过一定水平,则会影响社会经济的发展,减弱国际竞争力。

表 8-1　泡沫经济前后日本国内生产总值与土地资产总值比较

单位：万亿日元

年份	GDP	土地资产总值
1981	261	128
1982	273	135
1983	286	139
1984	305	149
1985	324	176
1986	338	280
1987	354	449
1988	377	529
1989	403	521
1990	434	517
1991	457	504
1992	484	428

注：GDP 为各年份名义值，土地资产额为东京住宅用地资产额。

二、日本房地产泡沫的形成原因分析

（一）官定利率下调为房地产泡沫提供了资金

日本的官定利率从 1986 年的 3% 下调到 1987 年 3 月的 2.5%，并将这一利率维持了很长时间，过了"政策时滞"之后，这一政策仍在发挥作用。同期日本的短期利率和长期利率也进行了下调，最终导致日本货币供应量产生了较大幅度的增加，1988 年和 1989 年日本货币供应量（M2+定期存款）年增长率分别为 10.2% 和 12%。

由于 1987 年日本的官定利率下调为 2.5%，随后各种利率也相继下调。1987 年 5 月末，短期借款利率（有抵押，无条件物）为 3.13%，票据比率（2 个月物）为 3.69%，定期存款利率（90 天以上 120 天以下）为 3.85%，欧洲日元比率（3 个月物）为 3.94%。和 1986 年 1 月 30 日官定利率下调前相比，分别都有所降低，并且全部成为史上最低水准。

在这期间，可以看到短期金融市场在不断地大幅度扩大规模。特别是跨行交易市场，1980 年以后其份额有所下降，但是在 1986 年引入了无担保短期借款（1985 年 7 月）后，像投资信托这种有多余资金的机构，增加放款的金额，大幅扩大了短期借款市场，余额（不包括日本银行）从

1985 年年末的 14.5 万亿日元上升到 1986 年年末的 19.1 万亿日元。

随着官定利率和各种市场利率的下调,全国银行短期贷款约定平均利率也从 1985 年 12 月的 5.80% 下调到 1987 年 5 月的 4.05%,储蓄存款的利率也连续五次下调。反映国债流通收益率动向的长期最惠利率也从 1985 年年末的 7.2% 下调至 1987 年 5 月的 4.9%。全国银行长期贷款约定平均利率从 1985 年年末的 7.28% 下降到 1987 年 5 月的 6.07%,成为史上最低水平。

在 1985 年中期,日本继续推进金融自由化发展。伴随金融自由化而引入的自由利率型金融商品,对金融资产的构成带来了重要影响。从作为金融数量指标的货币供应量的发展来看,M2+CD(平均余额)的平均余额在 1983 年增长了 7.5%,1984 年增长了 7.8%,1985 年增长了 8.7%。这期间现金货币和存款货币的平均余额都在稳定发展中。由此可以表明,货币供应量的动向受到了准货币(定期储蓄存款),特别是受利率自由化积极推进的法人拥有的准货币的影响。

作为货币供应量代表指标的 M2+CD,从 1985 年年末到 1986 年年初同比增长 9%,随后的增幅有所降低,1986 年 4 月以后增长率停留在 8% 的水平,1987 年再次上升。1987 年 5 月,涨幅达到 10.2%。

由此可以看出,日本产生了大量过剩的流动性资金,但这些过剩的资金并没有进入实体经济引发通货膨胀,而是进入虚拟经济,推高股价和房价,为吹大资产泡沫提供资金支持。

在扩张性金融政策时期,日本银行逐渐放宽了对"窗口指导"(金融机构的贷款增加额限制)的限制,原则上承认各金融机构的自主贷款计划。

进入 80 年代开始,日本政府开始实行下调官定利率的政策。随着官定利率的下调,将银行的最惠利率(最惠贷款利率)和约定平均利率(全国银行)的发展,按长期和短期分别将这次扩张性金融政策时期与上一次进行比较,特别是长期最惠利率的动向变化。可以发现,短期最惠利率是随着官定利率、存款利率的变化而产生的一系列联动的变化。为此,随着日本债券流通市场的扩大,以国债为首的各种长期债券的发行条件,也依据流通市场的实际状况,进行弹性变更。所以,此次扩张性金融政策时期与过去的金融缓和时期有所不同,即使在官定利率有一年以上的时间没有做出变更的情况下,长期最惠利率也频频做出变更,同时也对长期贷款利率的变动带来影响。由此可以发现,金融市场的动向,与官定利率和贷款利率有一定的关系。

因此,随着固定利率的下调,各种利率也相继下调。同时由于日本银行放宽了对"窗口指导"的限制,日本金融市场上出现了大量过剩的流动资金。

土地是金融机构尤其是银行贷款的首选担保品,这和日本金融制度中的担保原则特征有关。不动产担保融资是银行融资中的主要部分,泡沫经济时期,以不断增值的不动产为担保,银行新增了大量的贷款。1984—1990年,银行的不动产抵押平均规模从560万亿日元上升到1100万亿日元。其中,城市银行在抵押市场上的份额从13%上升至22%,此外,银行的其他贷款(如对中小企业的贷款)也都以某种形式和不动产担保有联系。以较为突出的信托银行和长期信用银行为例,1990年6月,信托银行融资总额53.9万亿日元中,52%以不动产为担保,长期信用银行融资43.9万亿日元中,47%以不动产为担保。银行的大量贷款以不动产为担保,土地市场本身流动性差,二者之间的相互作用在泡沫经济后进一步加剧了银行的不良债权的负担和土地价格的下跌。

其实针对与土地相关的融资规模增长过快的现象,部分地方政府曾采取过相应的行政干预措施。大藏省曾于1986—1990年期间三次要求辖区内金融机构控制不动产融资规模,甚至曾要求全国银行业协会成员慎重对待土地投机现象,并草拟了相关报告,但地价市场的虚假繁荣刺激了金融从业者的贪婪,大藏省的各项措施大多被金融结构巧妙回避。

日本的房地产泡沫究其原因主要是日本政府采取了扩张性金融政策,并同时放宽了对"窗口指导"的限制,使其为不动产的融资提供了便利。

(二)利率自由化使银行产生异常的贷款行为

日本的金融自由化的发展给银行收益带来了正、负两方面的影响。负面影响是激烈的竞争使差额利润缩小了。在低速增长时期,由于企业借款热情下降,改善财务、增加通过直接融资来筹集资金的积极性会增加,这就势必使得金融机构的贷款利率的竞争更加激烈。同时,在金融自由化、国际化的发展中,由于大额定期存款高成本筹措的增加,差额利润减少。另外,也要考虑到为了应对自由化而增加机械投资的成本负担。

正面影响在于,第一,效率化经营削减了成本。窗口业务的自动化自不必说,通过后方事物的在线处理,使以人事费为中心的经费明显降低了。第二,由于金融自由化,通过存款等筹措手段使得对市场利率敏感的商品出现了。由于资金向其他的金融商品转移,存款吸收变得不振,金融中间媒介也很难起作用。另外,从银行的自由利率筹措比率来看,1985年之后,大宗定期存款和市场利率联动型存款(MMC)开始迅猛增长。但是,这种动向是要加强围绕银行间量的扩大,而产生激烈竞争的。第三,业务自由化使商业机会大大增加。国际业务和证券业务领域中的收益,超过了来自国内存款业务这种基础业务收益的增长,并且达到了占全体业务收益约30%的份额。国际业务和证券业务领域的扩大,不仅增加了新的收益源,更重要的是国债的窗口销售可以与定期存款的业务办理在同一个窗口办理,过去的业务和新的业务能够全套提供。另外,国际业务、证券业务的扩大在运用与筹措两方面都产生了量的扩大的效果。

金融自由化给银行收益带来了正、负两方面的影响。但是,如果只从普通银行收益动向来看,证券业务和国际业务收益的增加可以弥补差额利润的缩小,正面影响超过了负面影响。当然,好的收益主要是由于扩张性金融政策占很大成分,与过去的缓和局面相比,收益水准也有相当大的提高。

然而,如果在1986年利率降低的局面下,随着金融自由化的深入发展,银行资产负债结构再造,市场性资金筹措比率发生变化。金融自由化的开展打破了银行的垄断地位、弱化了银行的议价权,银行的贷款利率大幅下调,负债成本急剧抬高,直接压低了银行赖以生存的净息差。迫于盈利压力,银行的贷款行为发生扭曲,稳健经营被抛之脑后,银行开始涉猎于高风险投资,如中小企业、不动产、非银金融和个人贷款等,非银金融和个人贷款又出于逐利的目的,最终流入房地产市场,从而造成房地产泡沫。

三、日本金融政策对日本房地产泡沫的反应

(一)提高官定利率

1989年5月,日本银行在对国内经济景气、物价、汇价动向及市场利率的上升等进行了一系列的考察后,官定利率由2.5%提高到3.25%。此次上调是在国内供求紧缩中,对于在日元贬值、原油上涨等影响下,一边确保物价的稳定,一边希望对以内需为中心的经济景气的持续扩大可以给予一定的影响。官定利率在1989年10月、12月和1990年3月,进行了三次上调,最终官定利率达到5.25%,回到了《广场协议》之前的水

平。在1990年8月再次上调,将官定利率确定为6%。

1989年四次上调官定利率有两个特点:第一,并不是为了抑制物价的上升和需求的扩大而进行的单纯的紧缩。在预防物价上升的同时,使内需中心的增长可以继续。并且,希望通过这个措施对对外调整的发展给予帮助。第二,在金融自由化和国际化发展以来,日本政府是第一次提高官定利率水平。

此次所推进的金融政策被评价为,既可适当地发挥金融市场的供求调节功能,又可适当地进行灵活运营。由此,被广泛期待可以达成物价稳定和内需中心的持续增长的目标。当时,日本一致希望实际利率的上升可以使货币和实物的平衡、库存和流通的平衡、需求和供给的平衡等经济中的各项平衡,都保持最好的状态,平衡能够使濒临崩溃的事情恢复到最好的方向,同时对经济景气的持续上升也可以做出贡献。

1989年四次官定利率上调,全部是在市场利率上升的情况下实行的。为此,市场利率的动向也成了官定利率资产运行的有力的判断材料之一。

1990年8月6%的利率一直持续到1991年7月。在这段时间内,企业"对金融机构放款态度的判断指数"(日本银行短期经济观测的调查内容之一)由回答"宽松"者占比较大衍变为回答"严格"者占比较大(主要企业从+34变为-49),反映出从紧的金融政策已迅速显现出效果。

日本银行在一年多的时间里五次上调官定利率,最终确定在6%的水平,同时又配合以"窗口指导",最终是货币供应量增长率在1990年降为7.4%,1991年猛跌至2.3%,而且由于银行贷款的增长迅速降低,1991年对不动产业的贷款实际为零,导致泡沫突然崩溃。实际上,主要是因为抑制泡沫的紧缩性金融政策力度过大过猛,再加上日本实行的超低官定利率水平持续时间过长,对日本经济造成的深刻影响已不可挽回。最终导致日本经济的"硬着陆"。

(二) 提高长短期利率水平

1980年夏天开始的扩张性金融政策,在1985年《广场协议》之后,在大幅度的日元升值的过程中曾一度被中止,但是,在1987年遭受到"黑色星期一"的冲击后又再次被实施,从而成为第二次世界大战后最长时间采取扩张性金融政策的时期。同时,短期利率在预测到官定利率会上调的情况下,抢先在官定利率上调前实行了利率上调。1989年几次的官定利率上调都是在防止物价上升的同时,希望实现内需中心的持续增长。由于短期利率的进一步持续上涨,长期利率也随之上涨。日本银行在1990年8月下定决心进行了第五次官定利率的上调,使之确定在6%的水平。这次上调,与其说是为了防止物价上涨压力的明显化,不如说是为了防止通货膨胀。

以定期存款三个月的利率来观察当时短期利率的动向,到1988年为止以4%来推测,进入1989年之后会表现出明显的上升趋势。同年年中和同年年末,经历了两次大幅度的上涨,达到6%的水平。进入1990年,到3月为止一直都在上涨,上涨到7%的水平。对于这种上升趋势的背景,可以认为是为了应对国内需求的上涨,从而产生出旺盛的资金需求。1990年4月以后大概是以水平方式在发展,但是,随着8月海湾危机的发生,原油价格的上涨,使其又再一次开始上升。9月为8%以上,其后稍稍有所降低,到1991年6月为止,达到接近8%的水平。

如果以国债长期流通收益率来看长期利率的动向的话,1989年年初大致在5%左右发展,但是,由于受到短期利率上升趋势的影响,到同年年末也有所上涨。进入1990年之后,以所谓的"三倍安"开始,进行了大幅度的上涨,到4月开始转入缓慢上涨,保持在7%左右的水平。5月以后稍稍有所降低,仍保持在6%以上的水平。但是,同短期利率一样,从8月开始大幅度上升,9月一度上升到8%以上的水平。其后到11月开始下降的趋势,之后大概一直保持在6%以上的水平。

此外,如果从长短期利率的关系来看,1989年年初,长期利率超过了短期利率,但是,短期利率是以上升的趋势在发展,而长期利率则以水平方式在发展。因此,同年6月以后,短期利率再次超过了长期利率。

从以上的内容可以看出,日本经济从1989年开始进入利率上升的局面。由于利率的上升,在某种程度上给银行在贷款方面的业务带来了一定程度的影响。相关数据表明,1990年夏季以后,日本银行贷款增加额下降到上年的水平。1991年的贷款增加额更是减少到前一年一半的水平。其结果为,银行贷款的余额在1988年比前一年同期增长了12%—14%,1989年比同期增长了10%—11%。随后,从1990年夏天开始急剧下降,1991年只有5%—6%的水平。由此可见,提高长短期利率水平,使得银行的贷款业务减少,这在一定程度上对房地产泡沫有抑制的作用。

(三)信贷融资控制政策

针对金融业过分渗入房地产行业,大藏省出台了多项行政措施干预不动产融资规模,减弱土地投机,其中最为有力的措施是1990年4月房地产贷款总量控制措施,即对房地产贷款实行直接管控,降低贷款增长率。该项措施实行了两年,管控对象涵盖了银行、信用社、保险公司等主要金融机构。

1986—1990年,针对与土地有关的融资上升过猛的现象,大藏省曾采取了行政上的干预措施。1986年7月和1987年4月、12月,大藏省曾先后三次要求各家金融机构自行控制不动产融资,以免诱发投机性土地交易。大藏省要求银行界的行业团体——全国银行协会的成员对投机性土地交易采取慎重的态度,同时还加强了与土地有关的交易的专项报告制度,但上述措施均被金融机构利用非银行金融机构成功回避。

除了地方政府的行政干预,日本央行也借助"窗口指导",要求减少金融机构对房地产行业的投资额,积极配合大藏省的行动。大藏省和日本银行的干预很快奏效,1990年第二季度的城市银行贷款额减少了16.7%,这是10年以来的首次减少。但是,总量控制措施涉及的有关金融机构,不包括农林系列金融机构和非银行金融机构在内,这一对策在很大程度上被迂回融资和农林系统新增融资抽底,为其后不良债权的处理特别是住宅金融专门公司事件及其处理埋下了隐患。

这段时间内,由于采取了有关不动产融资的总量限制、国际清算银行(BIS)自有资本管制等相关政策,直接影响到民间金融机构的放贷行为。在不动产融资方面,从80年代中期起,以大藏省和全国银行协会联合会等为主,每年都要向银行下达通知或提醒银行,要求它们不要采取过度行为。但是,事实上并没有取得效果。1990年3月,下达了大藏省银行局局长签署的《关于限制土地融资活动的通知》,要求:(1)发放给房地产的贷款增长不能超过整体贷款的增长水平;(2)每个季度就房地产、建筑业、非银行金融机构等三个行业的贷款发放情况进行报告。

以实施总量控制为契机,金融机构向房地产、非银行金融机构提供贷款的态度变得极为谨慎,贷款规模开始停止增长。房地产贷款增长率由1989年的30.3%,突然下降到1990年年底的3.5%,成为房地产泡沫破灭的诱导因素之一。日本土地价格于1990年达到顶峰之后开始下滑,日本当局强化了金融机构向房地产业发放贷款的资格审查和管理。总量控制一直持续到1991年12月,直到1994年2月,日本当局开始采用名为"最低限额管理方式"的新体制,只在必要时采取总量控制。然而,这种方式并不适用,在1992年2月出台的"综合经济对策"中,便提出要停止实行"最低限额管理方式"。

四、日本金融政策转变后的效果

金融紧缩政策实施后,开始直接影响到房地产交易市场,但是,地价对策的明显收效一直要到大藏省采取总量控制这一特别措施以后。采取总量控制措施后,不动产融资金额增长速度明显放慢,土地交易以及地价走势发生了很大的变化,政策效果非常显著。1990年时日本全国地价虽仍较上年上升11.3%,但大城市成交价已回落。进入1991年,日本全国地价较上年下降4.6%,出现明显跌势,大城市的跌幅超过两位数,这是1974年以来的首次地价下跌。由于地价下跌造成土地担保值下降,对与不动产交易有关的借款形成制约,进一步加速了地价的下跌。

1990年年初,日本股价开始下跌,紧接着地价也出现跌势。而当时日本官方认为这些资产价格的下降给实体经济造成的影响极小。譬如,1990、1991年度的《日本经济财政白皮书》中描述了股价、地价开始下降后的情形,并断言在消费、住宅投资、设备投资、金融机构贷款等各个领域,资产价格下跌所造成的影响都很微弱。之所以出现这种情况,最主要的原因是在1987年—1990年资产价格上扬和经济增长之间的关系并不紧密;另一个原因是,资产泡沫引起资产价格上涨,人们低估了资产价格上扬的程度,从而过低地估计了1990年以后资产价格的跌幅。

其实,1990年4月的《日本银行月报》曾载文分析了地价的上升态势,就其对金融机构的经营活动产生的影响,提出了忠告:"分析各个经济主体的行为可以看出,在很多情况下,人们坚信地价会持续上涨,不会下跌,信奉所谓的'土地神话'。但是,纵观近年来国外的经验,可归纳以下三点结论:(1) 地价可能在短期内急剧上升,其后也有可能下降;(2) 如果出现上述情况,不仅会使个别金融机构经营不稳,而且有时可能殃及整个金融体系;(3) 不动产贷款无法收回等问题容易发生在中小金融机构和非银行金融机构当中。"

尽管忠告、提醒不绝于耳,但日本银行在判断经济形势时认为,资产价格的涨跌对经济造成的影响极小,而将重心仍放在传统的政策目标上,依旧通过通货膨胀、国际收支等指标来考察实体经济情况。

1992—1999年,日本房地产价格连续八年下降,以1990年3月为基准(100),到1999年3月东京地区房价下降幅度达到20.7%!这是日本经济史上空前的纪录,自第二次世界大战后,东京地区的地价仅在1975

年下降过 4.3%,其余各年度即使是经济危机期间日本地价均是上涨的,这就是"不灭的神话"的含义。但 90 年代初日本房价泡沫破灭后,留下一地鸡毛和长时间的发展阵痛,这不得不让我们反思和警醒。

第三节 德 国

一、德国房地产市场概述

（一）德国房地产近年来由冷转暖

一直到 2008 年的金融危机前夕,大多数德国人都对证券投资情有独钟,因为一般来讲,证券化的投资都可以得到相较其他投资方式更为优厚的收益。德国房地产市场在很多机构和个人投资者眼中依然是不能涉足的禁区。众所周知,跟欧洲其他国家相比,德国是传统的租房大国,长期以来租房人数大于买房人数。根据最新的统计来看,目前整个德国拥有房产的人口比率在 42% 左右。而在西班牙和意大利这个比率高达 80%。

然而金融危机导致了大量投资者的巨额损失,许许多多的德国公民在此次危机中损失惨重,甚至以破产终结。这也就对原本德国社会中证券投资为王的观念造成了巨大的冲击。这场危机使很多投资人意识到证券投资的高风险性,不得不对投资目标进行重新定位,传统的、看得见摸得着的不动产投资占据了投资目标第一位,其次是黄金等贵重金属。"每个人一辈子都至少会付清一个房产,区别只是给自己付还是给房东付",这类观点风靡全国。而这种外部环境的改变,也逐渐改变了德国住宅市场长期以来的均势,德国人变得越来越重视房产在自己资产中的配置。相关的研究与调查也反映了这一趋势。纽伦堡房屋地产协会（Haus & Grund Nürnberg）的调查显示全德国二分之一的租房者梦想着拥有属于自己的房产。而其他相关行业协会对租房者的民意调查表明甚至 80% 的受访者希望购买房产。2009 年以来德国重点一线城市住宅销售市场不断地升温更是验证德国住宅市场格局演变的直接证据。

2009—2011 年,德国国内房地产价格开始了一轮普遍的上升,市场需求极为强烈。在诸如汉堡、慕尼黑、法兰克福等一线城市,投资者往往数小时内就要下决心购买价值 50 万欧元以上的房产。因为只要稍一迟疑,就可能被他人捷足先登。一些警觉的经济学家已经开始警告德国房地产市场出现投资过热的可能,但这种观点并未达成共识,因为目前房地产的增势更多的还是集中在主要的一线城市,而从全国层面来考虑,其实增速还是比较平稳,因此,也有专家认为,目前德国房地产整体还是比较健康稳健的。

在经历了全球金融危机之后,国际市场的投资者开始重新审视全球的资本市场,企图寻找价值洼地,也正是此时德国房地产市场开始进入投资者眼中,不仅是柏林、慕尼黑、汉堡、法兰克福等一线城市,还包括达姆施塔特和海德堡等二线城市。国际资金的进入推动了德国住房市场的发展,使得越来越多的人开始重新考虑租房和买房的选择,买房的群体开始显著增加。

(二)德国房地产市场转暖原因

德国房地产市场的升温主要源于德国经济的稳定增长。与其他欧洲国家相比,德国经济的发展一直以稳健著称,特别是房地产市场,受金融危机的影响明显小于其他国家,更加凸显了其保值增值的特性。正是因为这一特性,德国房地产市场开始吸引外资不断进入。

大城市房源供应量吃紧也是另一个导致德国房地产转暖的重要因素。从目前的情况来看,目前德国大部分区域的住宅存在更新换代的需求,大多数的住宅建于第二次世界大战后三十年,无论从住房的舒适度还是楼房的安全属性考虑,大多数居民其实都存在对住宅翻新的要求。具体来看,德国西部一般的住宅,德国东部三分之一的住宅都存在这个问题。又比如据统计仅汉堡一个城市每年就需要新增 6 000 套住宅,但目前完成的还没有一半。房地产市场转暖还有一个趋势也应当关注,那就是租金的涨幅比不上楼价的涨幅。在一线城市的最佳地段,楼价涨幅在过去几年里明显高于租金的涨幅。比如杜塞尔多夫 Oberkassel 区的新房售价年递增达到 12%,而租金涨幅为 6%。其他大城市的黄金地段也呈现类似的发展趋势,这在豪华高端住宅项目上反映得更为突出。比如法兰克福高尚住宅区 Westend 的豪华公寓,每平方米的均价达到 6 400—7 800 欧元,上万欧元/平方米的天价楼盘也层出不穷。

20 世纪联邦德国和民主德国合并的故事仿佛与此类似,在合并之初,德国东部的房价暴涨,当时的房地产市场也一样充满了乐观的情绪,在投资者眼中,德国东部的房地产市场似乎会一路高歌猛进而没有衰退的可能。这一方面是由于当时德国东部的房价确实比较低,另一方面也是因为存在特殊的折旧,具体原因后文会有更加详细的说明。虽然这种看法不无道理,但是由于投资者的过度狂热,结果导致了很高的房屋空置率,并最终带来了房市的崩溃,更造成了数以亿计的损失。正是因为前车之鉴犹历历在目,因此,一些较为理智的专家也提出了警告。但客观地分析,此次德国房地产市场的回暖与之前还是有所区别,本次德国房地产市场的回暖主要还是刚性需求尚未得到满足,特别是当一人一户或者两地分居家庭还在不断增加时,房价就不可能开始回落。再从房价来看,目前德国大城市的房价距离伦敦或者巴黎相差还很大,因此上升的空间依然存在,同时,由于德国的税法非常严格,例如法律规定税款的抵扣项中不能包括自住房的贷款利息,非自住房也要十年后方能免税,这显然有助于降低楼市过热带来的风险。

(三)德国专家认为德国房地产市场不存在泡沫

德国房地产市场的火热状况正如上文所指出,当然会引起一些学者的警惕。就在2012年的一份报告指出慕尼黑房价在一年之间上涨了13.6%,这样的涨价率已经与西班牙房地产市场最为繁荣的时期相当了。同时,不仅新房在涨价,二手房同样也在涨,根据数据显示,其相比上年分别上涨9.7%、6.8%。

但是仅仅是这样的数据并没有得到学界对泡沫的一致认可,经济学家反对泡沫说的理由也主要基于两方面:首先,西班牙房地产市场的问题主要是由于政府政策的失当带来的。其房地产市场的繁荣并非由于刚性需求的产生而仅仅是政策导向的结果,银行业对建筑业低息贷款的滥放,导致西班牙房地产市场产生了极大的泡沫。银行一方面大量对建筑行业贷款,另一方面又大幅降低消费者购买房产贷款的门槛,这样的结果造成西班牙房价在1997—2006年快速上涨了数倍,甚至超出了英国等欧洲经济强国的大城市。但是德国的银行业则更为审慎,银行业不仅在对建筑行业提供资金时更为严苛,同时其对长期房贷的利息也是一直固定的,同时还会在对消费者发放贷款时严查消费者的收入状况,确定其还贷能力。

同时,德国本身自有社会文化惯性也抑制了房地产泡沫的产生。由于德国存在浓厚的租房文化,这与西班牙人热衷于买房的消费习惯迥异,这也减小了德国房地产市场的投机氛围,进而使得房地产泡沫产生更为困难。

总的来看,目前德国业内的意见还是较为统一,即认为德国房地产市场风险整体依然较小。根据一些学者的估算,目前德国房地产市场的需求每年在 25 万套左右，但目前的供给最多能达到 20 万套，并且由于房地产市场进入的资金基本没有境外的"热钱"，泡沫论难以成立。

二、德国房地产市场历史无泡沫的原因

前文的论述指出了德国浓厚的租房文化，很显然，这样独特的文化在在诸多发达国家中有如异类一般，极不寻常。显然，这种文化的形成与德国居民的收入并没有任何关系，很难相信，德国公民是因为没有钱或者不能够向银行贷款买房的原因而不买房。事实上，这完全是由于历史原因的遗留，再加上政府政策的引导而实现的。第二次世界大战之后的德国，满目疮痍，百废待兴，大部分的德国公民都面临住房短缺的问题。据统计，在 20 世纪 50 年代，德国的住房缺口大概为 450 万套。因此，在这种背景下，德国政府对房地产市场进行了前所未有的干预。一方面政府通过立法和行政措施建立了大量的廉租房，并鼓励住房出租市场的形成；另一方面，政府严控房地产市场的开发与建设，防止房价的快速上升可能带来的社会问题。对于一个正常收入的家庭来讲，租房不仅可以享受政府大量的补贴，而且住房的地理位置与质量并不差，因此这就直接导致德国居民并不以租房为耻的社会文化，同时，低于正常市价的租房价格也不可能让开发商通过建房而谋取暴利，因此，这也就是德国房地产市场一直投资氛围都不强的原因。这种政府强势介入房地产市场的政策是否合意，是否会带来市场失灵，经济学家们也往往持不同的态度。但不管怎么说，这种政策导向与德国福利社会的理念是相一致的，住房是直接对一个居民的幸福感产生影响的重要商品，因此，德国政府对其的看重自然也就可以理解了。

以上的原因实际上也解释了为何在美国的房地产泡沫会不断扩大并最终导致全球金融危机之时，德国的房地产却能一直稳健运行。德国自宪法以下健全的法律机制以及福利住房政策的实行都是保证房地产市场能够平稳运行的重要原因。在德国的宪法中明确指出德国是一个福利国家，因此实行福利住房政策拥有天然的正当性。同时，这也赋予了政府在市场存在失灵之时干预市场的"尚方宝剑"。当自由竞争的市场经济导致贫富差距过大、分配不公等"不正义"的结果时，德国政府有权对其进行干预，保障弱势群体的权益不会被破坏。

因此，从经济制度上分析，其实德国并不是完全的市场经济，它更类似于一种社会市场经济。虽然在一般情况下，德国政府并不会对商品市

场进行过多的干预,但是由于房地产市场与居民最基本的生活需求息息相关,德国政府事实上自建国以来就从未停止对其的监管与调控,这所有政策后的目的其实都是一个,那就是保障所有的居民都能够享受拥有住房的权利。具体分阶段来看,德国房地产市场的变化可以分为三个阶段。

(一) 第二次世界大战后的建设期:解决住房需求

第二次世界大战后德国的许多城市都被夷为平地,数以万计的人无家可归。只有900万多个公寓(包括所有应急住所)供1460万家庭居住,每个居民的平均居住面积仅为15平方米。在这种状况之下住房紧缺,但同时又不能放开房屋租金,否则会导致房东的漫天要价,更多的人流浪街头,造成社会的不稳定。

于是国家为了刺激建房,满足居民的住房需求,采取了三项主要措施。其一,鼓励福利房的建设。1950年4月出台了第一部建房法,据此住房建造人可从联邦和州的预算里得到无息并30—35年清偿期的贷款,但同时要求他们在贷款偿还期间只能将住房出租给收入不超过一定界限的用户。到1960年为止,400万套出租公寓中60%都是由国有资金扶持建造的。其二,通过采取税法上的优惠措施(优惠的地税和地产购买税以及高额房屋折旧费)鼓励人们建造或购买自用住房。其三,通过建房奖金法鼓励购房成为居民财产的一个重要组成部分。所谓的建房奖金,即如果某一居民每年将一定资金存为建房储蓄,那么根据建房奖金法里确定的一个百分比,国家每年把所存资金和这个百分比的乘积数额奖励给这个居民。

上述后两项的措施主要对中上层收入群体非常具有吸引力,对促进这个阶层购买自有房产起了重要作用。1956年议会通过了第二部建房法,主要确定了重点鼓励中产阶层和家庭建房的导向,同时将福利房的建设缩减到满足供应最低收入家庭的需要即可。

经过十多年政府对住房市场的严格调控并形成了一定体系后,60年代开始,德国政府计划减少干预,放开了租金市场。在所有地区,如果住房供需差别小于3%,那么从1963年开始就解除对租金的法定限制,如果住房供需差别大于3%,那么从1966年开始解除限制。

70年代的通货膨胀和放开了的房屋租金使得大批人投资房地产业。1971年在联邦德国共建造了70多万套公寓,即每天大约两千套,德国自此以后再也没有达到过这样的水平。解除了对租金的法定限制后房东们开始纷纷涨价。为了达到目的,房东往往会单方解除租赁合同,要求租房人搬出房屋,社会矛盾开始出现。

(二)新一轮干预措施:高福利住房市场体系形成

为解决上述社会矛盾,同时又能不扰乱房地产市场的秩序,德国政府进行了煞费苦心的制度改革。首先就是对住房补贴制度的变革,之前的政策更多的是强调对"物"补贴,即对房屋本身的价格进行补贴,降低居民的租房价格,但是在现有状况下,由于贫富差距的加大,德国政府更多是需要考虑那些没有自有住房的居民,因此,德国政府提出了对"人"资助的政策。具体而言,就是住房补贴的对象只针对收入低或没有收入,无法为自己解决住房问题的群体。同时被补贴对象的收入、家庭大小和房租高低也进入了政府考察的范围,针对不同的情况政府相应提供完全的住房补贴支持或部分支持。应该说,该政策的力度还是相当大的,在1992年共有68亿马克被用来支付住房补贴。此项财政支出在2006年联邦制改革后由联邦和州平分承担。2008年有大约56万户需要住房补贴。2007年的住房补贴为平均每户370欧元,国家另外还承担用户的取暖费用。

此外,1971年还改革了房屋租赁合同的解约制度,增强了房屋租赁人的法律地位。房东不得随便单方解约,更不得以收取更高的租金为由解约。在同年也制定法律要求租金的涨幅必须和当地的租金标准基本吻合。

为了保证供需平衡,防止房地产市场的过度升温,1976年制定了房屋现代化法,鼓励房主对房屋实行现代化的改建或维修,为此提供资助和税收的优惠政策,同时也允许房主在采取了改建或维修措施后可以把费用通过租金转嫁到租赁人身上。1977年又对购买二手房提供了各方面的优惠政策。通过这一系列的政策,大量的市场资本不是流入到新建房上,而是被吸收到对已有房屋的改造上。

(三)德国重新统一:建房市场的复苏

德国的重新统一导致了大量民主德国居民涌入联邦德国境内,这种巨量人口的迁移直接打破了联邦德国原本供需平衡的房地产市场。据统计,到1995年,从德国东部涌入的人口数量在150多万人左右,如何安置如此多的新增人口又成为摆在德国政府面前的一道难题。面对这个问题,德国政府只好又开始其新一轮的措施来鼓励新房屋的建设,包括对租用房采取高折旧率,提高房产作为财产投资的吸引力等。与此同时联邦政府也较为有限地参与福利房的建造。

联邦政府向议会提交了一份议会2007年3月做的有关德国住房和房地产市场的调查报告,这份报告由多家中立的研究机构与联邦交通、建筑和城市建设部共同完成。报告的第一句话便是,德国的住房供应情况良好。报告指出,德国住房的自有率为43%,住房供需基本平衡且房屋质量高。自有房屋多为人们的一种投资和养老保险方式。但在某些大型城市有可能会慢慢出现供不应求的情况,必须要对此注意并适时采取相应措施。另外,德国政府对住房市场扶持的导向应继续在改造已有房屋上,使其变得更生态、节能,并适应人口老龄化的需要,将房屋改建得适合老年人居住。

房地产市场在任何一个国家都是经济运行体系中不可或缺的部分,是投资的重点与热点,这在德国也并不例外。但是为什么德国的房地产市场就可以稳定运行,而没有浓厚的投机资氛围呢？通过以上的分析,我们知道,这主要还是因为制度设计的合理,德国政府不仅对房地产市场的监控力度很大,同时还有完善的相应制度予以支持,比如房贷的固定利率制以及地产的独立评估制度。这些政策都是德国房地产平稳运行的"锚"。除此之外,近些年,德国政府紧跟现实经济的发展变化趋势,及时地推出了其评估制度的改革,其中最大的一个亮点就是加入了建筑物节能性的标准,这种与时俱进的精神相信也是值得我们进一步领悟和学习的。

第四节　中国房地产价格合理性研究

一、中国房地产市场概述

(一)中央出台多项政策遏制房地产价格过快上涨

一直以来,我国房地产市场的现状及其发展前景都是专家学者研究的热点问题。近年来,我国房地产市场整体上出现过快上涨势头,投机性购房再度活跃,居高不下的房价牵动了我国方方面面的神经,成为社会各界关注的焦点。对此,政府采用经济手段和行政手段,从抑制需求、增加供给、加强监管等多方面对房地产市场进行了全方位的调控,力求打压泡沫,合理化房价。自2010年1月10日以来,国务院相继出台了"国十一条""国十条""国八条"等一系列新政,充分显示了我国遏制房价过快上涨的信心和决心。2010年1月10日,国务院出台《关于促进房地产市场平稳健康发展的通知》("国十一条"),旨在增加保障房和普通商品房的有效供给,抑制投资投机性购房需求。2010年4月17日,国务院出台《关于坚决遏制部分城市房价过快上涨的通知》("国十条"),有效地遏制了部分城市房价过快上涨。2010年12月的中央经济工作会议指出,房地产调控目标升级为"促进房价合理回归",从中我们可以看到"遏制房价"不是目的,"合理回归"才是中央的真正意图。2011年,在"调结构,稳物价"的大背景下,中央政府继续加强房地产调控。1月,"国八条"、房产税试点改革先后落地,"限购""限价""限贷"等政策全面升级,限购城市从2010年的不足20个迅速增至40多个;7月初,国务院常务会议明确规定"二、三线城市也要限购",随后台州、珠海等城市跟进,限购城市数增加至近50个;10月底,1000万套保障房建设计划提前实现。在一些主要城市实行限购为主的调控政策以来,我国楼市的成交量不断走低,11月的上海楼市更是以49万平方米的销量创出了近6年以来的新低。始于2010年的这一轮房地产调控政策在2011年不断细化和落实,抑制需求与增加供给两手抓、行政与经济手段进一步细化。来到2012年,政府坚持楼市调控的决心不动摇,力求房价合理回归,房地产市场健康发展。

(二)中国近十余年房地产上涨情况

对我国35个城市分组及特征城市分析,根据全国35个城市真实房价指数(标准化)变化趋势,将其分成持续增长、起伏波动上升两种类型进行研究。其中1998—2010年的13年间,"增长"是全国房价的主旋律,累计增长了62.3%,即平均每年增长5.2个百分点。房价的增长可以大致分为三个阶段:1998—2001年、2002—2006年、2006—2010年。

1998—2001年,全国房价小幅平稳增长,增长率为3.6%,杭州以14.7%的增长率带领全国房价增长,而广州等六个城市房价出现下滑,广州的下降率最大,为6.9%。

2002—2006年,全国房价直线上升,增长率为20.1%,青岛以44.2%的增长率位列榜首,而其他宜居城市如宁波、杭州、深圳等的房价都呈现出高增长。但仍有长春、昆明、乌鲁木齐三个省会城市房价小幅下挫。

2006—2010年,全国房价增幅趋缓,增长率较前一时期有所下降,增长率为16.1%,虽然2006—2008年有10个城市的房价有所下滑,但是

2008年之后全国房价齐势向好，35个城市全部有所上涨。

（三）房价呈现持续增长城市

在35个城市中，房价呈现持续增长的态势的有23个城市：北京、天津、哈尔滨、济南、长沙、南宁、海口、重庆、贵阳、兰州、西安、西宁、石家庄、太原、沈阳、南京、福州、南昌、郑州、武汉、成都、银川、乌鲁木齐。1998—2004年房价小幅增长，2005—2010年房价大幅上涨。下面选取北京市、天津市、成都市和乌鲁木齐市四个代表性城市进行分析。

北京：1998—2003年房价平稳小幅增长，累计增幅1%，作为国家政治、经济、文化中心的北京，受国家政策制约更为明显，房地产市场在平稳的市场环境中逐步构建起来；2004—2006年，房价以12%的增幅持续上涨，增幅较前一时期显著增强，主要受申奥成功等利好消息的刺激，北京房价强势上涨，搭上"新北京、新奥运"城市建设的北京房市呈现出一片欣欣向荣的景象；2006年年底到2008年，乘着奥运会即将顺利举办的东风，北京房价一路看涨，投资者纷纷看好北京的房地产市场，截至2008年年底累计增长10%。2009—2010年的两年中，受大规模土地出让、央行存款准备金率下调、居民住房需求上涨等诸多利好消息的推动，北京房价以12.8%的增幅持续增长。

天津：作为北京兄弟城市的天津，其房屋价格走势与北京大致相同。1998—2003年房价地位平稳增长，累计增长3个百分点，2004—2006年，天津作为奥运会协办城市也分到了一杯羹，津京城际的开通，滨海新区的开发建设，种种利好消息促成房价的大幅增长，三年中房价累计增长10个百分点，增幅较前一时期有所加强；2006年年底到2008年，房价增长趋缓，增幅为2%；2009—2010年，全国房地产市场一派欣欣向荣的景象，作为其中的一分子，天津贡献了19.1%的增长率。

成都：相比于天津房价的平稳增长，成都房价增长过程则略显波折。1998—2003年房价呈波动增长，累计增幅8%，处于房改过渡阶段的成都，房价一度呈现过度增长，稍后房价回归理性增长；2004—2006年，房价以14%的增幅迅速上涨，增幅较前一时期有所加强；2006年年底到2007年，房价小升后经历小降，到了2008年年底房价又回到2007年水平。2009—2010年房价强势增长，伴随着土地出让面积的扩大以及新近房地产项目的不断退出，增长率飙升至25.6%。

乌鲁木齐：因地区特点等因素，乌鲁木齐房价呈现出与全国房价不相符的增长趋势,1998—2003年房价大幅增长后大幅下跌,最高最低点差距5%,小幅增长3个百分点;2004—2006年,房价呈现下跌态势,累计下跌4个百分点;2006年年底到2008年,房地产市场日趋成熟,更加接近全国房价变化趋势,大幅上涨,涨幅达13%;2009—2010年,强势增长的态势继续延续,涨幅高达11.2%。通过以上分析我们发现,像新疆这样的多民族混居区域,很需要中央政府惠民政策的倾斜,以促进全国房地产市场总体健康发展。

（四）房价起伏波动上升型城市

在35个城市中,房价波动上升的有12个城市:大连、长春、宁波、厦门、青岛、昆明、呼和浩特、上海、杭州、合肥、深圳、广州。1998—2003年小幅波动,2004—2008年略有大幅波动,2009年之后的房价呈上升趋势。2004—2006年,房价以17%的增幅继续上涨,增幅较前一时期有所放缓;2006年年底到2007年,随着房地产制度日渐成熟,消费者观念日趋理性,房屋价格呈现小幅下跌,截至2008年年底累计下跌2%;2009—2010年,上海房地产市场持续过热,累计增长率高达25.1%。

下面选取上海市和深圳市进行分析。

上海:1998—2003年房价持续增长,累计增幅22%,此时上海正处在经济蓬勃发展的黄金时期,随着徐汇区、浦东区的大力开发,这两区逐步成为上海房价上升的主力。

深圳:深圳的房价增长相对比较整齐,1998—2003年房价平缓增长,1998年同2003年的房屋价格指数持平,深圳作为改革开放的先驱城市,顺利经历了房屋改革的过渡时期,房地产行业建设的各项工作都在有条不紊的进行中;2004—2006年,房价以16%增幅直线上涨,增幅较前一时期有所加强,深圳的房地产价值逐渐显现出来;2006年年底到2008年,随着房地产制度日渐成熟,消费者观念日趋理性,房屋价格出现先涨后跌,并于2007年达到最高点,稍后出现下滑趋势,截至2008年年底累计上涨3%;2009—2010年,乘着全国房价齐增的大势,深圳房价累计上涨11.3%。以上反映了房价变化的整体趋势和代表性城市的基本特征,而一片大好的房地产市场是否存在泡沫呢?

二、中国房地产价格过快上涨的经济原因

(一) 经济的周期性波动

房地产业作为投资集中、影响面广、与居住息息相关的产业,是国民经济重要的产业组成部分,受到宏观经济周期性波动的巨大影响。其影响集中表现在:一是伴随 GDP 变化所决定的固定资产投资增长波动的周期特征,房地产生产要素供给、要素结合程度以及房地产关联产业群在生产能力、地区分布、产业政策等方面都呈现周期性的变动。二是由于房地产商品的消费替代性较差,随着经济发展水平的变化,房地产的社会消费需求增长具有阶段性特征,从强调居住需求向强调多方面需求变迁,从强调数量到强调质量的转变,其价格不仅受供求规律约束,还与宏观经济增长以及宏观政策、社会政策及社会变迁有关,因此房地产经济运行具有周期性波动。三是由于房地产从购地、设计、施工到完工销售的建设周期短则一年,长则多年,从计划到转变为现实供给有比较长的时滞,使即期供求的时间连续性被割裂,而且房地产的地域附着性及固定性和政策制度的地区差异性,使得房地产在我国因行政区划不同而表现不一样,并且容易打破房地产市场供求在空间与时间上的一致性。房地产经济波动及其周期性的形成及具体波动形态,是在决定和影响房地产经济周期性波动的一般性规律的框架内,由中国特殊的房地产扩张与收缩机制交互作用的结果。房地产泡沫也随着宏观经济的扩张收缩而扩张收缩,这是泡沫运行的宏观动力机制。具体而言,经济起飞时期,对房地产高额投资回报的追求,政府、社会和消费者对发展经济、提高收入与提高生存质量的要求,以及中国固定资产投资约束机制的弱化等综合构成促进房地产经济扩张的机制;而收缩房地产发展的机制则包括基础产业薄弱、"瓶颈"制约、三次产业结构不均衡,以及对经济适用型产品缺乏利润保证与政策支持等。宏观经济扩张收缩以及整个经济基础和社会状况等作用到房地产业之后,房地产扩张与收缩机制在时间、空间上也按照扩张起步、扩张持续、抑制扩张、逐步收缩以及新一轮扩张表现出阶段性的中国房地产经济增长与波动的周期性特征。这就意味着,房地产泡沫形成往往与宏观经济的扩张收缩密切相关,并发生在宏观经济的繁荣阶段(正向泡沫)或者崩溃阶段(负向泡沫),与宏观经济发展和经济增长、工业化进程等保持着一定的同步性。

（二）土地供给的垄断性

房地产是附着于土地之上，土地的不可再生性、唯一性以及土地价格形成机制的特殊性等使得房地产市场与一般商品市场相比较，具有如下典型特征，这些特征决定了房地产泡沫的形态。一是供给弹性小。房地产具有地域附着性、唯一性等特征；房地产建设周期长，供给的时间滞后明显；土地是一种稀缺资源，且位置固定，城市土地一旦用途确定就很难改变，短期内供给几乎不变，长期供给也很少有调节空间；房地产的投资巨大，回收期相对较长，相对于需求的变动而言，房地产供给的变动一般相对滞后。二是需求具有不确定性。房地产需求可以分为消费需求、投资需求与投机需求。其中，消费需求受到收入、税收政策及按揭模式等的约束，比较稳定；投资、投机需求则受市场供求、心理预期、宏观经济增长预期、财政政策、货币政策等因素影响，变化不定，不易把握。而且投资与投机者可以是个人，也可能是机构。个人与机构在资金规模、操作技术与技巧以及与政府、开发商的关系等方面差异很大，两股力量之间以及他们与普通消费者之间的多方博弈，使得房地产的价格波动，即在房价上涨时，人们的理性和非理性使得价格可能远远脱离其内在价值。三是房地产交易成本比较低。由于房地产交易手段相对一般商品比较规范，场所相对集中，因此交易成本比较低。土地供给的稀缺和土地需求不确定性中的投机性，造成供求不易达到平衡，在低交易成本的条件下，人们的买卖行为变得更加频繁，更容易形成房地产泡沫。

（三）金融的自由化与房地产价格上涨

1. 金融自由化是房地产价格过快上涨的制度基础

金融自由化加快了虚拟经济与实物经济相背离的趋势，基于金融自由化建立的金融体系和金融制度加剧了房地产商品价值虚拟化，使之越来越容易脱离其基本价值；可以说金融自由化是房地产泡沫产生的制度性根源，它使房地产泡沫的产生成为必然。而且，金融自由化容易整合更多金融资源，同时也使得市场机制在资金流动中的作用发挥得更为充分，资本流动自主性增大，其中部分资金直接促进泡沫的形成与膨胀。信用制度、企业股份制度和交易所制度的发展促进了以货币存量与GDP比例上升为标志的金融深化及以银行票据、债券、股票和抵押单据为代表的金融创新，金融工具和产品的创新使大量资金滞留于金融市场，经济因而更趋虚拟化，使得房地产泡沫的形成成为可能。

2. 国际资本流动助推房地产价格过快上涨

中国改革开放、全球化及金融衍生工具加剧金融的自由化,使得资本在国际与国内之间转换的速度加快。从中国当前的实际情况来看,造成国际"热钱"进入房地产的深层原因有两个:一是利率因素,全球利率跟随美元走低;二是汇率因素,国际上普遍形成的人民币升值预期,以及中国房地产价格看涨的预期。最近几年的外资潜入主要是由于看涨人民币以及中国房地产具有投资价值,甚至有不少的外资潜入中国主要是希望在中国的房地产市场以及其他市场进行投机。一旦其他经济体有更多的机会,那么这些潜在的资金热很可能随着中国过渡期的结束,资本流动更加容易而出逃,危害中国经济发展。

国际资本市场的流动为房地产泡沫的产生与膨胀提供了充足的金融资源。从20世纪80年代以来发生在发展中国家的泡沫经济与金融危机中可以发现,各国在经济发展中都经历过这样一条途径:经济高速发展—金融自由化—大量外资进入—国内货币升值—出口下降—相当部分的外资流入房地产和非贸易部门—房地产市场和股市出现泡沫—经济结构失衡—经常项目赤字—债台高筑—倾向贬值—金融危机。

3. 银行房地产信贷力度的加大加速房地产价格上涨

银行房地产信贷主要涉及两类,一是房地产开发商开发投资,二是购房者的按揭贷款。由于房地产业是资金密集型行业,房地产开发必须拥有雄厚的资金。随着房地产开发规模的不断扩大,开发商主要的开发资金来源就是银行贷款。一方面,人民币的低利率水平使得廉价的银行贷款资金源源不断地流向了房地产市场,导致了银行系统对房地产业融资的快速增长和投机性需求的大量增加,并最终导致房价快速上涨;另一方面,在国家的大力支持下,住房抵押贷款从1998年后开始迅猛发展,这大大增强了居民的购买力,极大地提升了房地产市场的消费能力。

虚拟资本是同实际资本相分离的、能够带来"剩余价值"并具有独立的价值增殖运动规律的各种凭证的总称,它是资本的一种表现形式。房地产抵押贷款是一种信贷资产,其属性便是虚拟资本。在房地产金融发达的国家,房地产抵押贷款被重新包装之后实行证券化,极大地提高了资产的虚拟程度。因此房地产的定价,同其他虚拟资本一样常常脱离实际基础价值而形成泡沫。

三、中国房地产价格过快上涨的体制性原因

（一）房改政策与房地产价格

房地产价格迅速上涨与我国的经济体制改革,尤其是与1998年开始的房地产制度改革和住房制度的改革密切相关。统计数据显示,我国从20世纪90年代初开始,经济进入快速发展状态,1993—1994年达到高峰;接下来由于中央开始治理整顿经济过热,投资和住房规模一路下滑,1996—1997年进入谷底;从1998年开始,房地产业的增长形成一条非常陡峭的上升曲线,2000年房地产开工面积超过了2亿平方米,而2001年在此基础上,投资猛增将近30%。由此可见,房地产业的迅速发展和房地产价格的迅速攀升与房改政策有非常密切的关系。房地产在这次经济发展里扮演着车轮的角色,带动了整个经济的发展。正是由于这次改革,释放了大量潜在沉淀的社会资产和国民财富,房地产发展带动了整个社会经济的增长。改革增量主要带来的是制度释放出来的存量,人们切身体会到经济增长。

（二）制度惯性与房地产价格

从房地产市场发展的角度来看,20世纪90年代初期出台的一系列鼓励房地产发展的政策,事实上为这次房价的迅速攀升提供了基础性的政策支持。由于政策从出台、实施到产生效果往往都有一定的滞后期,再加上过去积极的政策仍然在发挥作用,这些因素共同形成政策惯性,在很大程度上抵消了政府出台的打压房价的政策效果。其一,土地制度与房地产泡沫。在土地资源保护与利用上,中央政府与地方政府、土地使用者的利益存在较大差异。在追逐政绩的短期行为模式下,地方政府更倾向于廉价出让优质土地。如同被掠夺性开采的矿产资源一样,区位条件较好的地产,开发一块,减少一块,不具有再生性。无论是旧有的土地"协议出让"制度,还是形似市场化的"招、拍、挂"制度,都无法降低房屋的成本。问题的关键在于市场机制无法正常地发挥作用,在于利益驱动政府对土地的过分行政管制。中国现阶段的土地出让金根本不是真实的市场价格,以所谓的"招标、拍卖、挂牌"方式取得的土地价格也没有反映真实的地产稀缺程度和供求关系。其二,寻租行为与房地产泡沫。寻租行为就是少数人在不完善的市场机制中,凭借其特有权利通过不平等的竞争而获得的非正常经济收入的行为。土地市场权利寻租的根源便是转轨时期

中国土地供应的"双轨制",政企不分的体制则为权利寻租提供了便利条件。同时,寻租者为了巩固既得利益,会坚持强化土地供应"双轨制"以及政企不分的经济体制。权利寻租者们利用国家给予的出让土地使用权的垄断权利谋私,这为土地投机、房地产泡沫的形成提供了机会。因此权利寻租成为中国地产泡沫形成的又一个推动因素。其三,贫富差距与房地产泡沫。贫富差距的存在,使得有钱人能够购买一套、两套或者多套住房,用于投资而不是用于居住和消费,从而使得空置房大量增加,房地产泡沫有增无减。国内也有部分学者对这一问题进行了深入的研究。

四、中国房地产价格过快上涨的传导及其影响

(一) 房地产价格上涨的传导

目前,我国房地产价格过快上涨在金融领域传导的形势最为严重。具体来看,这些传导机制主要体现在以下几个方面:

一是抵押贷款价值严重脱离市场实际。住房抵押贷款是金融机构最重要的信贷资产之一。一般而言,从资产的盈利性、安全性和流动性等方面分析,住房抵押贷款具有较高的保值和增值性,是金融机构盈利性较好的资产。但是我国房地产泡沫的传导降低了住房抵押的安全程度。

二是房地产价格过快上涨激发了银行的投资冲动,加速了不良房地产开发贷款。我国房地产开发的资金来源主要是依靠银行贷款,信贷资金是房地产企业快速发展的主要支柱。但是,我国房地产开发企业的信贷增长超常,以致到了疯狂的地步。截至2003年4月,房地产贷款余额达到18 357亿元,占商业银行各项贷款余额的17.6%(但房地产业占GDP总额的5%左右)。2003年上半年,固定资产投资1.9万亿元,同比增长31%;房地产开发投资3 817亿元,同比增长34%。房地产投资明显高于其他固定资产投资3个百分点。还有,从2002年下半年以来,国内多数地区出现了房地产投资增长迅猛、商品房空置面积增加、房价上涨过快及商品房结构严重失衡的局面。而且一些商业银行为了抢占市场份额,违反有关规定,放松信贷条件,住房投资过热无以复加。2003年17月,全国有11个省份房地产投资增速超过50%,35个大中城市有10个房地产投资增速超过70%,有些城市连续两年房价每年上涨20%,有的甚至上涨30%。这种局面很大程度上是由于房地产价格上涨的传导,诱发银行信贷资金哄抬房价的结果。

三是房地产过快上涨对货币政策的影响,加速了货币流通速度的不稳定性。投机性需求是货币需求的动机之一。房地产泡沫的传导加大了对房地产投机的货币需求,必然会降低货币的流通速度,反过来降低对房地产的需求。但是,房地产泡沫在我国货币市场的传导却并没有依循这条路径。巴曙松认为,在流动性充足条件下,可能形成流动性的房地产泡沫陷阱,是目前不少国家货币政策决策者所担忧的关键性问题。

四是房地产价格过快上涨在我国城镇居民心理渠道传导是深远的。为了调控房价,央行自2004年以来数次加息,但是至今总体房价并没有因加息而出现过快的升降,两三年来整体的效果仍呈现了稳中有升的态势。分析其心理原因在于,在房地产领域,供求双方之间的信息极其不对称,消费者所得到的信息即使不是扭曲的,也非来自一手信息。基于信息的不对称和不真实性,房地产潜在购买者更多是盲目的"跟风"。

(二)房地产价格过快上涨对中国经济的影响

1. 房地产价格上涨对我国宏观经济的影响

(1) 对经济增长的影响:

第一,房价过快上涨促使房屋由消费品转变成为投资品和投机品。房地产的投资与投机价值在房价高涨时会凸显出来,从而导致大量投资性或投机性需求的出现。而在房价稳定的情况下,房地产投资通常无利可图。

第二,土地资源会因为房价的过快上涨而低效利用。房价过快上涨所引起的房地产投资增加将会极大地刺激土地价格,使其过快上涨。而土地价格过快上涨直接导致土地的囤积,结果大量的土地闲置,导致土地的无效利用。

第三,房价上涨过快会影响社会的安定。当房价上涨幅度尚在人们可承受的范围时,它能刺激人们从事生产劳动和增加储蓄的积极性。但是,当房价上涨超出人们可承受的范围时,会极大地影响社会的安定,造成社会不稳定因素的出现。

第四,房价增长过快会导致全社会商务成本提高。其一是劳动者为抵消房价上涨使其生活质量下降,为避免此种情况出现必然要求增加劳动报酬,这会导致企业生产成本提高;其二是房价上涨会导致企业经营活动中土地费用的增加。

(2) 对生产和消费的影响:首先,房地产泡沫的传导,导致大量资金向房地产相关领域集聚,限制了其他产业的发展。其次,一方面,生产企业萎缩的结果,导致雇佣环境的恶化,居民的收入降低,甚至引发部分企业倒闭,而整体环境的恶化,增加了居民消费者对未来不可知因素的忧虑,因此必然要减少当前消费,增加储蓄。另一方面,家庭为了早日购房,不惜大举借债,造成家庭住房消费过度透支。再次,房地产泡沫的传导导致了经济结构和社会结构的失衡。地价上涨导致投资预算增加。

(3)房地产价格过快上涨在金融领域的传导,易于导致金融危机。首先,银行面对变现风险。由于我国对房地产开发自有资金比例要求较低而作为资金密集型的房地产业开发又需要大量的资金,银行贷款就成为房地产开发资金的最终提供者。在银行大量信贷资金的推动下,由于缺乏必要的风险控制意识和手段,降低了许多房地产开发商从事房地产项目开发的门槛,投机行为愈演愈烈,风险不断累积。其次,银行面对法律风险。房地产业是一个高固定成本、高经营杠杆的行业,且我国目前的房地产业是一个不成熟的新兴行业,其成长属于爆炸式成长,受政策和法律影响很大,房地产贷款的风险程度一般会很高。再次,银行可能引发金融危机。由于我国银行对房地产业资金投放过程中,标准被扭曲,缺乏必要的监督功能,因此大大削弱了银行体系的风险防范能力。

2. 房地产价格过快上涨对我国资源配置的影响

泡沫经济通常以繁荣开始以危机告终,其结果是造成资产价格的扭曲、资源配置的失误,从而危及金融体系和整个经济的可持续发展。

(1)对我国土地资源配置的影响。房地产商品由土地与建筑物两部分组成,土地是稀缺资源,供给有限,土地长期会增值,而建筑物由于折旧将减值。因此,土地的价值可以代表房产的价值。合理配置土地资源主要受到的制约在于:首先,自有资金不足使得开发能力受制约。2005年1—6月,房地产开发投资资金来源中自有资金比重仅为19.4%,加上资金市场融资被资本金比例不足所制约,缺乏开发或完成开发已购置土地的资金。其次,投机需求制约。2003年,房地产开发企业土地出让收入为1999年的2.1倍,相当于同期房屋出租收入的1.7倍。但由于部分房地产开发企业预期房价上涨,因而将已购置土地库存起来,以备涨价时出售。再次,产权不清的制约。由于土地数次倒手和多方合作开发,使得产权陷入混乱。

(2)对其他要素配置的影响。受房地产泡沫的传导机制影响,2006年下半年我国生产资料市场总体供求关系仍以平衡为主,市场价格保持高位运行。首先,能源类产品供求依然偏紧。煤炭需求增速有所趋缓,全年增长幅度在 10% 以内,市场需求总量将超过 21 亿吨;石油需求平稳增长,全年需求总量将达到 3.2 亿吨,比上年增长 5% 以上。成品油市场需求持续扩大,国内生产受资源约束,将继续保持低速增长。其次,黑色金属价格压力沉重。2006 年市场需求量将达到 4.4 亿吨,比上年增长 16%。再次,有色金属供求关系依然偏紧。全年铜的消费量约在 400 万吨,比上年增长 3% 左右。铜全年市场总需求量将突破 900 万吨,比上年大约增长 15%。

3. 房地产价格过快上涨对社会的影响

房地产价格过快上涨不仅会抑制其他产业的发展,影响城市竞争力,导致经济结构和社会结构的失衡,产生很大的负财富效应,对社会心理和人的行为造成不良影响。而且房地产价格泡沫的破灭将导致金融危机、生产和消费危机,严重时还可能会引发政治和社会危机。

第五节 本章总结

房地产泡沫是现阶段中国房地产行业面临的较大问题。本章对国内外房地产行业发展进行了对比,具体讨论了美国 21 世纪初期房地产市场泡沫、日本 90 年代房地产泡沫、香港地区 1997—2002 年房地产泡沫产生和破灭的原因,德国房地产稳健发展、未形成泡沫的原因,并就中国房地产价格合理性研究,结合本章实证部分的研究成果,就当前中国房地产过快上涨提出了可能性解释,并结合国际经验提出了相应的风险规避方法。

第九章 关于房利美的案例分析

房利美(Federal National Mortgage Association, Fannie Mae)，即联邦国民抵押贷款协会，成立于1938年，是最大的"美国政府赞助企业"。房利美是美国从事金融业务的一个专门机构，用以扩大资金在二级房屋消费市场上的流动。

从房利美的设置初衷来看，它是为了解决美国国民住房拥有问题而产生的，这对于我国目前住房保障制度的改革与完善有一定的借鉴意义；但是同时，房利美等美国住房金融企业也是自2008年开始的全球金融危机的一个重要的导火索。如何既能借鉴以房利美为代表的美国住房保障制度优点，实现本届政府"让翘首以盼的住房困难群众早日迁入新居"的目标，又能避免过度依赖二级市场融资而造成的过高风险，就成为一个重要的课题。有鉴于此，对美国住房金融制度下的主要代表——房利美进行研究十分必要。

本章安排如下：首先对房利美的产生背景、历史及主要业务做简要介绍，接着对其2001年以来不同阶段的外部影响因素、财务报表等材料进行分析，最后对研究进行总结，并对房利美乃至美国住房金融体系的未来发展趋势做简单预测。

第一节 房利美的相关历史

房利美作为大萧条期间罗斯福新政的一部分，成立于1938年，主要业务是在美国房屋按揭贷款二级市场中收购贷款，并通过向投资者发行机构债券或证券化的按揭债券，以较低成本集资，赚取利差。由于受到国会的特许，房利美发行的债券信用评级一直保持在AAA级，其筹资利率甚至低于AAA级公司筹资利率，仅比国债利率高一点。虽然国会表示只是允许房利美开展某些住房类金融业务，并不会给房利美提供信用或

第九章
关于房利美的案例分析

实物担保,但市场投资者依然相信国会会为房地产发行的证券兜底,而不会让房利美失去偿债能力。2007年8月次贷危机爆发之后,金融巨头的偿付违约事件爆发,加上投资者的恐慌情绪使短期利率急剧上升。房利美的偿债成本突然大幅提高,又难以通过发行新债券或住房抵押支持证券进行筹资,使其由原本依靠离差盈利变成亏损。在房利美深陷高达700亿美元的亏损后,美国联邦住房金融局为稳定住房金融市场而迅速对其进行了接管。2010年从纽约证交所退市,股票交易在场外交易议价板中进行。房利美大而不倒的传言终被证伪。2013年,房利美发派594亿美元股息。

房利美的发展历程主要经历了以下重要节点。

1938年,罗斯福新政中关于《国家住房法案》的修正案通过后,房利美公司成立。房利美由政府出资筹建,主营业务为房地产抵押贷款类金融业务,以提升房地产二级消费市场的资金流动性和使用效率。

1944年,房利美的经营范围扩大到贷款担保。

1950年,房利美从联邦贷款局中分离出来,归入到住宅和家庭财政局。

1954年,房利美发展改制成股份有限公司。联邦抵押联合会章程的修正案使得房利美成为混合所有制的公司,也就意味着在联邦政府持有优先股的基础上,普通民众可以持有普通股份。

1968年,Raymond H. Lapin成为房利美的总裁,他修改了公司的制度,《住房和城市发展法案》通过使得房利美成为一个私有的股份制公司。同时,当时的房利美公司被拆分为现在的房利美和吉利美(Government National Mortgage Association,Ginnie Mae),其中吉利美仍由政府机构经营,保持非营利性,作为住房和城镇开发部的一部分。

1970年,房利美首次公开发行股票并在纽约证券交易所上市。经联邦政府的授权,房利美得以购买未经联邦住宅管理局担保的抵押贷款。当年,联邦政府成立了"房地美"(Freddie Mac),与房利美共同活跃在房地产二级借贷市场。

1981年,David O. Maxwell成为公司的首席执行官,他调整了担保费用引入了抵押支持债券(MBS)。同年,房利美发行的首套房贷债券,即抵押贷款支持证券。

1984年,房利美首次在国外发放公司债券,从此公司涉足海外房地产金融市场。

1992年,房利美超过吉利美和房地美,成为圈内最大的MBS的发行商和担保商。同年,老布什政府签署住房社区发展法案,修订房利美和房地美的责任与主要目的,即为中低收入家庭提供住房贷款,让更多的家庭拥有住房,同时获得合理的经济回报。

1999年,Franklin D. Raines成为房利美的总裁,他将担保金额增加到24万美元。但迫于克林顿政府压力,在1977年《社区再投资法案》中特殊规定的内陆城市,房利美提高了组合证券投资的发行率,扩大了放贷数量。

2000年,美国住房和城市发展部要求不允许向高风险的住房贷款方发放贷款。但是到了2004年,这样的要求成了一纸空文,高风险的房屋贷款也获得了资金支持。

2007年,房利美净亏损20亿美元。

2008年8月,房利美董事会决定对其高管团队进行大幅调整,而CEO丹尼尔·穆德(Daniel Mudd)继续担任房利美掌门人。

2008年9月7日,美国政府宣布,从即日起将深陷困境的房利美接管并进行注资,同时,将原激进的高管团队全部替换。

2010年,房利美宣布其股票从纽交所退市,美国联邦住房金融局接管其股票在场外柜台系统的交易。

2011年8月8日,房利美评级被标普降为AA+。

2013年5月,房利美以发放股息的方式,将594亿美元的股息上交美国财政部。

第二节　房利美的主要业务

由于个人和家庭对于住房的购买需求迫切且稳定,而其抵押或质押品又少,价值偏低。传统商业银行由于其逐利性和严格的风险管控,难以给个人和家庭住房房贷者提供优惠的贷款利率和低抵押贷款。美国政府成立房利美的初衷就是为了解决这一难题,即国会松绑了对美国商业银行的风险管控,使其给予购房者较低的住房抵押贷款利率,然后房利美从这些商业银行手中以稍高的价格购入,为商业银行提供信心和流动资金,再通过资产证券化等一系列金融手段,将这些抵押贷款包装成各类证券,以高于买入价的价格出售给市场上的投资者,以获取差价。因此,房利美通过间接方式刺激了个人购房行为,壮大了房地产二级市场。

第九章
关于房利美的案例分析

房利美通过抵押贷款投资组合、单人家庭担保、住宅和社区开发这三类主要的业务为市场提供以下三项服务:

一、贷款担保证券

房利美于1981年开始涉足信贷担保业务。自成立之后,该项业务不断壮大。自1990年开始,房利美成为美国最大的抵押贷款担保证券机构发行者。在房利美的协助下,贷款机构将抵押贷款通过资产证券化手段变成抵押贷款担保证券,并由房利美对这些证券的信用质量提供担保。这种做法增强了证券的可销售性,使贷款机构可以更容易地出售其抵押贷款,从而补充贷款资金。

二、抵押贷款投资

自1938年成立之日起,房利美就开始经营抵押贷款投资业务,通过向国内外的投资者出售债券进行债务融资。在市场处于相对低位时,用这些筹来的资本从贷款机构和公开市场上购买抵押贷款资产,并持有这些抵押贷款,作为投资组合中的一部分,一直持有至到期还本付息或在市场处于相对高位时将其抛售获利。这种方法同样帮助贷款者补充了贷款资金。

三、家庭住房投资

房利美还为贷款机构对公寓大楼和其他出租住宅的开发项目提供融资支持,尤其是经济适用出租住宅。

房利美虽然是私人控股的股份制上市公司,但也接受政府资助,属于"政府支持公司"(GSE)。其主要业务是从抵押贷款公司、银行和其他房贷机构购买住房抵押贷款并将其证券化,然后打包、出售或自己持有。与商业银行不一样,房利美作为政府支持企业,只能向其他金融机构购买已做了的住房抵押贷款投资。房地美通过不断地进行低成本的短期债务融资再购买长期高回报的住房抵押贷款,维持其利润,这主要得益于长短期利差维持在一个稳定且较高的水平。而这一盈利模式也遭受着巨大的利率风险,一旦长短期利率差缩小甚至出现短期利率高于长期利率的流动性危机情形,房利美盈利将受到巨大损失,甚至走向破产。

第三节 2001—2007 年房利美运行状况的分析

一、主要外部影响因素

(一) 美国宏观经济与房地产业形势

2001—2007 年,美国宏观经济总体向好。虽然有互联网泡沫破灭和 "9·11" 恐怖袭击带来的冲击,但是由于这段时间美国个人消费支出保持较快增长,加之政府采取扩张性的财政政策,所以美国经济顶住了下行压力,基本保持正的增长率(见图 9-1)。

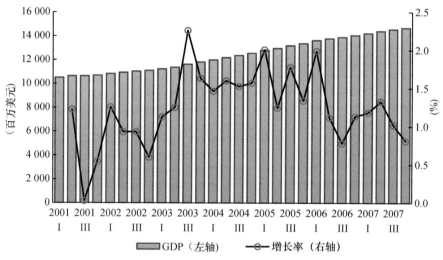

图 9-1　2001—2007 年美国季度 GDP 及其增长率
资料来源:美国商务部经济分析局(BEA)。

支持这一高增长率的一个重要因素即为联邦政府实施的扩张性财政政策。2001—2007 年处于小布什执政时期,一方面大规模减税,另一方面扩大政府财政支出,这两点构成了布什政府经济政策的核心。2001 年夏季,美国国会批准了布什政府提出的金额高达 1.35 万亿美元的减税计划和教育改革措施。减税措施从心理上对美国企业和消费者产生了积极作用,通过减税增加了劳动就业,刺激了居民消费,拉动了经济的增长,使美国的消费在经济衰退期间没有出现负增长,消费推动了经济的复苏。

发生于 2001 年 9 月 11 日的恐怖袭击使美国当季度的 GDP 增长速

度跌落至0.03%。但是由于之前政策的积累效应以及之后阿富汗战争带来的政府支出增加等原因,"9·11"后的美国经济保持了较强的恢复能力,GDP增长率仅用两个季度便恢复到了之前的水平。

与扩张性财政政策相对应的是较为灵活的货币政策。当时美联储为了阻止经济陷入衰退,实施了放松银根的低利率货币政策。自2001年起,美联储先后11次降息,至2002年11月6日,联邦基金利率已降至1.25%。而自2004年6月至2006年年底,美联储已连续第17次以相同幅度即0.25个百分点提息,联邦基金利率总计上升了4.25个百分点,达到5.25%,是过去5年来的最高水平。当时人们认为这是美联储为抑制房地产和金融市场增长过快而实现经济"软着陆"的明智举措。但从之后的经济形势来看,这一系列加息的举措更像是一次失败的"亡羊补牢"(见图9-2)。

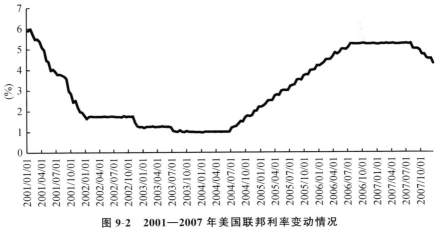

图9-2 2001—2007年美国联邦利率变动情况
资料来源:美联储。

与联邦利率同步,自2001年之后,美国住房抵押贷款利率也下降至3年多来的最低水平。罕见的低利率极大地刺激了人们的购房热情。截至2005年年底,美国居民住房销量连续五年创历史新高,4年时间累计涨幅达到了50.6%,美国房价连续高涨和全球流动性过剩也推动了西方主要发达国家房价的一路飙升,美国70年代以来累积的房地产泡沫进一步加剧。为了控制通货膨胀和防止住房市场泡沫化,美联储在2004—2006年三年间连续17次加息,并根据个人信用评级实行差别化贷款政策。后期的市场泡沫与利率政策在一定程度上影响了人们的相关购房决策,我们可以在图 9-3 与图 9-4 中看出一些端倪,即住房抵押贷款利率与反映购房意愿的相关指标基本呈反方向变动的趋势。

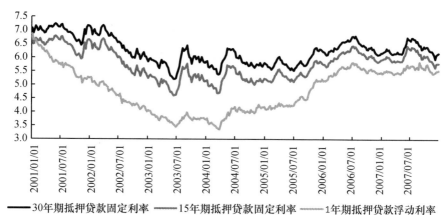

图 9-3　2001—2007 年美国住房抵押贷款利率变动情况

资料来源:Wind 资讯。

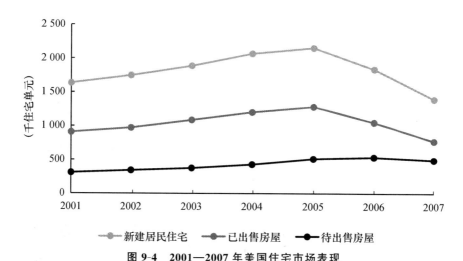

图 9-4　2001—2007 年美国住宅市场表现

资料来源:美国商务部统计局。

(二)相关立法进程

2005 年 5 月 26 日,美国众议院金融服务委员会(House Financial Services)以 65 票支持、5 票反对的绝对优势通过一项加强对房利美和房地美的监管力度的法案。美国财政部长斯诺针对这项投票结果发表声明称,政府将争取更为严格的立法,并称限制这两家公司巨大抵押贷款数额将至关重要。

2007年5月24日,美国众议院周二通过 H. R. 1427号法案,联邦政府将加强对美国最大的抵押贷款机构房利美和房地美的调控。该法案规定,房地美与房利美将合作建立价值30亿美元的房屋协助基金。两大公司将每年从利润中抽取5亿—6亿美元建立该基金,并用于为自然灾害受害者和低收入家庭建房。

二、财务报表分析

对企业财务报表分析的主要方法是杜邦分析体系,这是一种用来评价公司盈利能力和股东权益回报水平、从财务角度评价企业绩效的一种经典方法,其基本思想是将企业净资产收益率逐级分解为多项财务比率乘积,这样有助于深入分析比较企业经营业绩,其核心指标为权益净利率,将其分解为:

$$权益净利率 = \frac{净利润}{营业收入} \times \frac{营业收入}{总资产} \times \frac{总资产}{所有者权益}$$

简化后得:

$$权益净利率 = 营业净利率 \times 资产周转率 \times 权益乘数$$
$$= 资产净利率 \times 权益乘数$$

将房利美2001—2007年财务报表相关数据列示,如表9-1所示。

表9-1 2001—2007年房利美杜邦分析体系相关指标

年份	营业净利率(%)	资产周转率(%)	权益乘数	权益净利率(%)
2001	83.49	1.22	44.14	44.80
2002	75.60	0.70	28.36	14.90
2003	85.84	1.20	31.68	32.58
2004	69.53	0.84	26.19	15.37
2005	73.57	1.24	21.16	19.34
2006	49.84	1.00	20.27	10.15
2007	−162.56	0.36	20.00	−11.68

资料来源:根据BVD全球上市公司数据库、房利美年报相关数据计算。

可以得到,2001—2007年,房利美的权益净利率总体来讲是下降的,而且下降趋势较为明显。从财务角度来讲,在这一时期,房利美的总体盈利水平表现较差,从2001年的44.80%下降到2006年的10.15%,2007

年甚至出现了负值(见图9-5)。这从一个方面对房利美在次贷危机中的崩溃进行了强有力的解释。

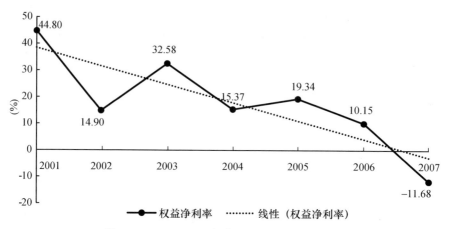

图9-5 2001—2007年房利美权益净利率趋势

我们对表9-1中相关数据进行分析可得,2001—2007年房利美的营业净利率总体呈现下降趋势,尤其是在2007年该指标跌到了惊人的-162.56%,这一方面说明房利美在一定程度上是引起次贷危机的原因之一,另一方面也说明房利美受次贷危机影响十分严重。另外,这一时期美国货币政策的先松后紧也在一定程度上造成了房利美的主营业务净利率的震荡下跌趋势。房利美同时期的资产周转率保持一个较为稳定的水平,说明企业的管理质量和资金利用效率较为稳定。而这一时期的权益乘数基本保持着下降的趋势,对其进行驱动因素分析,可以得到这一时期内,在总资本处于震荡波动的情况下,所有者权益却一直处于上升的态势中。

一般情况下,这种变动趋势反映了企业负债较少,财务杠杆率低,财务风险较低。但是这一时期房利美的营业净利率处于下降通道之中,并不具备增加所有者权益的一般条件。所以造成资产震荡同时所有者权益上升的原因可能有两点,一是降低或停止了给股东的股利分配,二是进行了一定的股权融资,或者将一部分的债务转为了股权。

进一步的分析支持了上述假设。如图9-6和表9-2所示,2001—2007年,房利美不断增发可赎回优先股,并在净利润下降的情况下不断提高留存收益,最终使期末的可赎回优先股达到了期初的8倍左右,留存收益也从期初的261.75亿美元增加到了期末的335.48亿美元。

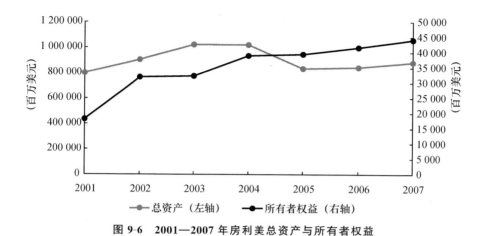

图 9-6 2001—2007 年房利美总资产与所有者权益

表 9-2 2001—2007 年房利美所有者权益详情　　　单位：百万美元

	2007	2006	2005	2004	2003	2002	2001
可赎回优先股	16 913	9 108	9 108	9 108	4 108	2 678	2 303
普通股	593	593	593	593	593	593	593
库存股	−7 512	−7 647	−7 736	−7 873	−7 656	−6 415	−5 539
股本溢价	1 831	1 942	1 913	1 982	1 985	1 839	1 651
留存收益	33 548	37 955	35 555	30 705	27 923	29 385	26 175
其他所有者储备	−1 362	−445	−131	4 387	5 315	−11 792	−7 065
合计：所有者权益	44 011	41 506	39 302	38 902	32 268	16 288	18 118

资料来源：BVD 全球上市公司数据库。

以上财务分析表明，在 2001—2007 年期间，房利美的财务健康程度趋于恶化，次贷危机的征兆已经多次表现出来。虽然从财务数据可以看出，房利美在此期间内实行了一系列的自救措施，但是由于宏观形势的变化与自身问题的积重难返，它在次贷危机真正到来时还是脆弱得不堪一击。

三、资产来源分析

企业资产的来源是负债与所有者权益。上一部分分析中的高权益乘数表明在房利美的资产来源体系中，负债占绝对的主导地位，所以本部分主要对负债的主要来源进行分析①,对使用者权益仅列示主要股东名单。

2001—2007 年房利美负债总量相对稳定,基本维持在 8 000 亿—10 000 亿美元(见图 9-7),其中 97% 以上为金融类负债(见图 9-8),"其他负债"实际占比非常小,对负债总额影响不大。

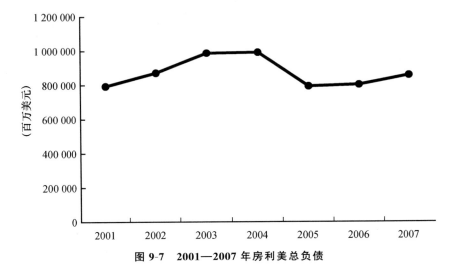

图 9-7　2001—2007 年房利美总负债

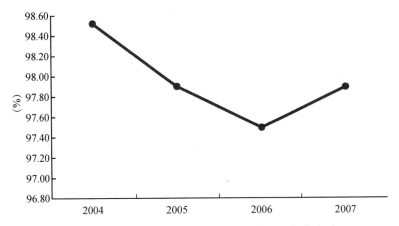

图 9-8　2004—2007 年房利美金融负债占总负债比重

---

①　由于 2001—2003 年财务报表格式较为混乱,很难进行结构比较;而 2004—2007 年财务报表负债部分均为统一格式,便于比较并发现结构变动。因此本部分主要对 2004—2007 年负债相关情况进行纵向比较。

第九章 关于房利美的案例分析

金融负债主要有以下几个来源。

短期债券：主要包括联邦基金购买和证券回购销售协议（Federal Funds Purchased and Securities Sold Under Agreements to Repurchase）、短期固定债（Fixed Short-term Debt）和短期流动债（Floating Short-term Debt）。

长期债券：主要有高级固定债（Senior Fixed），包括中期债券（Medium-term Notes）、基准票据和债券（Benchmark Notes & Bonds）、外汇票据债券（Foreign Exchange Notes & Bonds）,高级流动债（Senior Floating）（主要为中期债券）以及次级固定债券（Subordinated Fixed）[①]。

合并报表负债（Debt from Consolidations）。

在所有者权益方面，2001—2007 年房利美并没有增发普通股，其主要股东变动的途径均为二级市场交易，且主要股东基本为投资银行、基金等机构投资者。囿于数据可得性，现仅将部分年份的主要股东列示如表 9-3 所示。

四、基于 CAMEL 体系的分析

CAMEL 评价体系来自美国金融监管当局对美国商业银行的综合评价，因其衡量指标能够综合反映银行的各方面经营状况且指标首字母拼起来刚好组成英文单词"骆驼"而闻名，现已被世界各国投资者和监管机构广泛运用，或根据本国国情而在 CAMEL 评价体系指标上稍作修改而具体应用。其具体指标有 5 个方面，分别是资本充足性（Capital Adequacy）、资产质量（Asset Quality）、管理水平（Management）、盈利状况（Earnings）和流动性（Liquidity）。以下部分将基于 CAMEL 体系，按照这 5 个具体方面对房利美 2001—2007 年的经营状况进行分析。

（一）资本充足性

资本充足性是指银行的资本应保持既能经受还账损失的风险，又能正常运营，达到盈利的水平，这是衡量一家银行业务经营情况是否稳健的一个重要标志。一方面，银行的资本应该能够抵御其涉险资产的风险，即当风险变为现实时，银行资本足以弥补由此产生的损失；另一方面，对银

---

① 房利美通过自营商业银行发行定期（fixed）和不定期（floating）的中期票据，期限为 1—10 年。房利美同时定期发行大量高级和次级基准债券，给市场提供更多的有效性、流动性和可贸易性。房利美还发行外汇债券。其他长期债包括随时可偿还的和不可随时偿还的有价证券。

表 9-3 2001—2007 年房利美主要股东持股情况

年份	第一股东 公司名称	比例(%)	第二股东 公司名称	比例(%)	第三股东 公司名称	比例(%)	第四股东 公司名称	比例(%)	第五股东 公司名称	比例(%)
2001	FMR LLC	10.42	N/A	N/A	N/A	N/A	N/A	N/A	N/A	N/A
2002	FMR LLC	11.42	N/A	N/A	N/A	N/A	N/A	N/A	N/A	N/A
2003	N/A	N/A	N/A	N/A	N/A	N/A	N/A	N/A	N/A	N/A
2004	CAPITAL RESEARCH AND MANAGEMENT COMPANY	11.06	FIDELITY MANAGEMENT & RESEARCH COMPANY	7.70	FMR LLC	6.81	BLACKROCK INSTITUTIONAL TRUST COMPANY NATIONAL ASSOCIATION	6.37	CITIGROUP INC	6.26
2005	CAPITAL RESEARCH AND MANAGEMENT COMPANY	12.04	BLACKROCK INSTITUTIONAL TRUST COMPANY NATIONAL ASSOCIATION	7.29	CITIGROUP INC	5.24	AXA(法国)	5.02	FMR LLC	4.73
2006	CAPITAL RESEARCH AND MANAGEMENT COMPANY	15.46	BARCLAYS PLC (英国)	9.11	AXA(法国)	5.73	CITIGROUP INC	5.12	MORGAN STANLEY	4.49
2007	CAPITAL GROUP COMPANIES, INC., via its funds	22.77	CAPITAL RESEARCH GLOBAL INVESTORS	5.17	BARCLAYS PLC via its funds(英国)	4.16	AXA via its funds (法国)	3.82	FMR LLC via its funds	3.53

资料来源：根据 BVD 全球上市公司数据库等整理。

第九章
关于房利美的案例分析

行的资本要求应当适度,不能因为过高的资本充足性而影响其业务的开展与资产的扩张。

从计算上来讲,资本充足性主要考核银行的两个指标,即资本充足率和核心资本充足率。2001—2007年房利美的相关数据如表9-4和图9-9所示。

表9-4　2001—2007年房利美资本充足性指标　　　　　单位:%

年份	核心资本充足率	资本充足率
2001	3.302	3.285
2002	3.219	3.259
2003	3.707	3.753
2004	4.724	4.791
2005	6.246	6.323
2006	6.571	6.667
2007	6.693	7.134

资料来源:根据BVD全球上市公司数据库数据计算。

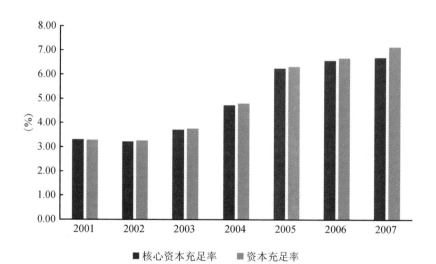

图9-9　2001—2007年房利美资本充足性指标

我们发现,2001—2007年,这两项指标均处于稳步提升的状态。资本充足率和核心资本充足率反映了商业银行在存款人和债权人的资产遭到损失后,该银行能以自有资本承担损失的程度。该指标目的在于抑制风险资产的过度膨胀,保护存款人和债权人的利益,保证银行等金融机构正常运营和发展。根据《巴塞尔协议》资本充足率应达到8%。显然,房利美虽然在提升资本充足率一项指标上做了较大努力,但是仍未能符合一般的国际要求标准,我们可以认为房利美的风险资产比例过高,不能够很好地保障存款人、债权人的利益。

(二)资产质量

顾名思义,资产质量考察一个金融机构的资产是否良好,从宏观上反映金融机构贷款的风险程度,及相关的社会经济和诚信等方面情况。一般来讲,金融机构的资产质量一方面要考察发生呆、坏账的比率,另一方面要考察发生呆、坏账时金融机构是否有足够的准备去应对。具体考察的指标一般有不良贷款率、拨备覆盖率、信用风险成本和不良贷款形成率四项。2001—2007年房利美的相关指标数据如表9-5所示。

表9-5 2001—2007年房利美资产质量相关指标　　　单位:%

年份	不良贷款率	准备金覆盖率	信用风险成本	不良贷款形成率
2001	1.43	5.54	−0.02	
2002	6.08	3.14	0.06	1.37
2003	5.62	3.45	0.10	0.84
2004	5.72	3.97	0.09	0.13
2005	6.32	3.35	0.11	0.07
2006	5.44	4.83	0.16	−0.64
2007	9.27	6.77	1.16	4.32

资料来源:根据BVD全球银行和金融机构数据库相关数据计算。

不良贷款率是指不良贷款(包括次级贷款、可疑类贷款和损失类贷款)与贷款总额的比,该指标反映了金融机构回收贷款的风险,是评价金融机构信贷资产安全状况的重要指标。根据表9-5,房利美的不良贷款率在2001年保持在较低水平,2002—2006年保持在6%上下,2007年这一指标显著提升到9.27%的水平。目前,我国的商业银行如中、农、工、建的不良贷款率均在3%上下,其他如中信、民生、浦发等银行的不良贷款率均低于2%。可见,自2002年以来,房利美的不良贷款率已经显著高于我国商业银行该指标数值。根据福布斯2011年的数据,美国的商业银行,如摩根大通、花旗的不良贷款比率分别为2.1%和1.8%。当然,作为住房政策性金融机构,房利美的不良贷款率不能直接与商业银行做比较,但是无论如何,相对较高的不良贷款率都是危机发生的一个征兆。

拨备覆盖率是实际上银行贷款可能发生的呆、坏账准备金的使用比率,是衡量商业银行贷款损失准备金计提是否充足的一个重要指标。从数值来看,房利美的拨备覆盖率基本为10%以下,远远低于同时期美国商业银行的拨备覆盖率(如 JP Morgan 同时期的拨备覆盖率在 100% 以上)。这说明了对于贷款的损失,房利美的拨备严重不足。

不良贷款形成率反映了不良贷款的增速,我们发现 2001—2007 年,除 2006 年不良贷款有所减少外,不良贷款的数量始终保持上升趋势,尤其以 2007 年的不良贷款形成率由原先的 1% 以下飙升至 4.32%,说明次贷危机在 2007 年的时候已经产生了规模性的不良影响。

信用风险成本 = 当期计提准备金/贷款平均余额,反映银行对于应对风险的承受能力。整体上看房利美的信用风险成本呈上升趋势,2007 年上升速度尤为明显,反映了房利美对于风险提升的预期,故增加了计提准备金数量。

总体来说,在 2001—2007 年期间,房利美的资产质量呈现下降趋势,这一方面反映了宏观经济中的不稳定因素,另一方面也反映了房利美在这一时期可能采取了较为激进的发展策略,积累了风险。

(三) 经营管理能力

经营管理能力一般对金融监管的发展战略和管理层策略等方面进行评估。评价管理能力的定性分析要多于定量分析的指标。对金融机构的经营管理能力分析,可以有效补充与印证金融机构其他几类指标。

对于 2001—2007 年房利美的经营管理能力,我们从以下几个方面进行考量。

(1) 从发展战略和管理层经验看,房利美的几大目标之间互有矛盾。房利美的战略不仅包括积极扩大企业的信贷担保和发展证券投资业务,还包括提升房利美作为世界上风险最低的金融机构的企业形象,以便于利用与联邦政府的特殊关系使经济利益最大化。

2003 年年底,为了实现每股收益翻一番的承诺,房利美高管认为公司必须实现三个业务目标:首先,在信贷担保业务,房利美必须将单一家庭抵押市场的更大份额证券化,并在某种程度上渗透到次级抵押贷款市场;其次,在证券投资业务,管理层必须快速增加房利美保留按揭贷款组合的规模,同时避免压缩投资组合的净息差(从资产上获得的平均利率和在负债上支付的平均利率之间的差额),房利美要在没有利润压缩的条件下实现快速增长,必须快速扩张抵押贷款市场以适应需求的增加;再次,高管认为每股收益增长的实现应该是稳定的而不是波动的,低风险的企业形象有利于企业的低成本融资。

然而,上述三个业务目标之间是存在矛盾的。首先,目标的制定忽略了这样的事实,即房利美保留按揭贷款组合的战略涉及重大的利率风险。利率的变动改变了借款人预付的比率和房利美拥有的资产组合中资产的持有时间,资产持有时间的变化将影响到持有资产组合的差异,取决于企业是否有购买资产负债表负债方的期权,以与嵌入抵押贷款中的预付款期权相匹配。

房利美的策略是将 50%—60% 的抵押资产选择权与可比的债务选择权相匹配。房利美的董事会成员应该发现,公司的策略并没有对冲所有的风险,相关的利率风险将会导致收益的波动,公司将难以维持稳定的每股收益增长。同时,会计准则也将会导致房利美盈余的波动,尤其是 FAS 133(美国财务会计准则公告第 133 号)的采用,公司面临的利率风险及相关会计准则的采用都将对公司的盈余产生影响,难以实现每股收益的稳定增长。

(2) 从员工的激励制度看,房利美的员工评估制度在一定程度上扭曲了激励。在房利美,每个管理人员的表现都需要由其下属员工、同级同事及上级领导做出评估,最后的整体表现评价应平衡反映经营成果和领导能力。最终的表现评价决定了管理人员可以获得的奖金和与目标实现相关的长期激励薪酬。具体来看,管理人员的薪酬包括基本工资、年度激励计划奖金、长期激励奖三部分内容。与业绩高度挂钩的奖金和奖金计划中的上限和下限,给予房利美高管人员强烈的刺激,导致了他们不诚实和违法的行为。在 2006 年 5 月 OFHEO(联邦住房企业监督办公室)针对房利美出具的一份报告中也明确指出,房利美的管理层薪酬制度设计不合理是其出现会计差错的根源。

(3) 从公司治理与内部控制来看,房利美存在着比较重大的缺陷。从 2000 年开始,房利美的首席财务官 Tim Howard 不仅负责监管公司的财务和会计政策,还负责所有信贷和利率风险的制定,相当于房利美的首席风险官,他既负责制定风险政策又负责进行风险分析。这样就出现了内部控制的重要缺陷,导致错误或者是不当的操纵不能受到牵制方的检查,财务报告的结果容易受到监管会计的个人的影响和操纵。

2004 年房利美任命 Adolfo Marzol 为首席信贷主任。因为 Adolfo

Marzol 向 Howard 汇报工作,所以 Howard 的权力进一步集中了,各种不相容的权力集中到了一个人身上。时任房利美 CEO 的 Franklin Raines 应该对公司高管人员的职责分离不足负直接责任。

复杂的新的会计标准的执行、业务规模的迅速发展和 2002 年《萨班斯-奥克斯利法案》的通过以及 2003 年房利美在 SEC 登记注册,都需要高管人员投入足够的资源来增强公司的会计和财务报告职能。然而,为了实现盈余目标,高管人员要求公司在保持快速增长的同时维持尽可能低的行政和其他有关的基础设施开支。高管人员的这一态度使房利美长期在资源不足和制度不完善的状态下运营。

(四) 盈利状况

对盈利状况的考察一般通过资本收益率(ROA)、权益净利率(ROE)、生息资产净息差(NIM)等指标。由于上文财务报表分析部分已对权益净利率进行分析,资本收益率和权益净利率本质相同,所以这里不再赘述。

生息资产净息差(NIM)指的是金融机构净利息收入和全部生息资产的比值,是衡量金融机构净利息收入水平最常用的标准。在利率市场化环境中可以传递银行系统效率,其基本计算公式为:

$$\text{NIM} = \frac{\text{全部利息收入} - \text{全部利息支出}}{\text{全部生息资产}}$$

2001—2007 年房利美的相关数据如表 9-6 所示。

表 9-6　2001—2007 年房利美 NIM 数据　　　　　单位:百万美元

年度	总利息收入 (1)	总利息支出 (2)	净利息收入 (3)=(1)−(2)	总生息资产 (4)	NIM (5)=(3)/(4)
2001	49 170	41 080	8 090	779 721	1.04%
2002	50 924	32 498	18 426	864 378	2.13%
2003	49 064	29 587	19 477	989 430	1.97%
2004	47 818	29 737	18 081	981 928	1.84%
2005	44 844	33 339	11 505	791 140	1.45%
2006	43 627	36 875	6 752	794 518	0.85%
2007	44 766	40 185	4 581	812 875	0.56%

资料来源:根据 BVD 全球银行和金融机构数据库相关数据计算。

在这段期间中,房利美的 NIM 在 2002 年达到 2.13% 的高点后不断下滑,直至2007年0.56%的低点。究其原因,虽然有总利息收入减少的影响,但更主要的因素应该是总利息支出的大幅增加。在2001年,虽然总利息支出是本阶段内最高的410.8亿美元,但同时总利息收入也是阶段内第二高的491.7亿美元,所以此时NIM依然差强人意。从表9-6中数据推测,2002年与2003年房利美进行了一定的财务改革与控制,在保证总利息收入基本不变的同时降低了总利息支出,所以这两年的NIM提高明显。而之后由于美联储逐步加息等外部宏观环境的变化,以及房利美自身问题,直接导致了总利息支出不断高涨,从而造成NIM的逐年下跌。我们推测这一阶段房利美的基础资金链可能出现了一定问题,从而导致了收益的降低与经营环境的变差。

(五) 流动性

该部分指标主要考察银行存款的变动情况,银行对借入资金的依赖程度,可随时变现的流动资产数量,资产负债的管理、控制能力,借入资金的频率以及迅速筹措资金等能力。一般的指标有贷存比、流动比率、融资结构比率和债券比例等(见表9-7)。

表9-7 2001—2007年房利美流动性指标　　　　单位:%

年份	流动比率	贷存比
2001	4.60	205.29
2002	5.08	110.50
2003	17.65	114.89
2004	13.30	124.39
2005	15.86	211.36
2006	16.92	230.35
2007	49.99	171.69

资料来源:BVD全球银行和金融机构数据库。

流动比率是流动资产和流动负债的比值,考察金融机构短期偿债能力,若该指标过低则可能造成金融机构"钱荒"的现象,导致较大的风险。从该指标来看,2001—2007年房利美的短期偿债能力虽然有所提升,但是除了2007年之外,其他年份的流动比率绝对水平偏低。而在横向比较中,房利美的流动比率相对于一般商业银行也十分低下(见表9-8),在2004年及之前甚至也大幅低于同行业的房地美。但是在2004年之后,由于房地美的流动比率下降明显,房利美的短期偿债能力在行业内有所上升。

表 9-8 2001—2007 年部分金融机构流动比率横向比较   单位:%

年份	房利美	房地美	摩根大通
2001	4.60	40.53	70.53
2002	5.08	39.98	74.47
2003	17.65	32.53	83.93
2004	13.30	28.09	76.09
2005	15.86	11.96	74.56
2006	16.92	14.72	72.09
2007	49.99	9.88	76.08

资料来源:BVD 全球银行和金融机构数据库。

贷存比是银行资产负债表中的贷款资产占存款负债的比例。对于金融机构而言,贷存比过低说明盈利能力不足,随着贷存比的提高,资金运用能力也会提高,但是流动性风险随之加大。对于房利美而言,2001—2007 年的贷存比保持在 100% 以上,甚至有 3 年超过 200%。结合其相对较低的流动比率,可以得到在这段时期内,房利美的流动性风险较大,偿债能力欠佳。

根据以上分析,我们可以看出,在 2001—2007 年期间,房利美实行了较为激进的扩张的发展策略,对内部资金质量和财务管理控制力度不足,这可以视作其在金融危机中濒临崩溃的原因之一。

第四节 本章总结

本章对美国住房金融制度下的主要代表——房利美进行研究,就房利美的主要业务、2001—2007 年运行状况分析,结果发现:(1)贷款担保证券、抵押贷款投资、家庭住房投资是房利美公司的主要业务,为贷款者提供稳定的抵押贷款资金流;(2)在 2001—2007 年期间,房利美实行了较为激进的扩张的发展策略,对内部资金质量和财务管理控制力度不足,这可以视作其在金融危机中濒临崩溃的原因之一,我国的住房金融体系在之后的发展过程中要吸取经验教训。

第十章　北京市房地产行业预警机制的建立

2002年,建设部、国家计委、财政部、国土资源部、中国人民银行、国家税务总局六部门发布了《关于加强房地产市场宏观调控促进房地产市场健康发展的若干意见》,其中指出要尽快建立全国房地产市场的预警预报系统,防止房地产市场过热,避免市场大起大落。随后上海、天津等十余个城市进行了房地产预警系统建立的探索,构建符合当地实际情况的指标体系。目前,我国全国性和区域性房地产预警体系也逐渐完善。本章梳理房地产行业预警相关理论,整理目前国内采用较多的预警指标体系,尝试提出适用于北京市的房地产行业预警体系。

第一节　房地产行业预警相关理论

一、房地产行业预警的含义

(一)房地产预警的含义

房地产泡沫的预警机制,是从20世纪的30年代,美国经济统计学家穆尔采用多指标综合的方法来构建美国宏观经济预警系统开始的,到现在八十余年。

房地产预警系统是指根据房地产市场的基本运营理论,归纳并总结房地产市场的发展经验,同时参考其他类似经济体的房地产市场运营状况,分析房地产市场内部、外部因素的影响,结合所在国家地区的政策目标、经济发展规律,归纳并总结出房地产市场运行趋势,未来是否有较大的机遇或危机。同时选择并建立一系列适用于当下市场的,可以反映市场行情的指标体系,揭示目前房地产市场是否存在潜在的危机,在早期发现并加以控制,对房地产市场的发展态势进行准确合理的判断,避免市场大范围的波动震荡,降低房地产市场的供需失衡,最大限度地保障房地产市场的稳健发展,促进经济的稳健运行(胡鹏等,2003;李崇明,2003;叶艳兵和丁烈云,2001;鲍小飞,2005)。

(二)房地产预警中的基本概念

房地产预警系统主要有六个组成部分,分别是警情、警源、警素、警兆、警限和警度。

警情也被称作警义,是在进行房地产市场预警时,明确需要监测和预报的内容。由于房地产发展速度过快,超过了经济正常运行发展的承受能力,造成房地产业内部结构严重失衡和供需失衡,不利于房地产市场的进一步发展,需要进行警情的确定。

警源是指引起警情产生的因素,由外生警源和内生警源组成。外生警源指会对房地产市场产生影响的宏观因素和自然环境,包括政策法规、通货膨胀、汇率涨跌等。内生警源则包含投资规模、结构成本等要素,通过在房地产参与主体内部产生。

警素是警源的具体组成部分,通常作为监测警情的具体指标使用。

警兆是一种特殊的、最能反映房地产市场警情变化的警素,一般是在对警源的描述和归纳的基础上提炼出来的。

警限也被称为警级,是区间性的概念,表示警兆的变化范围,也可以指多个警兆指标综合评价后的结果的变化范围。

警度表示警情的程度,警度的预报是根据若干个警兆指标综合评价之后得到的综合预警指数和警级标准来对警情做出预判,是判断警情的重要依据。

完整的预警系统包括确定监测预警的对象、寻找警源、选定警兆指标、确定警限、核算综合预警指数、划分警限、预报警度。

二、房地产预警理论研究

(一)国内研究现状分析

经过了房地产市场的一番变动,我国于20世纪90年代中后期开始研究房地产预警系统。学者们根据经济发展理论和房地产市场自身特点,尝试摸索适用于我国实际的房地产预警系统,取得了一定的成就。

梁运斌(1995)提出建立房地产预警系统,根据经济周期理论,构建房地产市场景气指数,判断房地产市场的发展趋势。

赵黎明等(1999)在比较了多种预警体系的基础上,将销售率作为警情指标,通过时差分析法选出了投资额同比增长率等六个指标作为警兆指标,以十年平均增长率为基础确定了警限,构建了房地产预警系统。同时指出由于经济的波动性以及房地产市场受经济波动显著影响,房地产预警系统应是动态的,各个指标应随着经济的发展而不断更新。

罗平等(2001)采用了系统动力学中的仿真模型的方法,将房地产市场分为市场供给、市场需求和土地价值三个主要的子模块,构建了兰州市1996—2010年的住宅价格市场仿真图,论证了构建预警系统时采用动力学模型的可行性。

袁志刚(2003)构建了局部均衡模型,测算房地产的真实价值、测度泡沫规模、推导泡沫的合理值以及泡沫破灭的条件。模型得出,泡沫的破灭与泡沫规模、政策、通过膨胀程度、居民可支配收入的趋势、银行利率的变动趋势、银行抵押贷款比例的变动趋势有关。

吕江林(2010)讨论了租售比、空置率等较为常用的指标其实并不适用于我国的市场,房价收入比是较为合适的讨论房地产市场热度的指标。其选用2006—2008年全国35个城市的数据,推导出居民可以承受的最高房价收入比为7倍。再高过这个数值时,房地产市场可认为存在泡沫。

师应来和王平(2011)采用了主观与客观相结合的方法确定房地产预警系统。采用武汉市1999—2009年的房地产市场数据,首先使用综合分析法选出了三类18个可以反映房地产市场发展状况的指标,其次使用聚类分析方法选出最重要的9个指标,通过系统化方法和经验方法确定了警限,层次分析法确定了各个指标的权重,最终测算出武汉市各个年份的警度值和房地产市场处在偏冷、平稳或偏热的状态。

住建部对于房地产市场预警系统也进行了一定的研究,包括房地产市场基础数据的收集、整理、发布,房地产市场预警预报系统的建立,信息系统数据库的建立。

(二) 国外研究现状分析

19世纪末期,法国学者开始了对预警系统的研究。当时的研究以经济波动为基础,主要测度了国家经济的波动。法国学者采用了黑、灰、淡红、正红四种颜色划分了1877—1887年法国经济的波动;英国学者1903年绘制了描述国家宏观经济运行状况的"国家波动图";美国哈佛大学"经济调查委员会"于1917年首次发布了"哈佛指数","哈佛指数"是依据美国 1875—1913 年的经济数据编制,在之后的实践检验中也显示出了较好的效果。20 世纪 50 年代,经济预警方法出现了扩散指数,该指数根据出现作用的时间,分为先行指标、同步指标、滞后指标构成指标体系。

经济周期波动利率还是经济预警理论的基础,有景气循环法、综合模拟法、状态空间法多种方法,其中基于景气循环法,配合先行指标的方法最为主流,主成分分析法、聚类分析法、灰色关联度法是主要的确定指标的方法。

国外房地产市场预警系统出现较早,较为成熟,其中所用的方法值得我们借鉴。但是在实际使用中,还要考虑我国的实际,在指标的选取上慎重取舍。

三、房地产行业预警的方法

出于准确性考虑,定性分析的方法不适用于房地产预警系统的建立,主要考虑统计量化的方法。统计量化方法主要分为以下三种。

（一）指数预警方法

指数预警方法,也被称作景气指数法,是通过变量之间时差关系的变化来反映景气情况,一般通过构建合成指数和扩散指数。景气指数法通过一组对房地产市场变动敏感性强的指标的变动情况,来反映当前和未来市场景气变动情况。为了正确预测房地产市场的波动过程,必须综合考虑投资、生产、消费等各个领域的景气变动情况及其相互关系。各个领域的周期波动并不是同时发生的,有的领域有的指标的变动将领先于整个房地产经济实体的波动,有的和整个经济波动相一致,有的还滞后于整个经济的波动。从各个领域选取对变动敏感性高,并具有代表性的经济指标,先将这些指标按照与整个经济波动前后关系分类,然后分别合成为一组景气指数,从不同角度对整个房地产市场波动的时间和强度进行反映。扩散指数和合成指数编制的原理不一样,所反映的信息和具体功能也有很大差异,一般分别编制这两种指数,相互验证,提高准确度。

（二）统计预警方法

统计预警方法对预警指标的统计量进行显著性检验,判别分析、回归分析属于同级预警方法。在统计预警方法中,相对于指数预警方法,对规范性的强调较差。

（1）判别分析。判别分析法是对研究对象所在类别进行判断的一种方法。在进行判别分析时,要提取一些能够描述观察对象特征的变量,建立判别函数。通过多元的分析,将判别函数错误率降到最低。

(2)回归分析。回归分析是判断变量之间的联系,通过合适的模型来展示变量间的变化关系。因子分析法、主成分分析法等多元统计方法是目前房地产行业预警系统构建中较为常用的方法。

(三)模型预警方法

模型预警方法分为线性和非线性模型,是以警兆为自变量进行回归分析,是对指数预警和统计预警的进一步分析。ARMA、ARCH、VAR、STV等为线性模型,0-1二元选择模型、神经网络模型为非线性模型。大部分模型为线性模型。

第二节 房地产行业预警指标体系

目前为止,对于房地产预警及景气指标体系的研究分类主要有两种,第一种是根据预警指标相对于市场产生作用的时间差别分为先行指标(Leading Indicator)、同步指标(Coincident Indicator)和滞后指标(Lagging Indicator);第二种是根据预警指标对房地产业影响程度的大小,分为同国民经济协调关系指标、同市场协调关系指标和产业内部协调关系指标。按照时间的先后顺序,各指标体系的详细内容如下。

一、中国房地产指数系统(1994)

中国房地产指数系统(China Real Estate Index System,CREIs)最早由国务院发展研究中心、中国房地产协会、中国房地产开发集团于1994年发起,通过价格指数统计系统,反映我国主要城市房地产市场发展的热度与轨迹。该指数系统主要包括"百城价格指数""新房价格指数"和"二手房价格指数"。

1. 百城价格指数

"百城价格指数"监测的样本包括商品住宅、别墅、保障性住房。样本覆盖城区、郊区以及房地产市场较为发达的下辖县市。

全国及单个城市平均价格计算方法为:

$$P_{ij}^{t} = \frac{\sum P_{ij}^{t} \cdot Q_{ij}}{\sum Q_{ij}}$$

其中，P_j^t 代表第 j 个城市在第 t 期的平均价格，P_{ij}^t 代表第 j 个城市第 i 个项目在第 t 期的价格，Q_{ij} 为该项目调整后的建筑面积。

全国及单个城市的价格中位数计算方法为：取各城市全部样本项目价格的中位数，中位数是指将数据按大小顺序排列成一个数列，居于数列中间位置的那个数据。若总共有偶数个数据，则为最中间两个数据的算术平均值。

2. 新房价格指数

以 2000 年 12 月为基期，当时北京的基点为 1 000 点，其他城市或物业在基期的点位通过当时的均价与北京进行比较得出。住宅、写字楼、商业营业用房等分物业指数通过拉氏指数理论计算，并通过加权得到城市综合指数。住宅、写字楼、商铺、别墅等分物业指数的计算公式为：

$$I_t^l = \frac{\sum P_i^t A_i^{t-1}}{\sum P_i^{t-1} A_i^{t-1}} - I_{t-1}^l$$

其中，I_t^l 和 I_{t-1}^l 分别是 t 和 $t-1$ 期的价格指数，P 为物业价格，A_i^t 为当期建筑面积。城市综合指数由该城市的住宅、写字楼、商铺三类物业的指数加权平均得出，权重分别为 0.75、0.15、0.1。

3. 二手房价格指数

主城区二手住宅销售价格指数每个样本共采集物业类型、建筑面积、挂牌总价、户型、朝向、楼层、周边配套等 10 个指标信息。按市场实际情况和系统设计标准划分各城市观测区片确定样本点，同时选择该区片信誉好、业务量大的经纪公司作为提供数据的样本单位。各城市均以北京 2004 年 12 月为基期，基期指数 1 000 点。住宅租赁价格指数计算公式与新房价格指数相同。

二、全国房地产开发业综合景气指数（1997）

全国房地产开发业综合景气指数（简称"国房景气指数"）是国家统计局在 1997 年研制并建立的一套针对房地产业发展变化趋势和变化程度的综合量化反映的指数体系，它从土地、资金和市场需求这三个基本条件出发，根据经济周期波动理论和景气指数原理，采用合成指数的计算方法编制。"国房景气指数"的指数指标体系分为两部分：一是参与计算用的指数指标，二是用于分析研究的指数指标。具体指标如表 10-1 所示。

表 10-1 全国房地产开发业综合景气指数指标

指标类型	序号	指标名称
参与计算	X1	土地出让收入指数
	X2	完成开发土地面积指数
	X3	房地产开发投资指数
	X4	资金来源指数
	X5	商品房销售价格指数
	X6	新开工面积指数
	X7	房屋竣工面积指数
	X8	空置面积指数
分析研究	X9	新开工面积指数
	X10	房屋施工面积指数
	X11	国有单位投资指数
	X12	国内贷款指数
	X13	利用外资指数
	X14	自筹资金指数
	X15	住宅销售价格指数
	X16	办公楼销售价格指数
	X17	商业营业用房销售价格指数
	X18	个人商品房销售额指数
	X19	竣工房屋价值指数
	X20	住宅空置面积指数
	X21	办公楼空置面积指数
	X22	商业营业用房空置面积指数

全国房地产开发业综合景气指数是以1995年3月为基期,对比计算出的综合指数体系,其数据资料来自国家统计局房地产统计机构进行的全面调查,而且数据资料可以月月更新,以保证"国房景气指数"能及时、准确地反映当前房地产市场的运行状况(见图10-1)。

三、上海市房地产市场预警预报体系

上海房地产市场预警预报体系研究主要包括建立并完善"基于GIS的房地产权籍管理信息系统"和"房地产市场管理信息系统",在此基础上编制房地产市场预警预报指标体系,以此对房地产市场进行动态监测,评价市场运行状况,预测分析未来走势。

在该体系中,房地产市场预警预报指标分为市场即期指标、市场预计

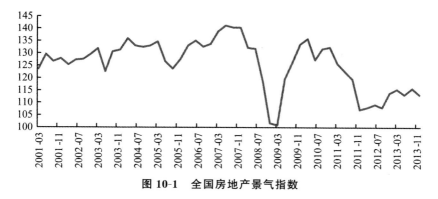

图 10-1 全国房地产景气指数

指标和价格贷款指标三部分。通常情况下,市场即期指标和市场预期指标配合房地产价格和贷款指标分别预报和预测房地产市场运行情况(见表 10-2)。

表 10-2 上海市房地产市场预警预报体系

指标类别	序号	指标名称
市场预期指标	X1	房地产开发投资额增幅
	X2	房地产开发投资额占全社会固定资产投资额的比例
	X3	新增土地可建面积与新建商品房开工面积之比
	X4	商品房新开工面积占施工面积的比例
	X5	商品房销售额与开发投资额之比
市场即期指标	X6	商品房预售面积与批准预售面积之比
	X7	商品房销售面积与竣工面积之比
	X8	住房买卖面积与社会住房总量之比
	X9	新建商品房住宅空置率
价格贷款指标	X10	商品住宅预售指数增幅与 GDP 增长率之比
	X11	存量住房买卖价格指数增幅
	X12	个人购房信贷比
	X13	房地产开发企业贷款余额占全社会企业贷款余额之比

四、深圳房地产预警体系

深圳房地产预警体系研究结合深圳市房地产发展的实际情况,分析周期波动,建立预警指标体系;运用数理统计方法,设计运行房地产预警系统;通过单指标预警和综合指数预警,对深圳房地产业的发展历程进行评价,对当前的发展进行监测,并对未来的发展趋势进行预警。深圳市目前已经建立基于景气循环的房地产预警预报系统,并尝试性地建立了基于系统动力学方法的房地产动态仿真及监控系统,以达到对房地产系统仿真、监控、预测和政策试验的目的。

第三节　北京市房地产行业预警体系构建

由前文可知,目前我国已有全国性房地产景气指数系统,上海市与深圳市也依据自身城市特点,展开了各自的房地产预警指标体系构建。北京市目前相关研究较少,本节试图在其他研究的基础上,构建北京市房地产行业预警体系。

一、指标选取原则

1. 指标典型

房地产预警系统从本质上看是一个行业经济或地区经济系统,因此要选择与房地产市场密切相关的、重要的、影响较大的指标,所选择的警情指标要有明确的经济意义。这样有利于分析房地产经济运行的基本规律和房地产周期波动的成因,有利于从经济意义上识别警情要素的本质特征,有利于采取符合经济规律的手段对房地产警情进行调控。

2. 指标体系全面

指标体系的全面性是指对于任意一种经济波动形态或警情,都能从指标体系中找到一个或一组指标来度量,具体地表现在以下四个方面:房地产开发经营过程的全面性,即指标选取覆盖整个开发经营的全过程(土地取得、房屋建设、市场销售及售后服务);房地产市场影响因素的全面性,即指标选取既要考虑影响房地产市场的内部因素(土地成本、建材成本及资金投入),也要考虑影响房地产市场的外部因素(宏观经济环境和相关产业状况);房地产市场供求的全面性,即指标选择既要考虑供给层面,又要考虑需求层面;房地产市场要素的全面性,即指标选取覆盖房地产市场要素所包括的资金、物质和人力资源。然而,由于我国房地产业发展历程较短且正处于发展变革阶段,指标体系的全面只能是相对的,随着房地产市场的完善和统计制度的健全,指标体系将会逐步完善。

3. 指标数据来源可靠

预警指标的统计数据可获得,并且来源要可靠。所谓可靠:一是指数据的准确性;二是指统计口径的一致性。充分性要求该指标的统计工作样本区间有足够的长度,以便能够从较长的历史变化中分析出波动的循环规律性。

4. 指标之间协调

协调性是指一些指标波动时,另一些指标的波动倾向要早一段时间或晚一段时间,表现出相应的变化。在指标的相对稳定性的基础上,可以通过分析指标之间的协调性,找出指标之间的有一定规律的时差,并通过先行指标转折点出现的时间和先行指标与一致指标之间的时差来预报警情。指标的协调性还可以用来分析系统的经济意义,如房地产业是国民经济中的一个行业,其发展速度、规模和水平必须同国民经济发展的总体水平相适应,必须同与其相关联的产业部门协调发展。

5. 指标具有时效性

房地产预警系统主要用于房地产短期经济分析和预警,因此,获得当前统计数据的及时性成为房地产预警指标数据采集的一项重要要求。通过建立稳定的渠道可以及时地获取有益信息。

二、指标选取

(一) 指标初选

根据房地产预警指标的选取原则,借鉴其他城市房地产预警指标体系的选取标准,同时依据吕江林(2010)的研究,删减租售比、空置率、投资购房与自住房之比、房地产贷款占比、房地产业利润率指标,结合北京市房地产市场的发展状况,主要从两方面选取指标构建预警指标体系——房地产行业直接指标和间接指标。房地产行业间接指标指经济环境指标。初选指标如表10-3所示。

表 10-3　指标初选结果

序号	指标名称
X1	GDP(亿元)
X2	第三产业增加值(亿元)
X3	城市居民人均可支配收入(元)
X4	居民消费价格指数
X5	城镇居民家庭人均可支配收入(元)
X6	固定资产投资价格指数(上年=100)
X7	城镇固定资产投资额(亿元)
X8	城镇房地产开发投资额(亿元)

(续表)

序号	指标名称
X9	房地产开发投资额(万元)
X10	人均住房面积(平方米)
X11	房地产业增加值(亿元)
X12	商品房施工面积(万平方米)
X13	房屋竣工面积(万平方米)
X14	商品房销售面积(万平方米)
X15	住宅商品房销售面积(万平方米)
X16	商品房平均销售价格(元/平方米)
X17	住宅商品房平均销售价格(元/平方米)
X18	商品房销售额(万元)

(二)指标复选

1. 获取数据

根据《中国统计年鉴》《北京市统计年鉴》等资料,获取1996—2013年以上18个指标北京市的数据,如表10-4所示。

将表中指标数据初值化处理,得无量纲化后各指标数据,见表10-5。

2. 灰色关联分析

从系统论的观点看,发展变化着的客观世界,通过事物之间、因素之间互相制约、互相促进、互相影响、互相关联构成整体,组成系统。系统论方法下灰色关联度方法,在研究中可以极好地处理因信息量权重不同而导致结果不同的情况。本节使用灰色关联度法,对指标进行筛选。

(1)理论基础

灰色关联分析是根据因素之间发展态势的相似或相异程度来衡量因素之间关联程度的一种系统分析方法。灰色系统的研究内容,包括客观事物的量化、建模、预测、决策、控制。灰色系统理论认为,尽管系统的信息不够充分,但作为系统必然是有特定功能和顺序的,有某种外露或内在规律的。

灰色系统的关联度,是按照因素发展变化态势的类似情况来判断,按时间序列几何形状相似程度来区分。假设某一类的各项指标形成一条曲线,两条曲线间各个不同时刻的关联程度,用公式表示为:

$$e_{ij}(k) = \frac{\Delta(\min) + R\Delta(\max)}{\Delta_{ij}(k) + R\Delta(\max)}$$

表 10-4 指标数据

年份	X1	X2	X3	X4	X5	X6	X7	X8	X9
1996	1 789.2	1 001.2	6 885.5	111.6	6 886	108.2	8 256 000	328.2	3 282 000
1997	2 077.1	1 218.1	7 813.1	105.3	7 813	102.7	9 124 000	330.3	3 303 366
1998	2 377.2	1 458.7	8 472.0	102.4	8 472	100.8	10 603 000	377.4	3 774 000
1999	2 678.8	1 693.1	9 182.8	100.6	9 183	99.9	10 898 000	421.5	4 215 000
2000	3 161.7	2 049.1	10 349.7	103.5	10 350	101.0	11 963 000	522.1	5 221 000
2001	3 708.0	2 489.6	11 577.8	103.1	11 578	100.6	14 196 000	783.8	7 838 185
2002	4 315.0	2 982.6	12 463.9	98.2	12 464	100.4	16 936 000	989.4	9 894 132
2003	5 007.2	3 435.9	13 882.6	100.2	13 883	102.2	19 999 107	1 202.5	12 025 000
2004	6 033.2	4 113.6	15 637.8	101.0	15 638	104.3	23 330 046	1 477.6	14 918 000
2005	6 969.5	4 854.3	17 653.0	101.5	17 653	100.7	25 954 100	1 535.0	15 498 000
2006	8 117.8	5 837.6	19 978.6	100.9	19 978	100.4	30 124 500	1 719.9	17 199 000
2007	9 846.8	7 236.1	23 029.0	102.4	21 989	102.8	36 567 000	1 995.8	19 958 206
2008	11 115.0	8 375.8	26 049.0	105.1	24 725	107.8	35 548 000	1 908.7	19 087 400
2009	12 153.0	9 179.2	28 165.0	98.5	26 739	98.5	41 496 286	2 337.7	23 377 124
2010	14 113.6	10 600.8	30 665.0	102.4	29 073	102.5	50 026 000	2 901.1	29 011 000
2011	16 251.9	12 363.2	34 670.0	105.6	32 903	105.7	55 198 403	3 036.3	30 363 340
2012	17 879.4	13 669.9	36 468.8	103.3	36 469	101.3	60 648 591	3 153.4	31 534 419
2013	19 500.6	14 986.4	40 321.0	103.3	40 321	99.9	67 975 373	3 483.4	34 834 000

(续表)

年份	X10	X11	X12	X13	X14	X15	X16	X17	X18
1996	13.86	22.5	2 824.6	1 517.5	215.3	183.1	3 850	3 550	947 281
1997	14.04	34.6	2 869.6	1 625.7	290.9	256.2	4 560	4 399	1 641 000
1998	14.58	48.2	3 499.1	1 821.5	409.2	377.0	5 758	5 640	2 144 000
1999	15.30	75.3	3 784.0	2 321.4	544.4	484.7	5 544	5 239	3 075 000
2000	15.44	105.6	4 455.0	2 808.7	956.9	898.2	5 647	4 787	4 707 000
2001	18.51	144.0	5 966.7	2 554.6	1 205.0	1 127.5	4 919	4 557	6 099 114
2002	19.22	203.6	7 510.8	3 121.8	1 708.3	1 604.4	5 062	4 716	8 138 400
2003	19.71	298.0	9 070.7	3 222.8	1 895.8	1 771.1	4 764	4 467	8 980 000
2004	21.49	341.9	9 931.3	4 489.7	2 472.0	2 285.8	4 764	4 467	12 491 009
2005	22.03	436.1	10 748.5	4 679.2	2 803.2	2 566.0	5 053	4 747	17 588 000
2006	23.65	493.7	10 483.5	4 191.0	2 607.6	2 205.0	6 788	6 162	21 590 000
2007	24.77	658.3	10 438.7	3 866.4	2 176.6	1 731.5	8 280	7 375	25 147 000
2008	26.90	821.5	10 014.3	3 840.7	1 335.4	1 031.4	11 553	10 661	16 583 129
2009	27.69	844.6	9 719.1	4 252.6	2 362.3	1 880.5	12 418	11 648	32 597 000
2010	28.94	1 062.5	10 300.9	3 908.4	1 640.0	1 201.4	13 799	13 224	29 154 000
2011	29.38	1 006.5	12 065.4	4 032.9	1 439.2	1 035.0	17 782	17 151	24 253 361
2012	29.26	1 074.9	13 122.5	3 552.2	1 943.7	1 483.4	16 852	15 518	33 085 600
2013	31.31	1 244.2	13 886.9	8 212.7	1 903.1	1 363.7	17 022	16 553	35 308 000

第十章 北京市房地产行业预警机制的建立

表 10-5 初值后的指标数据

年份	X1	X2	X3	X4	X5	X6	X7	X8	X9
1996	1.0000	1.0000	1.0000	1.0000	1.0000	1.0000	1.0000	1.0000	1.0000
1997	1.1609	1.2167	1.1347	0.9435	1.1347	0.9492	1.1051	1.0064	1.0065
1998	1.3286	1.4570	1.2304	0.9176	1.2304	0.9316	1.2843	1.1499	1.1499
1999	1.4972	1.6911	1.3336	0.9014	1.3337	0.9233	1.3200	1.2843	1.2843
2000	1.7671	2.0467	1.5031	0.9274	1.5032	0.9335	1.4490	1.5908	1.5908
2001	2.0724	2.4866	1.6815	0.9238	1.6815	0.9298	1.7195	2.3882	2.3882
2002	2.4117	2.9791	1.8102	0.8799	1.8102	0.9279	2.0514	3.0146	3.0147
2003	2.7986	3.4318	2.0162	0.8978	2.0163	0.9445	2.4224	3.6639	3.6639
2004	3.3720	4.1087	2.2711	0.9050	2.2711	0.9640	2.8258	4.5021	4.5454
2005	3.8953	4.8486	2.5638	0.9095	2.5638	0.9308	3.1437	4.6770	4.7221
2006	4.5371	5.8307	2.9015	0.9041	2.9015	0.9279	3.6488	5.2404	5.2404
2007	5.5035	7.2275	3.3446	0.9176	3.1935	0.9504	4.4291	6.0811	6.0811
2008	6.2123	8.3658	3.7832	0.9418	3.5909	0.9963	4.3057	5.8158	5.8158
2009	6.7924	9.1683	4.0905	0.8826	3.8834	0.9104	5.0262	7.1228	7.1228
2010	7.8882	10.5882	4.4536	0.9176	4.2224	0.9473	6.0594	8.8394	8.8394
2011	9.0834	12.3485	5.0352	0.9462	4.7786	0.9769	6.6859	9.2514	9.2515
2012	9.9930	13.6537	5.2965	0.9256	5.2965	0.9362	7.3460	9.6082	9.6083
2013	10.8991	14.9686	5.8559	0.9256	5.8559	0.9232	8.2335	10.6137	10.6137

（续表）

年份	X10	X11	X12	X13	X14	X15	X16	X17	X18
1996	1.0000	1.0000	1.0000	1.0000	1.0000	1.0000	1.0000	1.0000	1.0000
1997	1.0130	1.5391	1.0159	1.0713	1.3509	1.3992	1.2392	1.2392	1.7323
1998	1.0519	2.1427	1.2388	1.2003	1.9003	2.0590	1.5887	1.5887	2.2633
1999	1.1039	3.3476	1.3397	1.5298	2.5282	2.6472	1.4758	1.4758	3.2461
2000	1.1140	4.6911	1.5772	1.8509	4.4439	4.9056	1.5907	1.3485	4.9690
2001	1.3355	6.4004	2.1124	1.6834	5.5961	6.1578	1.3856	1.2837	6.4385
2002	1.3867	9.0489	2.6590	2.0572	7.9336	8.7625	1.4259	1.3285	8.5913
2003	1.4221	13.2444	3.2113	2.1238	8.8042	9.6729	1.3420	1.2583	9.4798
2004	1.5505	15.1956	3.5160	2.9586	11.4802	12.4840	1.3420	1.2583	13.1862
2005	1.5895	19.3827	3.8053	3.0835	13.0182	14.0142	1.4234	1.3372	18.5668
2006	1.7063	21.9422	3.7115	2.7618	12.1098	12.0428	1.9121	1.7358	22.7915
2007	1.7872	29.2578	3.6956	2.5479	10.1082	9.4566	2.3324	2.0775	26.5465
2008	1.9408	36.5111	3.5454	2.5309	6.2016	5.6332	2.2544	3.0032	17.5060
2009	1.9978	37.5378	3.4409	2.8024	10.9706	10.2703	3.4980	3.2811	34.4111
2010	2.0880	47.2222	3.6469	2.5756	7.6162	6.5614	3.8870	3.7251	30.7765
2011	2.1198	44.7342	4.2715	2.6576	6.6837	5.6524	5.0090	4.8313	25.6031
2012	2.1111	47.7747	4.6458	2.3408	9.0268	8.1014	4.7470	4.3712	34.9269
2013	2.2590	55.2964	4.9164	5.4120	8.8381	7.4478	4.7949	4.6628	37.2730

(2) 方法步骤

假设有 m 个待评对象，r 项评价指标，原始评价矩阵为 $X=(x_{ij})_{m\times n}$，其中，$1\leqslant i\leqslant m$，$1\leqslant j\leqslant n$。

根据未来目标函数的经济含义，确定参考数列 X_0 为：

$$X_0 = (x_{01}, x_{02}, \cdots, x_{0n})$$

其中，$X_{0j}(j=1,2,\cdots,n)$ 为各指标的最优值。每个方案的所有指标构成一个比较数列 X_i 为：

$$X_i = (x_{i1}, x_{i2}, \cdots, x_{in}), \quad i=1,2,\cdots,m$$

对指标进行规范化处理，计算规范化后的比较数列与参考数列在第 j 点的关联系数 ξ_{ij} 为：

$$\xi_{ij} = \frac{\min\limits_{i}\min\limits_{j}|x_{0j}-x_{ij}| + \rho\max\limits_{i}\max\limits_{j}|x_{0j}-x_{ij}|}{|x_{0j}-x_{ij}| + \rho\max\limits_{i}\max\limits_{j}|x_{0j}-x_{ij}|}$$

$$i=1,2,\cdots,m; \quad j=1,2,\cdots,n$$

其中，$\rho\in(0,+\infty)$ 为分辨因子，其作用在于提高关联系数之间的差异显著性，ρ 越小，分辨能力越大。一般取 $\rho\in(0,1)$，更一般情况下取 $\rho=0.5$。

计算比较数列与参考数列之间的灰色关联度 r_i。

考虑到各指标的重要程度不一样，所以关联度计算方法采取权重乘以关联系数的方法为：

$$r_i = \sum_{j=1}^{n}\omega_j\xi_{ij}$$

其中，ω_j 为第 j 项指标的权重，$0\leqslant\omega\leqslant 1$，$\sum\limits_{j=1}^{n}\omega_j=1$。

(3) 方法运用

本问题中，共有 18 个指标，记为向量 $X_i(i=1,2,\cdots,18)$，X_i 共有 18 个元素（1996—2013 年），所以记 ω_i 为 1/18。遂得出关联度矩阵如表 10-6 所示。

3. 系统拓扑图

根据表 10-6 计算结果，选择关联度为 0.7 建立拓扑图最为合适。当两指标的关联度大于 0.7 时，两边相连。根据表 10-6 做拓扑图图 10-2，拓扑图的顶点 $V(i)$ 对应预警指标 $X(i)(i=1,2,\cdots,18)$。由图可知，拓扑图由三个子图组成：$V(4)$（居民消费物价指数）、$V(6)$（固定资产投资价格指数（上年=100））、其他 16 个指标组成的连通图。其中 $V(4)$ 和 $V(6)$ 为孤立点不再考虑。

表 10-6 关联度矩阵

	X1	X2	X3	X4	X5	X6	X7	X8	X9	X10	X11	X12	X13	X14	X15	X16	X17	X18
X1	1.00	0.67	0.68	0.65	0.67	0.66	0.65	0.60	0.61	0.67	0.65	0.75	0.73	0.66	0.64	0.66	0.65	0.61
X2		1.00	0.68	0.66	0.67	0.66	0.66	0.73	0.73	0.67	0.64	0.73	0.70	0.59	0.59	0.67	0.66	0.62
X3			1.00	0.63	0.83	0.63	0.71	0.63	0.63	0.66	0.65	0.60	0.74	0.61	0.64	0.59	0.56	0.61
X4				1.00	0.63	0.61	0.65	0.63	0.63	0.56	0.65	0.58	0.65	0.55	0.57	0.66	0.67	0.62
X5					1.00	0.64	0.69	0.62	0.62	0.67	0.65	0.62	0.76	0.61	0.64	0.60	0.57	0.61
X6						1.00	0.66	0.63	0.63	0.57	0.65	0.56	0.66	0.55	0.57	0.66	0.68	0.62
X7							1.00	0.59	0.59	0.68	0.65	0.71	0.75	0.66	0.67	0.65	0.64	0.61
X8								1.00	0.93	0.64	0.65	0.71	0.67	0.64	0.63	0.61	0.60	0.62
X9									1.00	0.64	0.65	0.71	0.67	0.64	0.63	0.61	0.60	0.62
X10										1.00	0.65	0.56	0.72	0.56	0.58	0.72	0.73	0.76
X11											1.00	0.66	0.65	0.72	0.73	0.65	0.65	0.62
X12												1.00	0.66	0.58	0.61	0.70	0.68	0.62
X13													1.00	0.57	0.59	0.66	0.63	0.71
X14														1.00	0.58	0.61	0.61	0.73
X15															1.00	0.64	0.64	0.61
X16																1.00	0.65	0.65
X17																	1.00	1.00
X18																		1.00

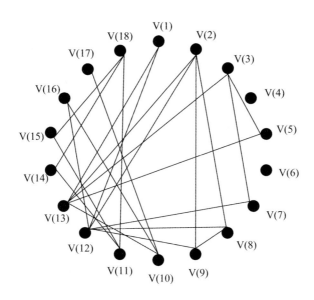

图 10-2 系统拓扑图

4. 指标选取结果

根据上述计算结果与实际经济含义,依据指标选取原则,取北京市房地产行业预警指标体系如表 10-7 所示。

表 10-7 房地产预警指标体系

指标类别	序号	指标名称
环境指标	X1	第三产业增加值/GDP
	X2	房地产业产值/第三产业产值
	X3	城市居民人均可支配收入(元)
预期指标	X4	城镇固定资产投资额(亿元)
	X5	城镇房地产开发投资额(亿元)
	X6	房地产开发投资额(万元)
即期指标	X7	房价收入比
	X8	人均住房面积
	X9	商品房销售面积与竣工面积之比
	X10	商品房销售额与开发投资额之比
	X11	商品房施工面积指数
	X12	商品房销售价格指数

第四节 本章总结

本章在相关理论基础上,充分收集和整理历史数据,构建起一套包括环境指标、预期指标、即期指标三大类别,12个具体指标的北京市房地产行业预警机制,严密论证北京市房地产市场运行的监测和预警机制,对于北京房地产行业预警机制的建设、防范北京市房地产行业重大风险具有重要的参考作用。

参 考 文 献

[1] Abeysinghe T, Choy K M. The aggregate consumption puzzle in Singapore[J]. Journal of Asian Economics, 2004, 15(3): 563—578.
[2] Abraham J M, Hendershott P H. Bubbles in metropolitan housing markets[R]. National Bureau of Economic Research, 1994.
[3] Akerlof G A, Shiller R J. Animal spirits[M]. Brilliance Audio, 2009.
[4] Allen M, Rutherford R, Springer T. Reexamining the impact of employee relocation assistance on housing prices[J]. Journal of Real Estate Research, 1997, 13(1): 67—75.
[5] Alonso W. Toward a general theory of land rent[J]. Location and land use, 1964.
[6] Benjamin J D, Coulson N E, Yang S X. Real estate transfer taxes and property values: The Philadelphia story[J]. The journal of real estate finance and economics, 1993, 7(2): 151—157.
[7] Black A, Fraser P, Hoesli M. House prices, fundamentals and bubbles[J]. Journal of Business Finance & Accounting, 2006, 33(9—10): 1535—1555.
[8] Black J, Jeffreys D. House Prices, The supply of collateral and the enterprise economy[J]. Economic journal, 1996, 106(434): 60—75.
[9] Born, W L, and S A, Pyhrr. Real estate valuation: the effect of market and property cycles[J]. The journal of real estate research, 1994(9): 45—85.
[10] Capozza D R, Helsley R W. The fundamentals of land prices and urban growth[J]. Journal of urban economics, 1989, 26(3): 295—306.
[11] Capozza D R, Helsley R W. The stochastic city[J]. Journal of urban economics, 1990, 28(2): 187—203.
[12] Case K E, Shiller R J. Is there a bubble in the housing market?[J]. Brookings papers on economic activity, 2003, 2: 299—362.
[13] Chan H L, Lee S K, Woo K Y. Detecting rational bubbles in the residential housing markets of Hong Kong[J]. Economic modelling, 2001, 18(1): 61—73.

[14] Chen J, Guo F, Wu Y. Chinese urbanization and urban housing growth since the mid-1990s[J]. Journal of Housing and the Built Environment, 2011, 26(2): 219—232.

[15] Chenery H B, Robinson S, Syrquin M. Industrialization and growth[M]. World Bank, 1986.

[16] Chenery H B, Syrquin M, Elkington H. Patterns of development, 1950—1970 [M]. London: Oxford University Press, 1975.

[17] Cheshire P C, Gordon I R. Territorial competition: some lessons for policy[J]. The annals of regional science, 1998, 32(3): 321—346.

[18] Chirinko R S, De Haan L, Sterken E. Asset price shocks, real expenditures, and financial structure: a multi-country analysis[M]. University of Groningen, 2004.

[19] Clément J. Des crises commerciales et de leur retour périodique en France, en Angleterre et aux états-Unis[M]. Paris: Guillaumin, 1862.

[20] D. Hummels, J. Ishii, and K-M. Yi. The Nature and Growth of Vertical Specialization in World Trade [J]. Journal of International Economics, Vol. 54, 2001, pp. 75—96.

[21] DiPasquale D, Wheaton W C. Urban economics and real estate markets[M]. Englewood Cliffs, NJ: Prentice Hall, 1996.

[22] Dowall D E, Leaf M. The price of land for housing in Jakarta[J]. Urban Studies, 1991, 28(5): 707—722.

[23] Easterlin R A. Economic-Demographic Interactions and Long Swings in Economic Growth[J]. American Economic Review, 1966, 56(5):1063—1104.

[24] Galke W, Clark S, McLaine P, et al. National evaluation of the US Department of Housing and Urban Development lead-based paint hazard control grant program: study methods[J]. Environmental research, 2005, 98(3): 315—328.

[25] Giuliodori M. The role of house prices in the monetary transmission mechanism across European countries[J]. Scottish journal of political economy, 2005, 52(4): 519—543.

[26] Glaeser E L, Gyourko J, Saiz A. Housing supply and housing bubbles[J]. Journal of urban Economics, 2008, 64(2): 198—217.

[27] Hirschman A O. The strategy of economic development[M]. New Haven: Yale University Press, 1958.

[28] Holly S, Jones N. House prices since the 1940s: cointegration, demography and asymmetries[J]. Economic Modelling, 1997, 14(4): 549—565.

[29] Horioka C Y. Tenure choice and housing demand in Japan[J]. Journal of Urban

Economics, 1988, 24(3): 289—309.

[30] Hoyt H. One Hundred Years of Land Values in Chicago: The Relationship of the Growth of Chicago Ot the Riso in Its Land Values, 1830—1933[M]. University of Chicago Press, 1933.

[31] Iacoviello M, Minetti R. Financial liberalization and the sensitivity of house prices to monetary policy: theory and evidence[J]. The Manchester School, 2003, 71(1): 20—34.

[32] Iacoviello M. House prices, borrowing constraints, and monetary policy in the business cycle[J]. American economic review, 2005: 739—764.

[33] Jaffee D M, Klein L R. Mortgage Credit Availability and Residential Construction[J]. Brookings Papers on Economic Activity, 1979, 10(2): 333—386.

[34] Jones L. The Measurement of Hirschmanian Linkages[J]. Quarterly Journal of Economics, 1976, Vol. 90, No. 2: 323—333

[35] Kenny G. Asymmetric adjustment costs and the dynamics of housing supply [M]. Economic Analysis, Research and Publications Department, Central Bank of Ireland, 1999.

[36] Kenny G. Modelling the demand and supply sides of the housing market: evidence from Ireland[J]. Economic Modelling, 1999, 16(3): 389—409.

[37] Kim K H. Housing prices, affordability, and government policy in Korea[J]. The Journal of Real Estate Finance and Economics, 1993, 6(1): 55—71.

[38] Kondratieff N D. The long waves in economic life[J]. Review (Fernand Braudel Center), 1979: 519—562.

[39] Kumar S, Russell R R. Technological change, technological catch-up, and capital deepening: relative contributions to growth and convergence[J]. American Economic Review, 2002: 527—548.

[40] Kuznets S S. Cyclical fluctuations[M]. Adelphi, 1926.

[41] Kwon E. Monetary policy, land prices, and collateral effects on economic fluctuations: evidence from Japan[J]. Journal of the Japanese and International Economies, 1998, 12(3): 175—203.

[42] Lai N, Wang K. Land-Supply restrictions, developer strategies and housing policies: The Case in Hong Kong[J]. International Real Estate Review, 1999, 2 (1): 143—159.

[43] Lauf S, Haase D, Seppelt R, et al. Simulating demography and housing demand in an urban region under scenarios of growth and shrinkage[J]. Environment and Planning B: Planning and Design, 2012, 39(2): 229—246.

[44] Lavin A M, Zorn T S. Empirical tests of the fundamental-value hypothesis in

land markets[J]. The Journal of Real Estate Finance and Economics, 2001, 22 (1): 99—116.

[45] Lee G S, Schmidt-Dengler P, Felderer B, et al. Austrian demography and housing demand: is there a connection[J]. Empirica, 2001, 28(3): 259—276.

[46] Leontief W. Dynamic analysis[J]. International Library of Critical Writings in Economics, 1998, 92: 149—193.

[47] Levin E J, Wright R E. Speculation in the housing market? [J]. Urban Studies, 1997, 34(9): 1419—1437.

[48] Lloyd P E, Dicken P. Location in space [M]. New York: Harper & Row Publishers, 1977, p.397.

[49] Malpezzi S, Wachter S. The role of speculation in real estate cycles[J]. Journal of Real Estate Literature, 2005, 13(2): 141—164.

[50] Malpezzi S. A simple error correction model of house prices[J]. Journal of housing economics, 1999, 8(1): 27—62.

[51] Mankiw N G, Weil D N. The baby boom, the baby bust, and the housing market[J]. Regional science and urban economics, 1989, 19(2): 235—258.

[52] Mayer C J, Somerville C T. Land use regulation and new construction[J]. Regional Science and Urban Economics, 2000, 30(6): 639—662.

[53] McCarthy J, Peach R W. Monetary policy transmission to residential investment [J]. Federal Reserve Bank of New York Economic Policy Review, 2002, 8(1): 139—158.

[54] Meen G. The time-series behavior of house prices: a transatlantic divide? [J]. Journal of Housing Economics, 2002, 11(1): 1—23.

[55] Nellis J G, Longbottom J A. An empirical analysis of the determination of house prices in the United Kingdom[J]. Urban Studies, 1981, 18(1): 9—21.

[56] Oates W E. The effects of property taxes and local public spending on property values: An empirical study of tax capitalization and the Tiebout hypothesis[J]. Journal of political economy, 1969, 77(6): 957—971.

[57] Öst C E. Housing and children: simultaneous decisions? —a cohort study of young adults' housing and family formation decision[J]. Journal of Population Economics, 2012, 25(1): 349—366.

[58] O'sullivan A. Urban economics[M]. McGraw-Hill/Irwin, 2007.

[59] Pain N, Westaway P. Modelling structural change in the UK housing market: a comparison of alternative house price models[J]. Economic Modelling, 1997, 14(4): 587—610.

[60] Peng R, Wheaton W C. Effects of restrictive land supply on housing in Hong

Kong: an econometric analysis[J]. Journal of housing research, 1994, 5(2): 263.

[61] Pogodzinski J M, Sass T R. The economic theory of zoning: a critical review [J]. Land Economics, 1990, 66(3): 294—314.

[62] Poterba J M, Weil D N, Shiller R. House price dynamics: the role of tax policy and demography[J]. Brookings Papers on Economic Activity, 1991, 2: 143—203.

[63] Pyhrr S, Roulac S, Born W. Real estate cycles and their strategic implications for investors and portfolio managers in the global economy[J]. Journal of real estate research, 1999, 18(1): 7—68.

[64] Rasmussen P N. Studies in inter-sectoral relations[M]. E. Harck, 1956.

[65] Ronald W. Kaiser. The Long Cycle in Real Estate[J]. The Journal of Real Estate Research, 1997(14):233—257.

[66] Rostow W W. The stages of economic growth[J]. The Economic History Review, 1959, 12(1): 1—16.

[67] Saiz A. Room in the kitchen for the melting pot: Immigration and rental prices [J]. Review of Economics and Statistics, 2003, 85(3): 502—521.

[68] Schumpeter J A. Business cycles[M]. New York: McGraw-Hill, 1939.

[69] Seko M. Housing and land in Japan: policies and markets[C]. Proceedings of Asian Real Estate Society Sixth Annual Conference in Japan, 2001.

[70] Smith L B. Household Headship Rates, Household Formation, and Housing Demand in Canada[J]. Land Economics, 1984, 60(2):180—188.

[71] Somerville C T. The industrial organization of housing supply: Market activity, land supply and the size of homebuilder firms[J]. Real Estate Economics, 1999, 27(4): 669—694.

[72] Stephen Pyhrr, Stephen Roulac & Waldo Born. Real Estate Cycles and Their Strategic Implications for Investors and Portfolio Managers in the Global Economy[J]. The Journal of Real Estate Research, 1999(18): 7—10.

[73] Tiebout C M. A pure theory of local expenditures[J]. The journal of political economy, 1956: 416—424.

[74] Tse R Y C, Ganesan S, So H M. Property cycles in Hong Kong: causes and impacts[J]. Journal of Financial Management of Property and Construction, 1998, 3: 5—26.

[75] Tse R Y C, Ho C W, Ganesan S. Matching housing supply and demand: an empirical study of Hong Kong's market[J]. Construction Management & Economics, 1999, 17(5): 625—633.

[76] Watkins A R. Impacts of land development charges[J]. Land Economics，1999：415—424.

[77] Wheaton W C. The Cyclic Behavior of the National Office Market[J]. Real Estate Economics，1987，15(4)：281—299.

[78] 白霜. 房地产价格的决定因素分析——中国31个地区Panel数据的实证研究[J]. 财经问题研究，2008(8)：107—110.

[79] 鲍小飞. 房地产市场泡沫的形成和预警[D]. 上海：复旦大学，2005.

[80] 北京市房地产价格走势及国际比较研究课题组. 北京市房地产价格走势及国际比较研究一：北京房地产市场发展轨迹的数据观察[J]. 数据，2007(4).

[81] 蔡育天. 土地供应总量调控思路[J]. 中国土地，1998(7)：10—12.

[82] 曹振良. 房地产经济学通论[M]. 北京大学出版社，2003.

[83] 常伟，王美萃，王倩. 我国房地产价格形成机制研究[J]. 北方经济，2012(9)：71—72.

[84] 陈柏东，张东. 房地产经济学[M]. 华中理工大学出版社，1996.

[85] 陈超，柳子君，肖辉. 从供给视角看我国房地产市场的"两难困境"[J]. 金融研究，2011(1)：73—93.

[86] 陈浮. 中国房地产市场化区域差异与发展战略研究[J]. 财经理论与实践（双月刊），2000(5).

[87] 陈刚. 区域主导产业选择的含义，原则与基准[J]. 理论探索，2004(2)：52—53.

[88] 陈杰. 我国房价收入比的变动趋势与区域差异[J]. 价格理论与实践，2009(6).

[89] 陈柳钦，中国房地产发展回顾与发展态势分析[J]. 中国房地产金融，2009(6).

[90] 陈锡康. 投入产出技术的发展趋势与国际动态[J]. 系统工程理论与实践，1991，11(2)：31.

[91] 程兰芳，贾少权. 政策因素对我国房价影响的计量模型分析[J]. 特区经济，2012(2)：278—280.

[92] 崔光灿. 房地产价格与宏观经济互动关系实证研究——基于我国31个省份面板数据分析[J]. 经济理论与经济管理，2009(1)：57—62.

[93] 丁健. 论我国城市住房供给的和谐模式：市场＋保障[J]. 上海房地，2006(11)：12—15.

[94] 丁烈云. 城市房地产预警系统研究[D]. 国家自然科学基金资助项目总结报告，2003.

[95] 董承章. 投入产出分析[M]. 中国财政经济出版社，2000.

[96] 董藩，丁宏，陶斐斐. 房地产经济学[M]. 清华大学出版社，2012.

[97] 董藩，厉召龙. 利率政策对房价影响的实证研究：1998—2009[J]. 重庆理工大学学报：社会科学版，2011，25(1)：61—71.

[98] 樊明太. 中国经济波动的形成机制和模式[J]. 经济研究,1992,12:5.
[99] 房地产周期波动研究课题组. 中国房地产周期波动的基本轨迹和特征[J]. 经济研究参考,2002(71).
[100] 丰雷,朱勇,谢经荣. 中国地产泡沫实证研究[J]. 管理世界,2002(10):57—64.
[101] 丰雷等. 房地产经济学(第三版)[M]. 中国建筑工业出版社,2008.
[102] 冯燮刚. 中国房地产市场发展的理论分析[J]. 经济学动态,2008(3):55—61.
[103] 高波,王辉龙. 长三角房地产价格波动与居民消费的实证分析[J]. 产业经济研究,2011(1):1—10.
[104] 高丽坤. 土地市场与房地产市场关系的研究[D]. 吉林大学硕士学位论文,2007.
[105] 高凌江. 地方财政支出对房地产价值的影响——基于我国35个大中城市的实证研究[J]. 财经理论与实践,2008,29(1):85—89.
[106] 古利平,张宗益,康继军. 专利与R&D资源:中国创新的投入产出分析[J]. 管理工程学报,2006,20(1):147—151.
[107] 顾海兵. 宏观经济预警研究:理论 方法 历史[J]. 经济理论与经济管理,1997(4):1—7.
[108] 顾建发. 上海房地产发展60年[J]. 中国经济60年道路,模式与发展:上海市社会科学界第七届学术年会文集(2009年度)经济,管理学科卷,2009.
[109] 顾云昌. 住宅产业与经济增长[J]. 城市开发,1998(5):7—10.
[110] 何国钊,曹振良,李晟. 中国房地产周期研究[J]. 经济研究,1996,12:51—56.
[111] 何其祥. 投入产出分析[M]. 科学出版社,1999.
[112] 胡芬. 上海与广州房地产周期波动比较研究[D]. 暨南大学硕士学位论文,2007.
[113] 胡鹏,姚长学,钟叔平. 房地产市场先行扩散指数预警监测系统设计[J]. 四川建筑,2003,23(2):83—84.
[114] 华远地产,2014年华远地产上市公司年报[R]. 上海证券交易所,2014.
[115] 黄继鸿,雷战波,凌超. 经济预警方法研究综述[J]. 系统工程,2003,21(2):64—70.
[116] 贾春贵,许晓文,陈秀益. 重庆房地产泡沫实证研究[J]. 农村经济与科技,2007,18(10):28—29.
[117] 贾晓惠. 经济基本面对房地产价格波动的影响——基于上海市的实证研究[J]. 企业技术开发:下半月,2010(1):34—35.
[118] 姜春海. 中国房地产市场投机泡沫实证分析[J]. 管理世界,2005(12):71—

84.

[119] 姜玉砚, 段燕临. 影响房地产价格的四大因素[J]. 中国房地产, 2009（4）: 16—17.

[120] 况伟大. 房地产业关联效应研究[J]. 中国城市经济, 2006（5）: 40—42.

[121] 况伟大. 房价与地价关系研究: 模型及中国数据检验[J]. 财贸经济, 2005（11）: 56—63.

[122] 况伟大. 中国住房市场存在泡沫吗[J]. 世界经济, 2008（12）: 3—13.

[123] 李崇明. 房地产预警的误区及对策的方法论分析[J]. 武汉理工大学学报: 社会科学版, 2003, 16(3): 262—265.

[124] 李冠霖. 第三产业投入产出分析: 从投入产出的角度看第三产业的产业关联与产业波及特性[M]. 中国物价出版社, 2002.

[125] 李娜, 王飞. 中国主导产业演变及其原因研究: 基于 DPG 方法[J]. 数量经济技术经济研究, 2012, 1: 19—33.

[126] 李佩珈. 房地产泡沫的评价与测度——基于重庆市的实证研究[J]. 价格理论与实践, 2008（8）: 55—56.

[127] 李启明. 论中国房地产业与国民经济的关系[J]. 中国房地产, 2002, 6: 13—16.

[128] 李玉杰, 王庆石, 张溪. 国外房地产业与国民经济协调发展的经验及其启示[J]. 东北大学学报（社会科学版）, 2011, 13(3): 210—216.

[129] 梁桂. 中国不动产经济波动与周期的实证研究[J]. 经济研究, 1996, 7: 21—24.

[130] 梁云芳, 高铁梅, 贺书平. 房地产市场与国民经济协调发展的实证分析[J]. 中国社会科学, 2006（3）: 74—84.

[131] 梁云芳, 高铁梅. 中国房地产价格波动区域差异的实证分析[J]. 经济研究, 2007, 8(1): 33—142.

[132] 梁运斌. 国外房地产业发展研究的主要流派介绍[J]. 北京房地产, 1995（8）: 47—47.

[133] 梁运斌. 我国房地产业景气指标设置与预警预报系统建设的基本构想[J]. 北京房地产, 1995（11）: 18—20.

[134] 列昂惕夫. 美国经济体系中的投入产出的数量关系[J]. 经济学和统计学评论, 1936（8）.

[135] 刘安英, 仲维清. 房地产住宅市场竞争战略的博弈分析[J]. 科学技术与工程, 2006, 6(16): 2595—2597.

[136] 刘波, 刘亦文. 房价与供求关系的理论分析与中国经验的实证研究[J]. 湘潭大学学报: 哲学社会科学版, 2010（6）: 65—70.

[137] 刘洪玉. 房地产市场周期运动规律分析[J]. 中国房地产, 1999（8）: 24—26.

[138] 刘莉亚,苏毅.上海房地产价格的合理性研究[J].经济学(季刊),2005,4(3):753—768.

[139] 刘琳.房地产市场互动机理与政策分析[M].中国经济出版社,2004.

[140] 刘品,王维平,马承新,等.山东省宏观经济水资源投入产出分析[J].灌溉排水学报,2011,30(1):117—120.

[141] 刘起运.关于投入产出系数结构分析方法的研究[J].统计研究,2002(2):40—42.

[142] 刘树成.论中国经济周期波动的新阶段[J].经济研究,1996,11:3—10.

[143] 刘水杏.房地产业与相关产业关联度的国际比较[J].财贸经济,2004(4):81—87.

[144] 刘伟,张辉,黄泽华.中国产业结构高度与工业化进程和地区差异的考察[J].经济学动态,2008(11):4—8.

[145] 刘伟,张辉.中国经济增长中的产业结构变迁和技术进步[J].经济研究,2008,11(4):15.

[146] 刘伟.工业化进程中的产业结构研究[M].中国人民大学出版社,1995.

[147] 刘小瑜.中国产业结构的投入产出分析[M].经济管理出版社,2003.

[148] 刘学成.国外房地产周期研究综述[J].中国房地产,2001(4):9—12.

[149] 刘雪梅.我国房地产价格走势与利率,汇率机制改革[J].经济问题探索,2005(5):113—115.

[150] 刘忠凯.上海房地产业发展状况及价格分析[J].金融经济:上半月,2009(6):32—34.

[151] 刘遵义,陈锡康,杨翠红,等.非竞争型投入占用产出模型及其应用——中美贸易顺差透视[J].中国社会科学,2007,5:91—103.

[152] 罗鹏.论我国城市住房制度的历史变迁(1978—2007年)[D].桂林:广西师范大学,2008.

[153] 吕江林.我国城市住房市场泡沫水平的度量[J].经济研究,2010(6):28—41.

[154] 明娟,王子成.广州房地产泡沫实证研究[J].经济研究导刊,2006(6):127—129.

[155] 莫慧强.北京房地产泡沫实证研究——基于1996—2007相关数据[J].经济论坛,2009(11):126—128.

[156] 倪鹏飞.金融危机冲击下的中国房地产——2008—2009年中国房地产市场分析与预测[J].现代城市研究,2009(3):21—28.

[157] 孟晓苏.七年过后论地产周期[J].中国投资,2005(3):100—101.

[158] 宁建华.房地产经济学实证研究[M].安徽大学出版社,2010.

[159] 齐心.北京住房制度改革:历程、成就与反思[J].北京规划建设,2008(5).

[160] 曲波,谢经荣,王玮. 中国房地产周期波动的评介与探析[J]. 中国房地产金融,2003,2:10—13.

[161] 沈兵明,罗罡辉,严骁,等. 城市土地储备量研究——以杭州市为例[J]. 经济地理,2002,22(3):359—362.

[162] 沈洁,范金,韩祀颖. 新经济投入占用产出表的编制与核算[J]. 数学的实践与认识,2001,3:297—300.

[163] 沈利生. 重新审视传统的影响力系数公式[J]. 数量经济技术经济研究,2010(2).

[164] 沈利生,吴振宇. 利用投入产出模型测算外贸对经济的贡献(2004年中国投入产出理论与实践)[J]. 中国统计出版社,2005.

[165] 沈悦,刘洪玉. 住宅价格与经济基本面:1995—2002年中国14城市的实证研究[J]. 经济研究,2004,6(78):1.

[166] 沈正平,刘海军,蒋涛. 产业集群与区域经济发展探究[J]. 中国软科学,2004(2):120—124.

[167] 石志华. "九五"经济发展,谁主沉浮?把住宅产业培育成为新的经济增长点[J]. 中国房地产,1997(1):40—42.

[168] 首开股份. 2014年首开股份上市公司年报[R]. 上海证券交易所,2014.

[169] 宋勃. 房地产市场财富效应的理论分析和中国经验的实证检验:1998—2006[J]. 经济科学,2007(5):41—53.

[170] 宋志勇,熊璐瑛. 利率对房地产价格影响的理论与实证研究[J]. 当代经济,2009(11):140—142.

[171] 苏多永,张祖国. 房价收入比研究现状及发展改进——基于上海房地产市场的经验分析[J]. 科学与管理,2009(1):60—63.

[172] 苏亚莉,张玉. 我国房地产价格影响因素的实证研究——基于2003—2008年数据[J]. 江西社会科学,2011(12):54—57.

[173] 孙超. 论房地产金融政策对房价的抑制作用[J]. 经济经纬,2008(3):62—63.

[174] 孙启明,白丽健,耿林. 我国房地产业发展问题研究述评[J]. 经济学动态,2010(7):49—56.

[175] 孙焱. 我国房地产价格发展趋势研究[J]. 全国商情:经济理论研究,2011(8):17—18.

[176] 孙莹,陈龙. 税收政策变动对房地产价格的长短期影响分析[J]. 中国物价,2011(3):44—46.

[177] 台玉红,苗苗,张洁. 我国房地产泡沫测度——基于京、津、沪、渝四直辖市的实证研究[J]. 华东经济管理,2010(3):58—62.

[178] 谭刚. 房地产周期波动——理论、实证与政策分析[M]. 经济管理出版社,

2001.

[179] 唐志军,徐会军,巴曙松. 中国房地产市场波动对宏观经济波动的影响研究[J]. 统计研究,2010（2）：15—22.

[180] 屠佳华,张洁. 什么推动了房价的上涨：来自上海房地产市场的证据[J]. 世界经济,2005,28(5)：28—37.

[181] 汪利娜. 房地产业发展与宏观调控[J]. 经济研究参考,2004（87）：31—31.

[182] 汪晓宇,华伟. 关于我国房地产市场周期的实证分析及政策建议[J]. 孝感学院学报,2000,20(3)：31—35.

[183] 王国军,刘水杏. 房地产业对相关产业的带动效应研究[J]. 经济研究,2004,8：38—47.

[184] 王红玲,李洁. 影响房地产价格的宏观因素分析[J]. 管理学家,2011（8）.

[185] 王辉龙. 房地产泡沫：理论分析与长三角实证检验[J]. 南京师大学报：社会科学版,2009（3）：51—56.

[186] 王巧英. 影响力系数和感应度系数计算方法新探[J]. 统计教育,2010（10）：22—25.

[187] 王青. 第二产业主导产业的选择与实证分析[J]. 财经问题研究,2005（6）：45—51.

[188] 王松涛,陈伟,陈铁,等. 房地产开发投资水平影响因素研究[J]. 建筑经济,2007,3.

[189] 王维. 房地产基础价值及泡沫类型解析——以上海市为例[J]. 经济学家,2009（7）：18—24.

[190] 王维安,贺聪. 房地产价格与货币供求：经验事实和理论假说[J]. 财经研究,2005,31(5)：17—28.

[191] 王燕,宋辉. 影响力系数和感应度系数计算方法的探析[J]. 价值工程,2007,26(4)：40—42.

[192] 王玉堂. 灰色土地市场的博弈分析：成因,对策与创新障碍[J]. 管理世界,1999（2）：159—165.

[193] 王元华,张永岳. 城镇化与房地产市场发展研究——基于国际比较视角[J]. 山东财政学院学报,2013（5）：72—79.

[194] 王岳龙,武鹏. 房价与地价关系的再检验——来自中国28个省份的面板数据[J]. 南开经济研究,2009（4）：131—143.

[195] 王岳龙. 基于土地招拍挂制度的房价与地价关系研究——来自中国房地产市场的证据[D]. 南开大学,2011.

[196] 王岳平,葛岳静. 我国产业结构的投入产出关联特征分析[J]. 管理世界,2007（2）：61—68.

[197] 王岳平.《我国产业结构的投入产出关联分析》,《管理世界》,2000（4）：59—

65.

[198] 温修春,吴阳香.对房价与地价关系之争的思考——基于两种土地产品的比较分析[J].特区经济,2005(10):165—167.

[199] 邬义军,邱钧.产业经济学[M].中国统计出版社,1997.

[200] 吴海洋.当前土地供应调控主要任务[J].城市开发,2005(6):17—18.

[201] 吴焕军.土地政策在房地产调控中的政策效果评价[J].中南财经政法大学学报,2011(6):23—27.

[202] 夏沁芳,仲长远,申涛,等.国际大都市房地产发展规律及对北京的启示[J].科学发展:社会管理与社会和谐——2011学术前沿论丛(下),2011.

[203] 项卫星,李宏瑾.市场供求与房地产市场宏观调控效应——一个理论分析框架及经验分析[J].经济评论,2007(3):110—115.

[204] 肖强.基于投入占用产出技术的水资源合理配置研究[D].湖南农业大学,2010.

[205] 谢经荣,吕萍,乔志敏.房地产经济学(第二版)[M].中国人民大学出版社,2008.

[206] 修丽娜,刘湘南,黄凌翔.房地产泡沫实证分析——以天津市为例[J].城市发展研究,2009(7):71—75.

[207] 徐美茹.金融冲击需求拉动:房价与地价因果关系研究[J].浙江金融,2011(10):30—34.

[208] 许健,陈锡康,杨翠红.完全用水系数及增加值用水系数的计算方法[J].水利水电科技进展,2003,23(2):17—20.

[209] 许宪春,刘起运.中国投入产出理论与实践[M].北京:中国统计出版社,2004,pp.268—280.

[210] 薛敬孝.试论建筑周期[J].南开学报:哲学社会科学版,1987(5):47—53.

[211] 闫永涛,冯长春,宋增文.房地产业对国民经济带动作用新释[J].建筑经济,2007(6).

[212] 闫之博.GDP与FDI对中国房地产价格影响效果的实证分析[J].经济研究导刊,2007(1):177—179.

[213] 严金海,丰雷,包晓辉.北京住房价格波动研究[J].财贸经济,2009(5):117—123.

[214] 严锐.中国改革开放以来房地产政策的演变[D].南京大学,2011.

[215] 杨灿,刘赟.关于房地产泡沫量的测度研究[J].统计与决策,2008(19):41—43.

[216] 杨灿.产业关联测度方法及其应用问题探析[J]统计研究,2005,22(9):72—74.

[217] 杨朝军,廖士光,孙洁.房地产业与国民经济协调发展的国际经验及启示[J].

统计研究，2006（9）：59—64.

[218] 杨绍媛，徐晓波. 我国房地产税对房价的影响及改革探索[J]. 经济体制改革，2007（2）：136—139.

[219] 姚玲珍，刘旦. 中国房地产市场财富效应分析——基于生命周期假说的宏观消费函数[J]. 云南财经大学学报，2007，23(6)：21—27.

[220] 野口悠纪雄. 土地经济学[M]. 商务印书馆，1997.

[221] 叶卫平，王雪峰. 中国房地产泡沫到底有多大[J]. 山西财经大学学报，2005，27(4)：75—80.

[222] 叶艳兵，丁烈云. 房地产预警指标体系设计研究[J]. 基建优化，2001，22(3)：1—3.

[223] 易成栋. 中国房地产业的地区差异——基于第一次经济普查数据的实证研究[J]. 经济地理，2008（6）：981—984.

[224] 余华义，陈东. 中国地价，利率与房价的关联性研究[J]. 经济评论，2009（4）：41—49.

[225] 袁贤祯. 房地产业监测预警系统构想[J]. 中国房地产，1998（4）：16—19.

[226] 袁志刚，樊潇彦. 房地产市场理性泡沫分析[J]. 经济研究，2003，3(3)：34—43.

[227] 岳树民. 我国房地产市场调控政策与房地产课税[J]. 涉外税务，2010（7）：13—16.

[228] 张辉，黄泽华. 北京市工业化进程中的产业结构高度[J]. 北京社会科学，2009（3）：4—9.

[229] 张辉，任杼杨. 从北京看我国地方产业结构高度化进程的主导产业驱动机制[J]. 经济科学，2010（6）：115—128.

[230] 张辉. 我国工业化加速进程中主导产业驱动机制[J]. 经济学动态，2012（11）：56—62.

[231] 张辉. 中国都市经济研究报告2008——改革开放以来北京市产业结构高度演化的现状，问题和对策[M]. 北京大学出版社，2010.

[232] 张清勇，郑环环. 住宅存量与流量价格的领先——滞后关系——以北京，上海，广州和深圳为例[J]. 财贸经济，2009（5）：104—110.

[233] 张庆佳，林依标. 土地有效供应对房价的影响分析[J]. 福建论坛：人文社会科学版，2008（4）：22—23.

[234] 张诗琪，张洪. 土地出让政策对房价影响的经济学分析——以35个大中城市为例[J]. 中国城市经济，2010（5）：146—147.

[235] 张淑娟，刘艳芳. 城市土地使用权挂牌出让中竞价人的理性分析[J]. 国土资源科技管理，2006，23(5)：47—51.

[236] 张侠，徐瑞祥，周生路，等. 广州房地产市场分析[J]. 经济地理，2002（S1）.

[237] 张晓晶,孙涛.中国房地产周期与金融稳定[J].经济研究,2006,1:23—33.

[238] 张永岳.改革开放与上海房地产业的发展[J].上海房地,2008(4):4—6.

[239] 张勇.改革开放后土地使用制度的重要成果——土地政策调控房地产市场的机理分析与评价[J].北京社会科学,2008(5):18—22.

[240] 张宇祥,曾赛星.国外房地产市场体系建设的经验与启示[J].宏观经济研究,2007(4):60—63.

[241] 赵黎明,贾永飞,钱伟荣.房地产预警系统研究[J].天津大学学报:社会科学版,1999(4):277—280.

[242] 郑捷.浅析我国房地产价格的影响因素[J].山西建筑,2007,33(23):230—231.

[243] 郑娟尔.基于Panel Data模型的土地供应量对房价的影响研究[J].中国土地科学,2009,23(4):28—33.

[244] 中国统计局.中国投入产出理论与实践2010[M].北京:中国统计出版社,2012.

[245] 中国投入产出学会课题组.我国目前产业关联度分析——2002年投入产出表系列分析报告之一[J].统计研究,2006(11).

[246] 中国投入产出学会课题组.我国能源部门产业关联分析——2002年投入产出表系列分析报告之六[J].统计研究,2007(5).

[247] 中国指数研究院.2014年中国房地产企业监测报告[J].中国指数研究院数据库.

[248] 钟契夫,陈锡康,刘起运.投入产出分析[M].北京:中国财政经济出版社,1993.

[249] 钟晓兵,梁伟涛,白雪菲.21世纪以来我国房地产泡沫测度及生成机制研究[J].学术交流,2011(1).

[250] 周海波.房地产价格影响因素的实证研究[J].海南大学学报:人文社会科学版,2009,27(5):537—543.

[251] 周建军,代支祥,吴佳.利率变动对房地产价格的影响机制研究——基于房地产二重性的分析[J].湘潭大学学报:哲学社会科学版,2011(6):31—35.

[252] 周京奎.货币政策,银行贷款与住宅价格[J].财贸经济,2005,5:22—27.

[253] 周京奎.利率、汇率调整对房地产价格的影响[J].金融理论与实践,2006,12:3—6.

[254] 周丽萍,何东慧.基于供给—需求层面的房地产市场价格博弈分析[J].生产力研究,2011(11):17—19.

[255] 周松兰,刘栋.产业关联度分析模型及其理论综述[J].商业研究,2005(5):107—111.

[256] 周振华.产业政策的经济理论系统分析[M].中国人民大学出版社,1991.

[257] 周志春,李征,毛捷. 房地产业周期与经济周期的互动关系研究——来自中国的经验证据[J]. 南京大学学报:哲学. 人文科学. 社会科学,2010,47(6):47—57.
[258] 竹内宏. 日本金融战败[J]. 中国发展出版社,1999.
[259] 竹隰生,章琛. 不同区域房地产周期的比较研究——基于中国四个直辖市1990—2009年的时间序列[J]. 建筑经济,2011(11):49—54.
[260] 邹文玉. 广州市房地产景气循环及泡沫研究[D]. 暨南大学,2008.